Amazon, IKEA, Apple から学ぶ企業成長の方程式

〜独自経営モデル〜

公認会計士 星野 雄滋 著
(元 有限責任監査法人トーマツ パートナー)

LOGICA
ロギカ書房

はじめに

読者のみなさま、本書をご覧いただきありがとうございます。

本書の売りは、一言で言えば、「一粒で3つ美味しい」を実現することです。

一、独自性経営のエッセンスが短時間で理解できる
一、経営幹部に必要な「結果を残す会計力」が理解できる
一、Amazon、Apple、IKEAのビジネスモデルと利益の源泉が理解できる

1997年、ジェフ・ベゾスCEOは株式上場を果たしました。その時の株主への手紙は、今でも毎年の年次報告の末尾に添付され、「顧客への執着」と「長期志向」を柱にした揺るぎない経営方針・経営哲学が連綿と受け継がれています。これは毎日が「Day One」、〝初心忘れるべからず〟のAmazonの基本精神です。

1997年、スティーブ・ジョブズは倒産寸前のAppleに復帰しました。製品や販売チャネルの大胆なリストラを行い、量から質へ、「最高のもの」を「ジャストインタイム」で顧客に提供する体制へと、ビジネスモデルを大変革しました。この時、今日のAppleへの長期成長の礎が築かれました。

1999年、IKEAのCEOに就任したアンダッシュ・ダルヴィッグは、それまでのジェットコース

ターのようアップダウンの激しい成長過程を踏まえ、安定性と新しい方向性を示すために、「10年計画」を打ち立てました。この計画では、ビジネス理念と価値観をより具現化するために、「10年間で20％の値下げを実現する」という明確な目標が設定されました。今でもデザイン性に優れ機能的で品質の良い製品の値下げが続けられています。

以上が本書で取り上げる独自性の代表的企業、Ａｍａｚｏｎ、Ａｐｐｌｅ、ＩＫＥＡの象徴的イベントです。

20世紀が終わりかけ次世紀に向かうこの原点とも言えるべきイベントが起点となって、21世紀の今、その業界で圧倒的な存在感を誇り、飛躍的・持続的な成長を遂げています。

現代は、経済のデジタル化とグローバル化の時代です。

簡単に模倣されてしまう時代であり、強みを磨き上げ独自性を確立して維持していかなければ生き残っていけない時代だと言えます。

だからこそ独自性の代表的な企業の事例を深く分析し、そこから得られる教訓を今後の経営に活かすことはとても重要です。

3社（Ａｍａｚｏｎ、Ａｐｐｌｅ、ＩＫＥＡ）に共通するのは、以下の3点です。

①　ユニーク（独自性）を追求していること

ユニークさの象徴的な製品・サービスを開発したり、ユニークな活動を行っている。

（例：Ａｍａｚｏｎプライムの提供、iPhone 等 i 冠製品の開発、フラットパック家具の提供など）

②　顧客に執着すること
顧客のニーズを掘り下げ顧客にとっての価値（顧客体験・ユーザーエクスペリエンス）を最大化すべく、自社の利益よりも顧客の利益を最優先にしている

③　長期志向であること
短期業績確保のために、研究開発投資、設備投資、人財投資を減らさない。

3つの関係を説明するとすれば、ユニークを実現するためには長期視点の投資が欠かせない。顧客価値を最大化するには、ユニークな価値提供が最も強力である。ユニークと長期志向が、顧客価値の向上・最大化を実現している。

経営の目的・ゴールは、顧客価値を最大化すること、それにより顧客を創造することです。そして、顧客価値の向上・最大化こそが、売上・利益を向上させ、長期的な成長を実現します。

私は、ユニークの代表的な3社の事例を深く分析することで、本書をご覧の読者の皆様に以下の価値を提供したいと思います。

- 3社に共通の3つのテーマを数字と会計を用いた具体的事例でわかりやすく説明する
- 独自性のあるビジネスモデルとは何か、利益の源泉は何か　を明らかにする
- 「独自性の確立」⇓「顧客価値の向上・最大化」⇓「売上・利益の向上」の3つ関係を明らかにし、経営幹部がおさえるべき「結果を残す会計力」のエッセンスを提供する
- 上記を通じて、自社が作りあげている独自性（ビジネスモデル）をより強固なものにブラッシュアップす

本書の全体像：独自性経営

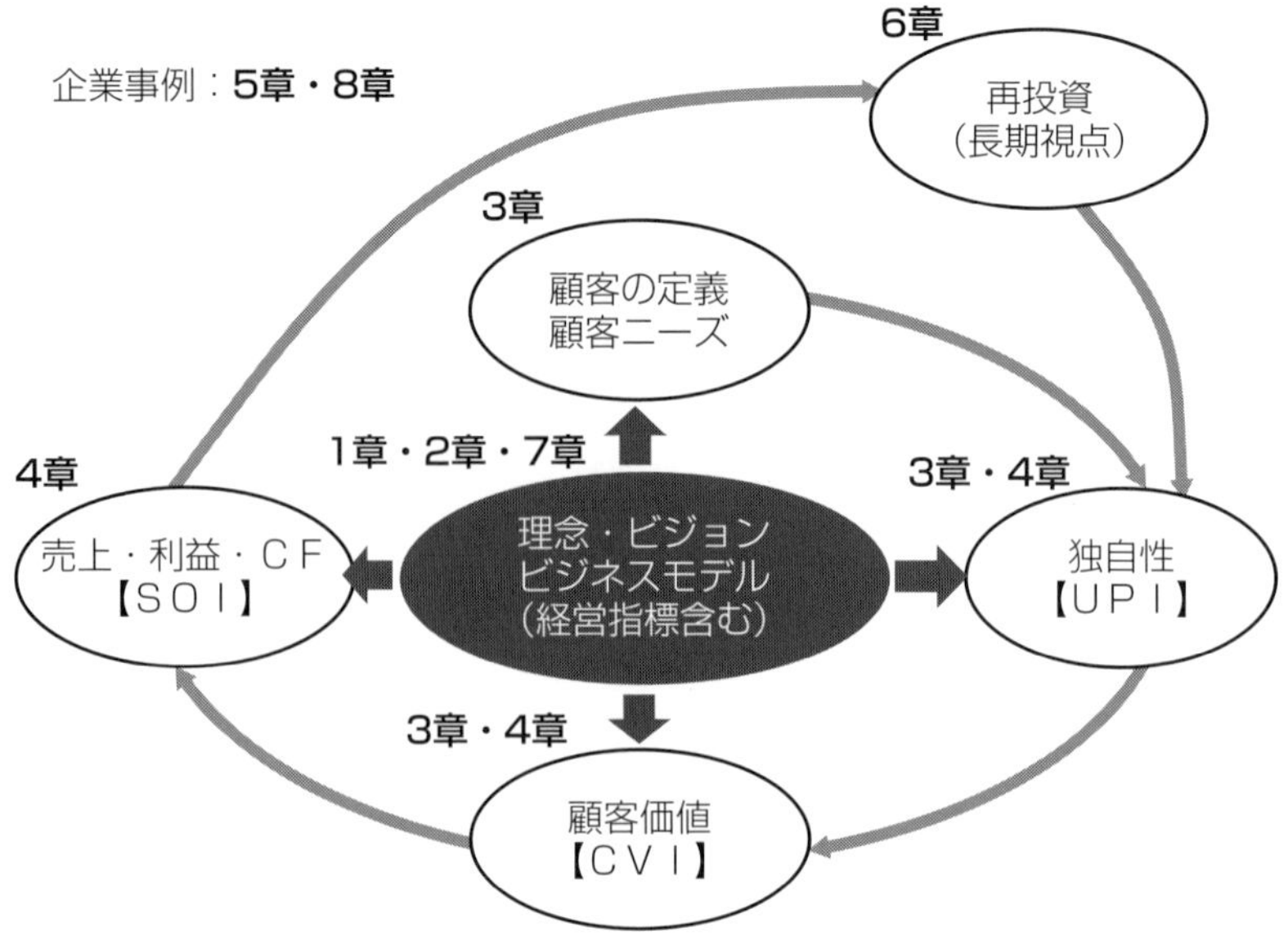

る際のヒントやツールを提供する

改めて、3社（Amazon、IKEA、Apple）を選んだのは、「もの」を扱う身近な企業でイメージがしやすいからです。今後は「もの」と「サービス」の融合・トータルなソリューション力がますます求められており、その意味でも参考になる事例と考えます。

また、3社ともに、独自性を極めた結果、結果的に大企業に成長しましたが、もちろん、独自性＝大規模・大企業ではありません。特に、IKEAは、スウェーデンの小さな町エルムフルトで1943年に創業してから30年後までは、店舗数7店舗ほどの中小企業でした。30年という長い歳月をかけて、今日の独自性の礎（ビジネス理念・価値観、ビジネスモデルの確立、独自技術の代名詞フラットパック家具の開発）を築きました。

本書は、3社の事例を中心に書いていますが、日本の企業についても3社の中堅企業を取り上げ、量より質を重視する中で独自性を追求し、頑張っている姿を紹介しています。

独自性経営の主要項目：中心（原点）は、理念とビジョン

項目	内容
顧客の定義 顧客のニーズ	・我が社の顧客は誰か。 ・顧客のニーズは何か。 ・当社が満たすべきニーズは何か。
独自性	顧客ニーズをどのように実現すれば顧客価値はより向上するか、その鍵となるのが独自性。例） ・独自の製品・サービスで実現する。 ・独自の物流システムで実現する。
顧客価値	顧客にとっての価値、顧客が認識する価値、顧客ニーズを独自性によって実現した時、顧客価値はより向上する。
売上・利益 キャッシュ	顧客価値が実現した時に、売上・利益、キャッシュが獲得できる。
再投資	獲得したキャッシュを、再投資に充てる。 投資には、３つの投資（研究開発投資・設備投資・人財投資）があり、いずれも長期視点で行い、一定水準の投資を維持・継続することが重要である。

上記に、本書の全体像を示します。

概略は以下のとおりです。

●まず、理念（ミッション）に基づき、自社の「顧客を定義」します。自社の強みが活かせる顧客、自社の強みに価値を感じてくれる顧客を自社の顧客に選びます。

●自社の「顧客のニーズ」を深く掘り下げ、顧客価値の向上・最大化の観点から、自社が実現したいと考えるニーズを特定します。

●顧客ニーズをどのように実現すれば顧客価値が向上するか、その鍵となるとなる「独自性」を確立します。独自性は、他社が真似できない自社の強みであり、具体的には、独自の製品・サービス、独自の技術、独自の設備、独自のシステム・活動等になります。

●顧客ニーズを独自性で実現することにより「顧客

価値」を向上させます。

●顧客価値を向上させることにより、「売上・利益・ＣＦ」（結果）を向上させます。

●利益を上げて獲得したＣＦ（キャッシュフロー）を「再投資」に回します。再投資は、既存設備の維持・向上（増産）や、合理化・省力化投資等各種のケースが考えられますが、必ず独自性（他社と違う強み）の維持・強化のために投資することがポイントです。投資には３つの投資（研究開発投資・設備投資・人財投資）があり、いずれも長期視点で行い、一定水準の投資を維持・継続することが重要です。投資の結果、さらなる独自性が強化され、新たな独自製品・サービスが開発できます。

●このサイクルを回し続けることが競争優位の独自性経営の確立になります。

●独自性経営の中心・根幹にあるのは、「経営理念・ビジョン」であり、理念とビジョンがすべての要素に密接に関わり入りこんでいます。また、理念・ビジョンを実現するビジネスモデル（経営指標含む）を設計することも重要な鍵になります。

上記のサイクルの中で、「結果を残す会計力」は、「独自性」「顧客価値」「売上・利益・ＣＦ」の３つのテーマで発揮されます。本書では、これを「独自性×会計」体系図にまとめあげ、各テーマに対応した本書独自の指標やツリーを提案しています。

①　ＵＰＩ（独自性指標）：Unique Performance Indicator

　独自性の発揮を数字で確かめる指標であり、経営指標の実現し売上・利益を向上させる指標

②　ＣＶＩ（顧客価値指標）：Customer Value Indicator

顧客にとっての価値を表す数値指標であり、顧客価値が向上しているかを確認するための指標

③ ＳＯＩ（営業利益の実現構造）：Structure of Operating Income

ＵＰＩとＣＶＩを組み込んだ営業利益の実現構造（売上・利益の実現ツリー）

利益の源泉と営業利益の実現構造の分析にあたっては、Ａｍａｚｏｎ、ＩＫＥＡ、Ａｐｐｌｅの公開データ（年次報告）を可能な限り分析しました（ＡｍａｚｏｎとＩＫＥＡについては、公表されているすべての年次報告（アニュアルレポート）を分析）。

年次報告に基づき、財務指標の推移を作成し、財務的な特徴とビジネスモデルとの関係、利益の源泉を明らかにしました。

例えば、次のような問いに答えています。

●Ａｍａｚｏｎは２０１９年決算でついに小売事業の製品販売が赤字となったが、それは必然であった。赤字のビジネスモデルをよしとする理由は何か。

●Ａｍａｚｏｎの事業セグメントの稼ぎ頭はＡＷＳであるが、ビジネスの稼ぎ頭は「サードパーティ収入」と考えられる。サードパーティ収入とはどのようなもので、その凄さは何か。

●ＩＫＥＡはなぜ10年間にわたって値下げを実行し、平均売価20％の値下げを実現できたか。また今でも値下げを継続できているのはなぜか。

●Ａｐｐｌｅは、１９９８ビジネスモデル大変革で、売上を約２割減少させたにもかかわらず、粗利益を約１割増加させたのは、何をしたからか。また、在庫の回転率を5倍に高められたのは、何をしたからか。

本書の最終的なゴールは、読者の皆様の企業が、強みを磨き上げ自社ならではの独自性を確立すること、そして、「結果を残す会計力」を活用して、持続的な売上・利益成長を実現する独自経営モデルを確立することです。特に、経営参画される皆様には、新たな視点・ゼロベースでの視点で経営にあたることが期待されていますので、本書を通じて、自社の戦略・ビジネスモデルを検証し見直すきっかけにしていただきたいと思います。

本書を書くことによって、少しでも会計士としての使命を果たすことができれば幸いです。

新型コロナウィルスの収束を願って

令和2年8月吉日

星野　雄滋

目次

第3章 「独自性」がなければ企業は戦えない〜独自性を確立する5つのステップ〜

第５章　日本の中堅企業の独自性も凄い

第6章 独自性を維持する投資戦略

第7章　独自性経営の根幹「経営理念」と「人財」

第8章　独自性の確立を目指して頑張る地域の中堅企業

第 1 章

強い企業の経営指標

強い企業はユニークな経営指標をもっている

独自性確立の裏には、独自の経営指標があります。つまり、独自性と経営指標は表裏一体です。

これから、マーケットの絶大な支持を獲得し飛躍的な成長の起点となった経営指標を紹介します。

それは、一言で言えば、

「理念・ビジョン直結の経営指標」であり、

「常識外れのユニークな経営指標」です。

IKEAの経営指標

IKEAの経営指標は、なんと「平均販売価格の値下げ率（年平均2～3％値下げ）」です。現に、1999年から2009年までの10年間で販売価格を20％下げる目標を立て、実際に実現させました。

一般的には、売上や利益の拡大目標（売上高、利益、利益率）というのが通常でしょう。

また利益や利益率を目標にする場合は、他社との厳しい競争に打ち勝つために、顧客満足を高め、付加価値を向上して、販売価格を維持・向上する　といった方針や目標をとるのが一般的かもしれません。

では、なぜこんな常識外れの経営指標を打ち立てるのか？

これは、ＩＫＥＡがビジョン・理念を実現するためです。

「より快適な毎日を、より多くの方々に」。これがＩＫＥＡのビジョンです。

そして「優れたデザインと機能性を兼ね備えたホームファニッシング製品を幅広く取りそろえ、より多くの方々にご購入いただけるようできる限り手ごろな価格でご提供する」がビジネス理念となっています。

このビジネス理念は１９７２年までに確立され、ビジョンは１９７６年にまとめられました。

ビジョンとビジネス理念が確立されて以降、低価格を実現するため、原価を削減する方法を粘り強く探しました。そして、コスト削減した分は、すべて販売価格の値下げという形で顧客に還元しました。これが普通の会社と異なるＩＫＥＡの大きな特徴です。

一般的には純利益を第一に考えるために、原価を削減した場合、販売価格の値下げを最低限に抑え、利幅を増やします。しかし、ＩＫＥＡは理念・ビジョンが第一でありそれがすべての行動指針となるため、価格の値下げを最優先させ、原価の削減はすべて消費者に還元したのです。

では、どうやって、この経営指標を実現しているのか。

ＩＫＥＡは、低コストであるアジアの国を含め、グローバル調達（現地に仕入事務所を設置）を行っています。１９９９年から２００９年までの10年間で、仕入価格を20％下げました。

しかし、
・グローバル調達だけで、20％ダウンが達成できるのか？

・仕入価格の値下げが続けられるのか。また値下げだけで、販売価格の値下げが継続できるのか？
読者の皆様の疑問には、第2章で詳細を説明します。

Amazonの経営指標

次に、Ａｍａｚｏｎの経営指標はなんと「製品販売で低利益率を維持する（利益を出さない）」です。これは指標ではないと言われるかもしれませんが、経営の意思を表した経営指標です。

あとで説明しますが、これには2つの意味があります。

低利益利率にする（利益を出さない）ということは、具体的にはどういうことなのか。

Ａｍａｚｏｎのマーケットプレイスの自社製品の売上原価率（※）はどのくらいだと思われますか？

※売上原価率＝売上原価／売上

実は、なんと・・・

２０１９年度、１０３％です。

２０００年マーケットプレイス開始、10年後の２０１０年、売上原価率は８６・３％でした。そこから、毎年、売上原価率は上がり続け、２０１９年、とうとう売上原価率が１００％を超えました。もうおわかりだと思いますが、売上原価率が１００％超えるということは何を意味するのか？

1年間平均して、赤字で販売された、ということです。

どうしてこんな数値で、マーケットプレイス事業がやっていけるのか、Eコマース市場でリーダーシップを勝ち取ることができたのか、詳しくは第2章で説明します。

驚愕の売上原価率103％の意味は、ズバリ、Amazonの企業理念を実現した結果であり、ビジネス戦略を実行した結果です。

企業理念

「地球上で最もお客様を大切にする企業（最も顧客中心の企業）を目指す」

1997年株式公開時の年次報告では、次のように記載されています。

「顧客に魅力的な価格を提供することは、そのビジネス戦略の重要なコンポーネントと考えています。つまり、低価格と低い配送料の組み合わせにより粗利益を減らした価格設定プログラムを保持するため、製品の粗利益率が比較的低くなります。」

IKEAもAmazonも理念・ビジョンを実現するために、一番シンプルで、端的にわかりやすい、誰もが覚えられる経営指標を設定したのです。

図1・1　P／L（損益計算書）の概要（フォーム）

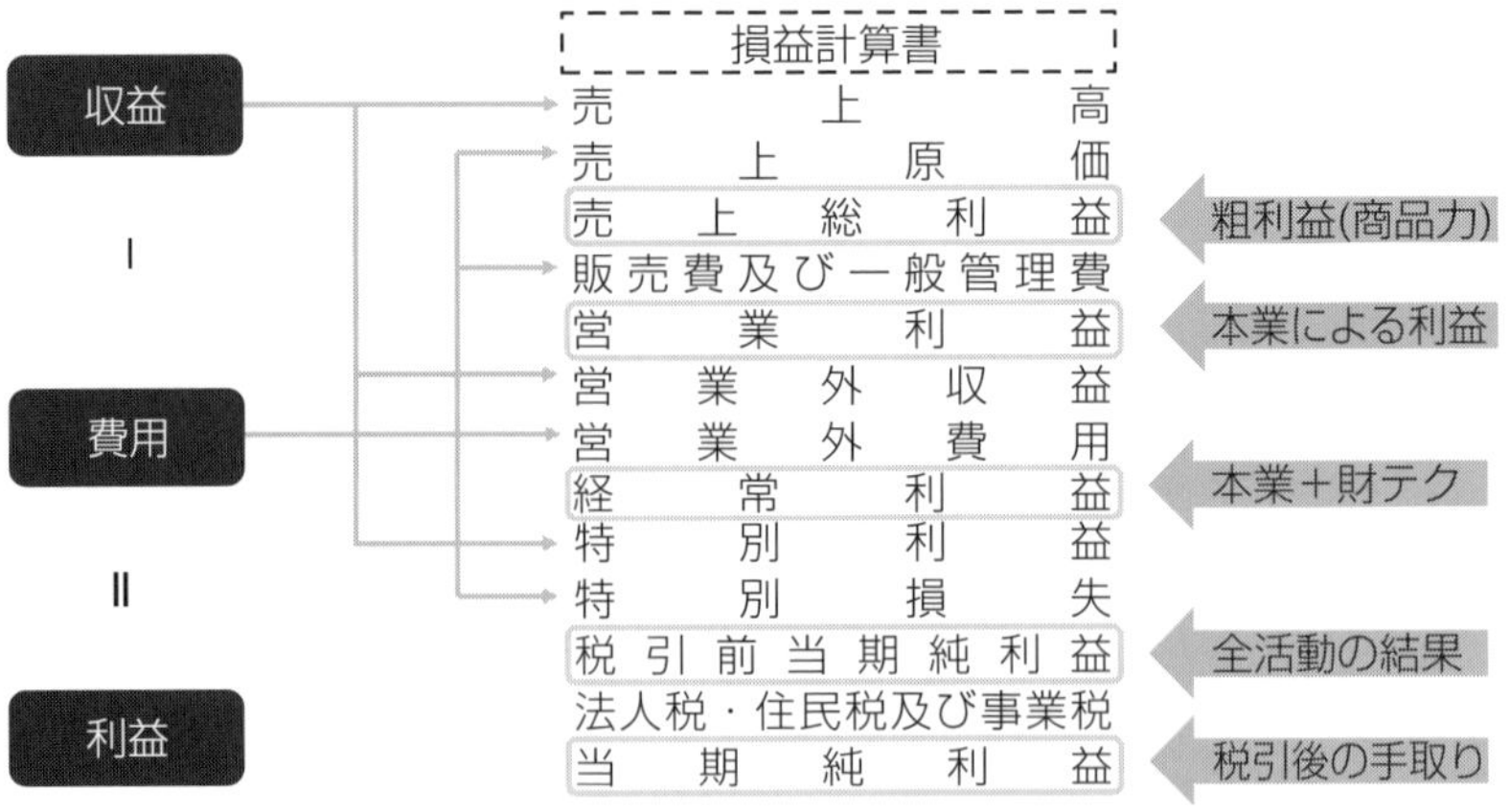

（出典）『役員１年目の教科書』（ロギカ書房）

経営指標からして、すごくユニークだな　と思われたでしょう。

Appleについては経営指標に関する情報は読み取れませんが、これから、Amazon、IKEA、Appleの事例を分析することにより、独自経営のエッセンス、そして、独自性を確立するにはどうすればよいか　を説明していきたいと思います。

なお、第2章以降では、P／L（損益計算書）の基本的な用語を使いますので、参考までにP／Lの概要を**図1・1**に示しておきます。

第 2 章

独自経営のエッセンス

成功のスパイラル

Amazonの原点「フライングホール（フライホール）」

通称フライホールは、ベゾスCEOが、Amazonのビジネスモデルの原型を紙ナプキンに描いたことで知られています。

このフライホールが、独自経営のエッセンスを表しているのは、3つのキーワードがシンプルに示されているからです。このキーワードは、企業理念の骨格を作っているものです。

- 品揃え
- 低価格
- 顧客体験

改めて、企業理念を示すと以下のとおりです。

「地球上で最も顧客を大切にする企業（最も顧客中心の企業）を目指す」

「地球上で最も豊富な品揃えを実現する」

図2・1　Amazonの「フライホイール」（弾み車）
：2つのサイクルで成功のスパイラルを創る

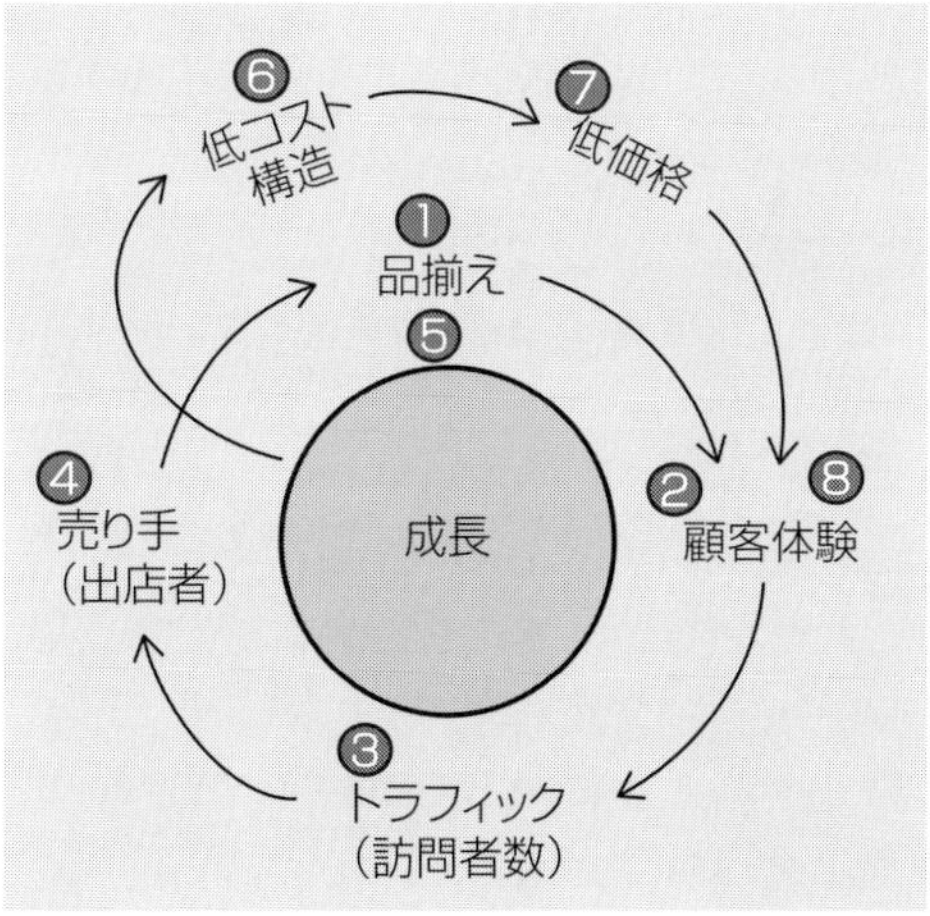

要約

<1つ目のサイクル>
①品揃えと利便性を向上する。
②顧客体験（顧客満足）を高め、顧客の信頼を得る。
③訪問者数（客数）が増える。
④アクセス増加により売り手（出店者＝サードパーティ）が集まる。
⑤結果、さらに品揃えが増えて、事業が成長する。

<2つ目のサイクル>
⑥事業が成長すると規模の経済（スケーラビリティ）で、低コスト構造（固定費を回収）が実現する。
⑦結果、継続的な低価格を実現する。
⑧さらに顧客体験が向上する。

それでは、フライホールを確認してみましょう。

図2・1右側の説明文について、一部補足します。

①、第一義的には品揃えを向上します。Amazonに行けば何でも買える、ニッチでマニアックな商品も取りそろえて、地球上のあらゆる顧客のニーズを満たします。合わせて利便性も向上します。利便性とは端的に言えば、配送スピードです。Amazonでは通常2日配送（＊）を基本としています（＊配送センターに在庫がある場合、注文後すぐに出荷準備を開始。会費制のプライムでは、送料無料で翌日配送）。

また、直接調達等で仕入値を下げ、直販では時に赤字を出してまで最安値に固執します。

これらの結果、顧客体験（顧客満足）が高まります（②）。

⑤、事業が成長するとは、端的には、売上・顧客数が成長することを言います。

⑥、低コスト構造が実現するとは、固定費がより回収できること、固定費あたりの売上が増加することを言い

図2・2 IKEAもAmazonと同様の「フライホイール」（弾み車）を実現していた。

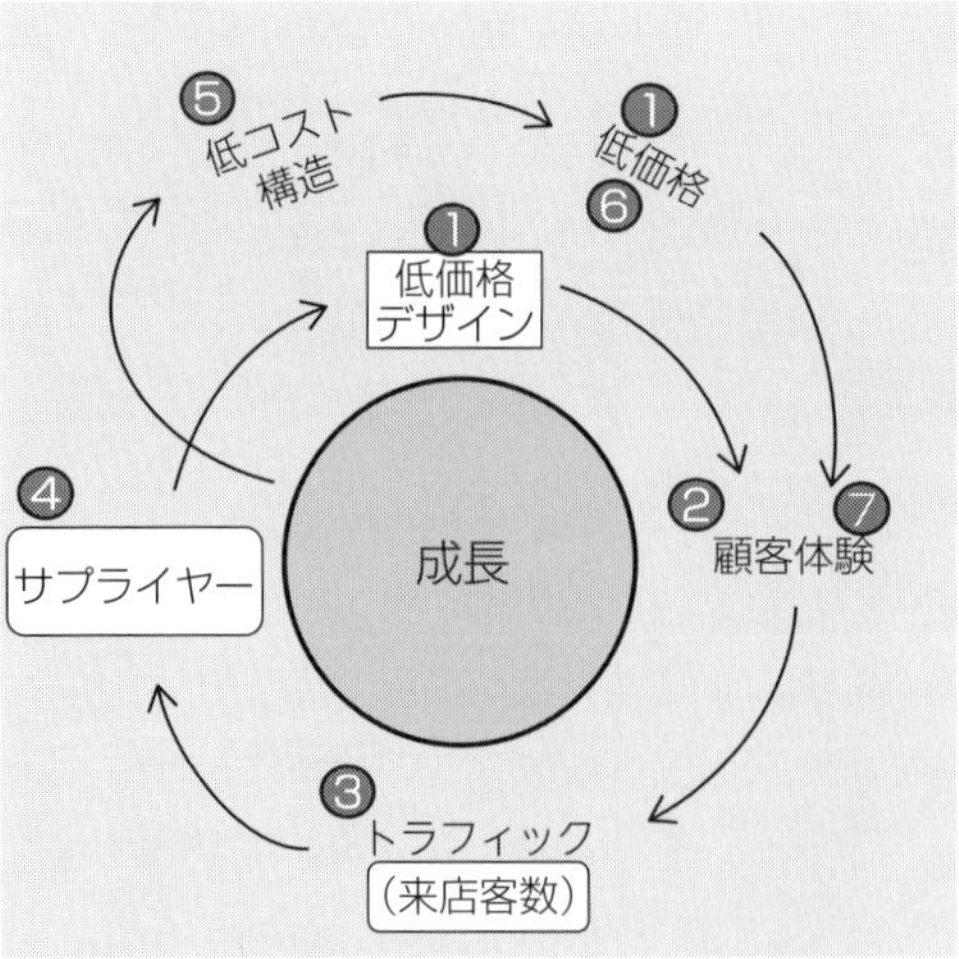

要約

①価格を引き下げるとともに優れたデザインを実現する。また、幅広い品揃えを用意する。
②顧客体験（顧客満足）が向上する。
③来店客数（販売数量）が増える。
④低価格を維持するため、増加した販売数量を背景に、低コストが可能なサプライヤーからグローバルで調達する。
⑤以上により、事業（売上・利益）が成長すると店舗設備や物流センター等の固定費を回収でき、低コスト構造を実現する。
⑥さらに価格を引き下げる。
⑦さらに顧客体験が向上する。

ます。具体的には、物流センターやウェブサイトの運営に必要なサーバー等の固定費を有効活用し回収が進むことになります。この回収については、サードパーティ手数料収入等のサービス売上が大きな貢献を果たしており、製品の低価格販売を支援しています。

Ａｍａｚｏｎでは、このフライホールをグルグル回し続けることで、次の２つを実現しています。

●企業理念の継続的な実現
●事業の持続成長を実現

ＩＫＥＡもフライホールのエッセンスを実現していた

世界最大の家具販売会社ＩＫＥＡは、独自性の象徴的企業と言われていますが、実は、ＩＫＥＡもフライホールのエッセンスを実現していました（図２・２）。

図右側の説明文について、一部補足します。

①、ＩＫＥＡの場合、幅広い品揃え以上に、低価格とデザインが重要視されます。デザインは、家具そのもののデザインはもちろん、価格自体のデザインを特に重視しており、ここがＩＫＥＡの独自性を表しています。つまり、商品のデザインを決める前にまず最初に価格を決め、その価格を実現するデザインを作ります。

②、顧客体験（顧客満足）を向上させるために、ルームセットの提案のほか、ターゲットであるファミリー層に対して、子供向けのプレイルームやレストランも併設しています。

③、以上により、より多くのお客様に来店していただくことを実現しています。

④、サプライヤーは低価格を実現するための健全な競争を促すだけでなく、製品のデザインの段階から、サプライヤーと協力し、一緒に製品作りを行っています。

ＩＫＥＡのフライホールでは、とくに次の３つのキーワードを取り上げています。

- 低価格
- デザイン
- 来店客数

Ａｍａｚｏｎと同様に、ＩＫＥＡ版フライホールは、企業理念（ビジネス理念）を実現するためにあるからです。

ＩＫＥＡの企業理念：ビジネス理念

「優れたデザインと機能性を兼ね備えたホームファニッシング製品を幅広く取りそろえ、より多くの方々

図2・3　Appleのビジネスモデル
：質を追求し、結果、量も獲得する

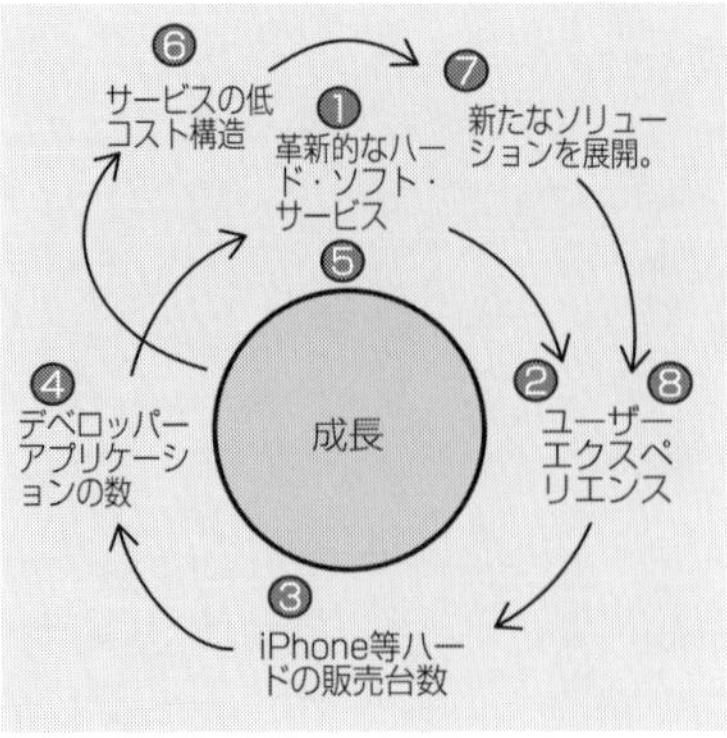

要約

＜1つ目のサイクル＞
①革新的なハードウェア（製品）、ソフトウェア、サービスを開発し「最高のもの」を提供する。
②ユーザーエクスペリエンスを高め、製品への支持・信頼性が高まる。
③製品の販売台数が増加する。
④製品の販売台数増加により、デベロッパーが集まり、良質なアプリケーションが増える。
⑤結果、さらにサービスが拡充して、事業(製品・サービス売上)が成長する。

＜2つ目のサイクル＞
⑥サービス事業の成長でサービスの固定費構造が活用でき、廉価版でも充実したサービスを提供できる。
⑦ゲームアプリ等サービスを利用できる廉価版iPhoneを新たなソリューションとしてインドをはじめ多くの国で展開する。
⑧サービス＆手頃な価格帯により買いやすくなりユーザーエクスペリエンスが向上する。⇒販売台数を維持。

にご購入いただけるようできる限り手ごろな価格でご提供する」

Appleのビジネスモデルをフライホールで示す

Ａｐｐｌｅは、ｉ冠製品に代表される革新的なイノベーションを実現しています。Ａｍａｚｏｎ、ＩＫＥＡのビジネスモデルとの比較を容易にするため、フライホール形式でビジネスモデルを**図2・3**に示します。

図右側の説明文について補足します。

②、Ａｐｐｌｅが最も重視してるのは、ユーザーエクスペリエンスの向上です。

③、販売台数や売上といった量的な成長は、革新的なハードウェア、ソフトウェア、サービスという質の向上の結果、得られるものであるという位置づけです。

④、最近ではサービスの一層の充実・強化を打ち出し

ているため、良質なアプリケーションの数を増やすという戦略から、デベロッパーとの共存を重視しています（デベロッパーの収益獲得を支援し、デジタルの商品またはサービスがアプリケーションを通して提供された時以外は、手数料を徴収していません）。

⑧、２０１８年までは高価格帯戦略によるiPhone製品の売上が6割を超えていましたが、買換えサイクルの長期化や販売地域のユーザーニーズに対応する観点から、２０１９年以降はサービス売上のウェイトを高め、さらに２０２０年からは廉価版iPhone SEの販売を開始しました。このようにサービス&手頃な価格帯の製品により、新たな視点でユーザーエクスペリエンスを向上しています。

Ａｐｐｌｅは、公な形で経営理念を公表していませんが、ＣＥＯティムクックのコメントや年次報告から伺える経営理念を以下に示します。

経営理念：ユーザー体験の質に徹底的にこだわる。

Ａｐｐｌｅのユーザーにとって、どんな製品が生活の改善につながるかを考え抜くことにより、ユーザーの生活を本当に変えてしまうことを提供する。

約　束：最高のもの（革新的なハードウェア、ソフトウェア、サービス）を通じて顧客に最高のユーザーエクスペリエンスを提供する

※上記に加え、「競争に勝つことが重要ではない。」と明言し、顧客価値にフォーカスした独自性戦略を貫いていることが伺えます。

キーワードは下記の2つであり、これがAppleのビジネスモデルの中核を構成しています。

●ユーザーエクスペリエンスの向上（ユーザー体験の質の向上）

●最高のものをつくる

経営指標はビジネスモデルを象徴する

こうしてみると、独自性を確立している企業の経営指標は、経営理念直結（ビジョン直結）の指標と言えます。

※本書では、経営者の株主向けレターや、年次報告等で強調されている指標で、財務的な観点が含まれているものを経営指標と解釈しています。

また、Amazonが関心をもって重視している「顧客満足度指数」が、経営上の重要な目標になっているであろうことを否定するものではありません。現に2017年の株主向けレターの冒頭で、アメリカにおける顧客満足度指数（※）が、8年連続でNo.1になったことを述べています。

※ACSI（American Customer Satisfaction Index＝米国顧客満足度指数）は、消費者の顧客満足度を測る指標で、ミシガン大学ビジネススクールによって開発された指標。

本書で取り上げる経営指標は、以下のとおりです。

●Amazonの経営指標：

「低利益率の維持」（←地球上で最も顧客中心）
「サードパーティ販売額の増加（伸び率）」（←地球上で最も豊富な品揃え）

●IKEAの経営指標：
「値下げ率」（←できる限り手頃な価格）
「来店客数」（←より多く人々）

Appleについては、経営指標に関する情報が把握できませんでしたので、取り上げていません。

※2018年の年次報告までは、製品の平均販売価格（ASP：Average selling price）が把握できる販売台数が開示されており、ASPの伸び率等が高価格戦略に基づく指標と考えることができましたが、2019年の年次報告から、販売台数や平均販売価格の記載がなくなっています。iPhone 廉価版の発売やサービス収入の拡大戦略が影響していることが考えられます。

改めて、順番にみていきたいと思います。

Amazonの経営指標

・「低利益率の維持」については、第1章で説明したように、経営理念直結の経営指標です。
・「地球上で最も豊富な品揃え」に対応する経営指標を「サードパーティ販売額の増加（伸び率）」と解釈する理由

品揃えを表す取扱商品数（単品数）は、物理的には、品目数に色・サイズを掛け合わせたSKUの数（品目が2つ・色3種類・サイズ3種類なら18SKUとなる）によって、定義・計算することができます。しかし、マーケットプレイスに出品される商品の品目数やSKUの数は、数が膨大にあり、また状況により変化するので、マーケットプレイス全体での取扱商品数（単品数）を正確に把握することは極めて困難と思われます。現に、2019年次報告では、「数億ものユニークな製品」と記載されています。

したがって便宜的に、豊富な品揃えの元を作りだしていると言えるサードパーティ販売者の販売額の増加（伸び率）が、豊富な品揃え（取扱商品数の増加）を示すものと解釈することが可能です。

サードパーティ販売額の増加に関しては、2018年の株主向けレターの冒頭に、Amazonで販売された総商品販売額（オンライン販売総額）に占めるサードパーティ販売者の販売額比率が記載されました。

2018年株主向けレターによれば、サードパーティ販売者の販売額比率は2010年34%であったものが、2018年では58%にまで増加しています。

一方、Amazon自社直販の製品売上は、2010年308億ドルから、2018年1，419億ドルへと飛躍的に拡大しています。これは4・6倍もの伸び率です。

よって、単純計算をすれば、サードパーティ販売者の販売額は、2010年159億ドル、2018年1，960億ドルとなり、伸び率は12・3倍となります。

この9年間でサードパーティ販売者の販売額の伸び率は、急拡大しているAmazonの売上伸び率のさらに約3倍もの勢いで伸びていることになり、マーケットプレイスの品揃えが格段に増えていることが推測できます。

なお念のため補足しておきますと、サードパーティ販売者の販売額の基礎をなす販売者の売上自体は、A

mazonの売上にはカウントされません。Amazonの業績にカウントされるのは、サードパーティ販売者からの手数料収入（販売手数料、在庫保管・梱包・配送手数料）です。

なお、このサードパーティ販売額の増加は、品揃えに関する指標という意味だけでなく、もう1つ重要な側面があります。それは、高収益構造のレベルを表します。Amazon直販の利益に比べて、サードパーティ販売サービスの方が、得られる利益（手数料収入）が高いからです。つまり、「低利益の維持」という経営指標を強力に支えているのがサードパーティ手数料収入です。よって、この2つの経営指標は、表裏一体の関係にあります。詳細は、次項で説明します。

また、Amazonは、地球上の顧客を対象にしているため、Amazonマーケットプレイスのアカウント数が気になります。

1997年の株式上場時の株主向けレターによれば、売上高は、1996年の1、570万ドルから1億4、780万ドルへと＋838％の増加となり、累積顧客アカウント数は、18万から151万へと＋738％の増加したと記されています。最近の年次報告では、アカウント数は示されていませんが、外部調査機関に基づき試算した2018年顧客1人あたり年間購入額を約460ドルと仮定すれば（※）、2018年のAmazonの顧客数は、約3億人というアカウント数が推測されます。

2018年製品売上141、915百万ドル÷460ドル＝308百万人

地球上の人口が、2018年76億人ですから、約4％という計算。25人に1人はAmazonのアカウントを持っているとすれば、地球上の顧客を対象にしていると言っても過言ではありません。さらに、2019年第4四半期の決算報告では、Amazonプライムの会員数が、世界中で1億5千万人を超えたと記さ

れています。

※米市場調査会社CIRPの調査結果（2019／1／17）に基づき、2018年アメリカのAmazonカスタマー約163百万人の一人あたり年間購入額（自社直販ベース）を試算すると約460ドルでしたので、便宜的にアメリカの数値を用います。なお、アメリカの2018年人口は約327百万人ですので、アメリカでは2人に1人がAmazonの顧客となります。

IKEAの経営指標

2011年年次報告のIKEAウェイによれば、IKEAの値下げ率の目標は、年平均2〜3％削減と記載されています。当時の経営者アンダッシュ・ダルヴィッグによれば、実際、1999年から2009年までの10年間で、20％の値下げを実現したとされています（年平均2％を実現）。

一方、来店客数については、どうでしょうか。

2019年、IKEAストアへの来店客数は、8億3、900万人です。これが、どのくらいの程度かと言えば、1店舗あたり年間224・3万人。1店舗1日あたり約6、231人（営業日数月30日と仮定）です。日本の家具販売最大手N社が、年間9、392万人、1店舗あたり年間15・5万人、1店舗1日あたり約430人（営業日数月30日と仮定）です。店舗規模の違いがあるとはいえ、IKEAの来店客数のスケールの大きさが伺えます。

なお、IKEAについては、店舗売上326・6億ユーロを、1ユーロ124・63円（期中平均レート）で換算しています。

図 2・4　IKEA と日本企業の小売事業比較　直近決算数値より

	イケア (2019 年 8 月決算)	日本の家具販売最大手 N 社 (2020 年 2 月決算)
店舗売上（※）	4 兆 704 億円	5,746 億円
店舗数	374	607
来店客数	8 億 3,900 万人	9392 万人
1 店舗あたり客数	224.3 万人	15.5 万人
客単価	約 4,852 円	約 6,118 円

※店舗売上は、売上高のうち、オンライン売上や通販売上、賃貸収入等を除く店舗販売の売上です。

2社を比較すると、1店舗あたり客数は、IKEAの方が、はるかに多いですが、客単価では、N社の方が上回っています。

これは、IKEAはビジネス理念のとおり、来店客数と低価格を重視しているため、それが店舗設計（規模）や商品設計（低価格・デザイン）に反映され、このような数字になっていることが考えられます。

このように、AmazonとIKEAは、経営理念を実現した結果、そのとおり経営指標のパフォーマンスをあげていることがわかります。しかし、価格を下げ、ボリュームを上げるだけでの戦略では、いずれ行き詰まり、利益もとれなくなります。ではどうやって利益をとる構造にしているか、次項で説明していきます。

ビジネスモデルを数字で語るとどうなるか

ビジネスモデルの特長は、数字によって確認することができます。

Amazonのフライホール

フライホールを数字で把握する

先ほどの図を使って説明しましょう。

図の右側が数字で語るを示しています（図2・5）。

一部、補足していきます。

②、顧客体験（顧客満足指数No.1）を高めるための投資を惜しまずに実行しています。

Amazonにとって最大のコスト（投資）は、物流費とテクノロジー&コンテンツ費用です。

物流費の売上に対する比率は、年々増加し、2012年に10%を超え、2019年は、14%を超えています。これは地球規模で世界最先端のフルフィルメントネットワークを構築している証です。（★物流センターの規模については後述します）また、テクノロジー&コンテンツ費用（いわゆる研究開発費）の売上比は、201

図２・５　Amazon の「フライングホイール」（弾み車）
：２つのサイクルを数字で語る

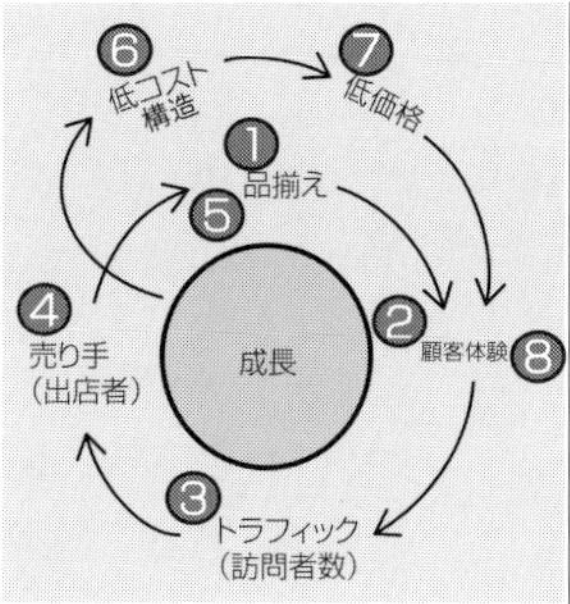

数字で語ると　要約

＜1つ目のサイクル＞ ①品揃えと利便性を向上する。 ②顧客体験（顧客満足）を高め、顧客の信頼を得る。 ③訪問者数（客数）が増える ④アクセス増加により販売者（出店者）が集まる。 ⑤結果、さらに品揃えが増えて、事業が成長する。 ＜2つ目のサイクル＞ ⑥事業が成長すると規模の経済（スケーラビリティ）で低コスト構造（固定費を回収）が実現する。 ⑦結果、継続的な低価格を実現する。 ⑧さらに顧客体験が向上する。	＜1つ目のサイクル＞ ①通常2日配送（プライムは翌日無料配送）を実現する。 ②アメリカの顧客満足度指数は、Amazonが8年連続でＮｏ.1。 ③顧客アカウント数は、飛躍的に増加（2018年は推定3億）。 ④サードパーティ販売者の販売額比率は、年々増加。2018年は58%。 ⑤サービス収入が増加し、売上・利益が成長する。 ＜2つ目のサイクル＞ ⑥サービス収入の増加により、固定費（物流費や技術・コンテンツ費用）を回収している。 ⑦2019年の製品原価率は、103%となり、赤字となる。 ⑧2019年12月「プライム」の会員数は、１億５千万人を超えた。

４年に10%を超え、２０１９年には約13%の水準となりました。２０１８／12月期の研究開発費は、世界最大の２８、８３７百万ドル（約３兆２千億円）。２０１９／12月期は、過去最高の３５、９３１百万ドル（約４兆円）です。

⑤⑥、小売事業のサービス収入とは、サードパーティ販売サービス（手数料収入）、プライム等サブスクリプションサービス、広告などその他サービス売上により構成されます。サービス売上金額は、２０１０年から開示されていますが、２０１０年は製品売上の約１割程度であったものが、２０１９年には製品売上の約３／４の水準にまで達しています。このことは、小売事業においても収益性の高いサービスの売上のウェイトが高まってきたこと

を表し、製品販売の低価格（赤字販売）をカバーするだけでなく、固定費（物流費、テクノロジー&ココンテンツ費用等）を回収しています。

・2019年の小売事業のサービス収入85、088百万ドル
・2019年の物流費とテクノロジー&コンテンツ費用の合計76、163百万ドル

よって、サービス収入が、固定費を回収しています。

このように、Amazonは、製品販売においては、低価格を基本とし、最安値にこだわって極力それを実現しようとしています。ただし、いくら、サービス収入でカバーするとはいえ、むやみに、また安易に最安値を実践し続けることは、いつか自分で自分の首をしめることになりかねません。したがって、最安値販売をするためには、合理的な計算のもとに行う必要があります。

Amazonが、最安値で提供できるのは、膨大な売れ筋データを持ち、それにもとづく価格設定プログラムを保持しているからであると言われています。売れ筋データは直販だけでなく、今や、マーケットプレイスでの販売額比率が約6割となったサードパーティ販売者の売れ筋データも把握できるからです。

なぜ売れ筋データを持つと最安値で提供できるのか。それは実績に基づく精度の高い販売数量の予測ができ、この販売数量ならどこまで価格を下げても、最低限の利益が取れるのか、あるいは、赤字幅を最小限に抑えられるかを計算できるからです。

このため、人気商品ほど値下げができることになります（IKEAも同様の販売施策をとっています）。

★物流センターの規模について（ビジネスモデルを数字で語る）

ここで、フルフィルメントセンターの規模について詳しく確認したいと思います。

フルフィルメントセンターは、Ａｍａｚｏｎのホームページで次のように紹介されています。

「フルフィルメントセンター（Fulfillment Center/FC）とは、お客様の満足を満たすためのＡｍａｚｏｎ独自の配送センターのことです。

ＦＣは単なる「在庫が積まれた倉庫」ではありません。Ａｍａｚｏｎ独自の最先端のシステムと設備で自動ライン化され、最先端のハード・ソフトを備えた物流拠点で、まさに製造現場のようになっています。お客様からご注文いただいた商品を迅速にパッケージングして出荷するという形態は、built to orderのアセンブリ工場に近く、現場では入庫から配送までのそれぞれの工程管理が行われています。より効率的で的確な工程管理を実現し、お客様によりよいサービスを提供するため、常にカイゼン活動や５Ｓに取り組んでいます。」

独自性が重視され強調されていることがわかります。

フルフィルメントセンターの規模について２０１９年次報告では、**図2・6**のような数字が記載されています。

ちなみに、Ａｍａｚｏｎの年次報告では、一番最初に記載される数値情報が、プロパティ（資産）に関する数値情報となっています。

Ａｍａｚｏｎのホームページによれば、全世界に１７５以上のフルフィルメントセンターがあり、北米には１１０以上の運営施設があると記載されています。単純計算ですが、北米の１つの施設は、東京ドームが３・６個分の計算になります。

図2・6　　(in thousands)

	リース施設 平方フィート	所有施設 平方フィート	合計	東京ドームの数
＜北米＞ フルフィルメント、実店舗等	199,473	1,983	201,456	400 個分
＜インターナショナル＞ フルフィルメント、実店舗等	74,231	958	75,189	149 個分
計	273,704	2,941	276,645	549 個分

上記は、事務所スペースと AWS 部門を除く。
また、実店舗を含みます。北米の実店舗の大半は、食料品（生鮮品）の物流基地と位置づけられる食品スーパー「ホールフーズ」の店舗です（全米で 460 を超える店舗数）。
１平方フィート：0.09290304 平方メートル。
東京ドームの面積が、４万 6,755㎡です。

図2・7

	面積比(2019/2005)	売上比(2019/2005)
北米	25.2 倍	36.2 倍
インターナショナル	27.6 倍	19.8 倍

また、Ａｍａｚｏｎプライムが開始された２００５年のプロパティ面積、及び売上と比べると、**図2・7**のようになります（２００５年は所有施設はなく、リースのみ）。

北米部門は、面積の伸び以上に売上が拡大しており、規模の経済・拡張性（スケーラビリティ）が発揮されています。

一方、インターナショナル部門は、売上比が面積比よりも小さいため、まだ、規模の経済は発揮されていません。インターナショナル部門は、近年、フルフィルメントネットワークを大幅に拡張しており、先行投資の期間にあると言えます（２０１４年以降、営業赤字が続いている）。

これは、インターナショナル部門の位置づけが、経営理念「地球上で最も顧客中心・地球上で最も豊富な品揃え」の具現化のためであると考えられます。

図2・8

	面積比 （2019/2014）	オンライン販売総額比 （2019/2014）
小売事業合計	2.7倍	2.6倍

なお、物流施設の面積とより相関関係にあるのは、サードパーティ販売額を合わせたＡｍａｚｏｎオンライン販売総額です。Ａｍａｚｏｎのオンライン売上が公表された２０１４年は、サードパーティ販売額を合わせたＡｍａｚｏｎオンライン販売総額がわかりますので、面積比と販売総額比を算出しました。

オンライン販売総額は、北米とインターナショナルの内訳がわかりませんので、小売事業合計で、算定しています（**図2・8**）。

これを見る限り、物流施設の規模が、ほぼオンライン販売総額と比例していることがおわかりいただけると思います。

財務数字によるエビデンス

上記で説明した「数字で語る」のエッセンスの詳細（根拠データ）を、以下に示します。空欄は、情報開示がされていないところです。

Ａｍａｚｏｎの２０１９年決算の売上は、２、８０５億２２百万ドル（円換算３０兆５、９０９億円）、営業利益は、１４５億４１百万ドル（円換算1兆5、857億円）となっています。

営業CF	設備投資等	FCF	イベント	
-0.2	0.05	-0.25		第1成長期：マーケットプレイス立上げから軌道化（営業黒字）営業赤字でも研究開発費を継続し、7年後黒字化を達成。
-1.7	1.2	-2.9		
3.5	7.2	-3.7	株式上場	
31	28	3		
-91	287	-378	1click 特許	
-130	135	-265	マーケットプレイス	
-119	50	-169	ＩＴバブル崩壊	
174	39	135	営業利益が黒字に	
393	46	347		第2成長期：最強の独自サービス群を開始（売上・利益ともに飛躍的な成長）これまでの投資を一気に回収した期と言える。
566	89	477		
733	204	529	Prime 開始	
702	216	486	AWS 開始	
1,405	224	1,181	Kindle 発売	
1,697	333	1,364	FBA 開始	
3,293	373	2,920	営業利益が 10 億ドル超え	
3,495	979	2,516		
3,903	1,811	2,092	Amazon ロッカー設置	第3成長期：フルフィルメントネットワークの拡充（物流費の増加）と次世代の事業の柱に投資。更なる投資を加速させて結果、営業利益率を低水準に維持。
4,180	3,875	305		
5,475	3,444	2,031		
6,842	4,893	1,949	AI スピーカー[エコー]発売	
12,039	4,589	7,450		
17,203	6,737	10,466		
18,365	10,058	8,307	ホールフーズ・マーケット買収	
30,723	11,323	19,400	世界最大の研究開発費	
38,514	12,689	25,825	過去最高の研究開発費	

容は、フルフィルメントネットワーク、データセンター等への投資で、建物や土地の他、サーバーやネットワーク機器、輸送用重機、その他のフルフィルメント機器などの資産が含まれます

4．2019 年度の有形固定資産及びリース資産の総資産に対する比率は、43%と高水準となっており、イケアと同程度の水準であることが確認できます。

5．ビジネス面では、2005 年の Amazon プライムを皮切りに、AWS、Kindle 等の最強の独自サービス・製品を展開し、第 2 成長期における飛躍的な成長（売上、営業利益、営業 CF、FCF がいずれも大幅に増加）を遂げていることが確認できます。
FCF：フリーキャッシュフロー

表1　Amazonの創業から現在に至るまでの主要な財務数値の推移（12月決算）（金額単位：百万ドル、率：%）

年度	売上	営業利益	営業利益率	T&C	T&C比率	物流費	物流費比率
1995	0.5	-0.3	-60.0	0.2	33.4		
1996	15	-6	-40.0	2	15.1		
1997	147	-32	-21.8	12	9.1		
1998	609	-109	-17.9	46	7.6		
1999	1,639	-605	-36.9	159	9.7		
2000	2,761	-863	-31.2	269	9.8		
2001	3,122	-412	-13.2	241	7.7	374	12.0
2002	3,932	64	1.6	215	5.5	392	10.0
2003	5,264	270	5.1	207	4.9	477	9.1
2004	6,921	440	6.4	283	4.1	601	8.7
2005	8,490	432	5.1	451	5.3	745	8.8
2006	10,711	389	3.6	662	6.2	937	8.7
2007	14,835	655	4.4	818	5.5	1,292	8.7
2008	19,166	842	4.4	1,033	5.4	1,658	8.7
2009	24,509	1,129	4.6	1,240	5.1	2,052	8.4
2010	34,204	1,406	4.1	1,734	5.1	2,898	8.5
2011	48,077	862	1.8	2,909	6.1	4,576	9.5
2012	61,093	676	1.1	4,564	7.5	6,419	10.5
2013	74,452	745	1.0	6,565	8.8	8,585	11.5
2014	88,988	178	0.2	9,275	10.4	10,766	12.1
2015	107,006	2,233	2.1	12,540	11.7	13,410	12.5
2016	135,987	4,186	3.1	16,085	11.8	17,619	13.0
2017	177,866	4,106	2.3	22,620	12.7	25,249	14.2
2018	232,887	12,421	5.3	28,837	12.4	34,027	14.6
2019	280,522	14,541	5.2	35,931	12.8	40,232	14.3

（以下コメント）

1. 第1成長期の7年間においては、営業赤字が続いていますが、T&Cテクノロジー＆コンテンツ費用（研究開発費）は高水準を維持し続けていることがわかります。
2. フルフィルメント費用（物流費）については、マーケットプレイス開始直後から高水準を保持し、その後も増やし続けています。これは、地球上の顧客を対象に、最も豊富な品揃えを提供する能力の増強（フルフィルメントネットワークの拡充）を続けていることが数字の上で見てとれます。
3. 設備投資は、プライム開始以降、年々増え続けています。設備投資の主な内

2013	2014	2015	2016	2017	2018	2019
60,903	70,080	79,268	94,665	118,573	141,915	160,408
54,181	62,752	71,651	88,265	111,934	139,156	165,536
6,722	7,328	7,617	6,400	6,639	2,759	-5,128
89.0	89.5	90.4	93.2	94.4	98.1	103.2
10,441	14,264	19,858	29,103	41,834	65,317	85,088
	11,747	16,086	22,993	31,881	42,745	53,762
8,585	10,766	13,410	17,619	25,249	34,027	40,232
3,108	4,644	7,880	12,219	17,459	25,655	35,026
13,549	18,908	27,738	41,322	59,293	90,972	120,114
6,565	9,275	12,540	16,085	22,620	28,37	35,931
3,133	4,332	5,254	7,233	10,069	13,814	18,878
1,129	1552	1,747	2,432	3,674	4,336	5,203
114	133	171	167	214	296	201
			25,917	36,577	47,283	60,213
			9,111	13,128	18,359	25,825
			16,806	23,449	28,924	34,388
74,452	88,988	107,006	135,987	177,866	232,887	280,522
73,707	88,810	104,773	131,801	173,760	220,466	265,981
745	178	2,233	4,186	4,106	12,421	14,541
			3,108	4,331	7,296	9,201
			2,361	2,837	7,267	7,033
			-1,283	-3,062	-2,142	-1,693
			1,078	-225	5,125	5,340

*4 AWS 費用の一部は、販売手数料としてマーケティング費用に含まれますが、AWS の大半の費用は、技術・コンテンツ費用と考えられます。

*5 インターナショナル部門の営業赤字（2014 から赤字）は、主に、フルフィルメントネットワークを拡張するためのコスト増加によるものです。

*6 インターナショナル部門の位置づけは、経営理念「地球上で最も顧客中心・地球上で最も豊富な品揃え」の具現化のためと思われます。（↖ 031 ページへ）

*7 小売事業の営業利益＝北米＋インターナショナル

表2　収益を小売事業とAWS事業に分け、さらに小売業については、製品販売とサービス収入に分けて、表示

単位：百万ドル	2010	2011	2012
製品売上	30,792	42,000	51,733
売上原価	26,561	37,288	45,971
製品粗利益	4,231	4,712	5,762
製品原価率%	86.3	88.8	88.9
サービス売上(AWS除く)*1			
*2 サードパーティ販売サービス			
フルフィルメント(物流費)	2,898	4,576	6,419
AWS売上			
サービス売上計	3,412	6,077	9,360
(以下、共通固定費)			
テクノロジー&コンテンツ *3	1,734	2,909	4,564
マーケティング	1,029	1,630	2,408
一般・管理	470	658	896
その他	106	154	159
共通固定費計			
*4 AWS費用			
小売事業費用			
総売上	34,204	48,077	61,093
営業費用	32,798	47,215	60,417
営業利益	1,406	862	676
営業利益内訳			
AWS			
北米			
*5*6 インターナショナル			
*7 小売事業の営業利益			

(＊印の説明)

*1 サービス売上は、サードパーティ販売サービス（手数料収入)、プライム等サブスクリプションサービス、広告などその他サービス売上により構成されます。手数料収入：販売手数料、在庫保管・梱包・配送手数料

*2 サービス売上のうち、サードパーティ販売サービス（手数料収入）の金額。これだけで物流費を回収していることがわかります。
製品粗利益の低下に対して、飛躍的に増加していることがわかります。

*3 プライムのデジタルコンテンツ特典や自社のPB商品（プライベートブランド）の開発費をはじめ、AWS及び一部のマーケットプレイス（主に北米）のインフラストラクチャコストは、テクノロジー&コンテンツ費用に計上されるため、共通の固定費として位置づけています。

補足（費用科目の説明）

フルフィルメント（物流費）：	主に北米および国際フルフィルメント、顧客サービスセンターおよび実店舗の運営および人員配置にかかる費用、および支払い処理費用で構成されている。
テクノロジー＆コンテンツ：費用	新規および既存の製品とサービスの研究開発、店舗の開発、設計、保守、オンラインストアで利用できる製品およびサービスのキュレーションとディスプレイに関与する従業員の給与および関連費用、およびインフラストラクチャコスト。インフラストラクチャコストには、サーバー、ネットワーク機器、データセンター関連の減価償却費、家賃、ユーティリティ、および AWS やその他の Amazon ビジネスをサポートするために必要なその他の費用が含まれます。総じてこれらの費用は、顧客に多種多様な製品とサービスを提供するために行った投資を反映しています。
マーケティング費用	マーケティング費用には、AWS に関連する販売手数料を含む、マーケティングおよび販売活動に従事する人員の広告および給与および関連費用が含まれます。スポンサー検索、サードパーティの顧客紹介、ソーシャル広告やオンライン広告、テレビ広告、その他のイニシアチブなど、主に多くのマーケティングチャネルを通じて顧客を店舗に誘導しています。

（以下コメント）

● 2019年、売上原価率が100%を超えたのは、経営指標「低利益率を維持する」（低価格方針の継続）を実践しているからですが、他に、Amazonプライム（無制限の無料配送）の会員数が大幅に増加したことも一因と考えられます。

プライムの会員数は、2018年4月時点では約1億人だったのが、2019年12月には、1億5千万人を超えています。

プライム会員には無制限で無料配送が適用されますが、プライム会員でない通常会員の場合は、一定の販売金額未満の場合は、送料がかかり、売上に計上されます。一方、売上原価には、サプライヤーからの送料、仕分け・配送センターの費用が含まれています。

したがって、低価格方針の継続に加え、プライム会員の割合が増えたため、売上原価率が上昇し、製品販売単体では、赤字となりました。

これもすべては顧客のためです。なお、製品販売の赤字は、サービス売上の利益により、十分にカバーされています。


以上の検討から、製品販売粗利益とサービス売上の利益を合計したものを小売事業利益（共通固定費控除前）と捉えます。

これには、実店舗収益を含みますが、基本的に、マーケットプレイスの運営による利益と解釈できます。

★まとめ：マーケットプレイスの製品販売の低価格方針により、製品販売単体の利益は赤字となりますが、これによる圧倒的な集客とフルフィルメントの強みを武器に、サードパーティから収益を稼ぎ出し、さらにはプライムのサブスクサービスについては大きな収益を獲得し、総体として、相当の小売事業利益を生み出しています。

2018	2019
141,915	160,408
139,156	165,536
2,759	-5,128
98.1	103.2
1.9	-3.2

Amazon 自社オンライン売上（配送料控除後）を推計するための計算

2014	2015	2016	2017	2018	2019	a、b の単位：億ドル
685	768	914	1,084	1,230	1,412	オンライン売上（配送料含む）公表額 a
651	730	868	1,030	1,170	1,341	オンライン売上（配送料控除）推計 b
95%	95%	95%	95%	95%	95%	b/a = 95%と仮定（2018 年の比率を使用）

2018	2019	
2,770	3,353	2018 は公表額
1,170	1,341	自社販売額は、Amazon の自社オンライン売上（配送料を控除）
1,600	2,012	2018 は公表額（配送料は控除されているとみなす）
58%	60%	2019 年の数字は、筆者の推計。
427	538	公表額
26.7%	26.7%	2019 は、2018 の料率を適用。

表 3　サードパーティ販売金額と手数料率を推計したもの

単位：百万ドル	2010	2011	2012	2013	2014	2015	2016	2017
製品売上 *1	30,792	42,000	51,733	60,903	70,080	79,268	94,665	118,573
売上原価	26,561	37,288	45,971	54,181	62,752	71,651	88,265	111,934
製品粗利益	4,231	4,712	5,762	6,722	7,328	7,617	6,400	6,639
製品原価率 %	86.3	88.8	88.9	89.0	89.5	90.4	93.2	94.4
製品粗利益率 %	13.7	11.2	11.1	11.0	10.5	9.6	6.8	5.6
Amazon オンライン販売総額推計 億ドル ※					1,276	1,490	1,887	2,341
自社販売額推計 億ドル ※					651	730	868	1,030
サードパーティ販売額推計 A 億ドル ※					625	760	1,019	1,311
サードパーティ販売額比率	34%	38%	42%	46%	49%	51%	54%	56%
サードパーティ販売手数料収入 B 億ドル *2					117	161	230	319
サードパーティ手数料率 B/A					18.7%	21.2%	22.6%	24.3%

※上記の数字は、あくまで仮定に基づく推計であり、目安を示したものです。よって数字の正確性を保証するものではありません。
筆者の推計では、手数料率は、製品粗利益率に比べて相当高い水準にあり、サードパーティ販売サービス売上が開示された 2014 年度から 2019 年度まで、約 8 %増加していると考えられます。

*1 製品売上には、オンライン売上と実店舗売上が含まれ、売上には、品代の他、配送料も含まれます。

*2 サードパーティ手数料の内容　①販売手数料
：商品のカテゴリーごとに異なりますが、約 8 ～15%になります。（Kindle アクセサリは 45%）
②物流代行手数料（FBA）
：フルフィルメント by Amazon（FBA）によって出荷された商品には、物流代行手数料として、FBA 手数料、在庫保管手数料やその他のオプションサービスの手数料が課せられます。
FBA 手数料は、商品の保管から注文処理、配送、返品に関するカスタマーサービスまで、Amazon が代行する手数料。

各表についての要約を以下に示します。

表1、創業期の7年間においては、営業赤字でも、テクノロジー&コンテンツ費用（研究開発費）は高水準を維持し続けていることがわかります。また、フルフィルメント費用（物流費）についても、マーケットプレイス開始直後から高水準を保持し、その後も増やし続けています。これは、地球上の顧客を対象に、最も豊富な品揃えを提供する能力の増強（フルフィルメントネットワークの拡充）を続けていることが数字の上で見てとれます。

ビジネス面では、2005年のAmazonプライムを皮切りに、AWS、Kindle等の最強の独自サービス・製品を展開し、第2成長期における飛躍的な成長（売上、営業利益、営業CF、FCFがいずれも大幅に増加）を遂げていることが確認できます。

表2、小売事業については、製品販売は、低価格をより一層実現するために赤字となっていますが、その分、顧客体験（顧客満足）が向上して、マーケットプレイスの魅力が高まり、サードパーティ販売者が増え続けていきます。この結果、サードパーティからの手数料収入が飛躍的に増加し、この収入により、製品販売赤字額に加えて高水準の物流費も回収していることがわかります。

表3、サードパーティ販売収入にフォーカスして分析しています。サードパーティ販売額比率（2018年株主向けレターに記載）をもとに、サードパーティ販売額を推計し、それをもとに手数料収入の料率の推定と伸びを推計しています。手数料収入の料率（利益率）は、製品販売の粗利益率よりも相当高い水準にあると推計されます。

ＩＫＥＡのビジネスモデルと財務数字

ＩＫＥＡは、Ａｍａｚｏｎと異なり、上場企業ではないため、公表情報は限定されています。したがって、Ａｍａｚｏｎのような分析・検討ができないため、ポイントとなる数字についての数値を示します。

表4をご覧ください。売上、営業利益、値下げ率、来店客数等の推移を表しています。

ＩＫＥＡの２０１９年決算の売上は、３９０億６５百万ユーロ（円換算4兆8、686億円）、営業利益は、２０億２７百万ユーロ（円換算2、526億円）となっています。

2013	2014	2015	2016	2017	2018	2019
28,506	29,293	32,658	35,691	36,295	37,093	39,065
15,786	16,372	18,221	20,260	23,730	24,947	26,634
12,720	12,921	14,437	15,431	12,565	12,146	12,431
44.6%	44.1%	44.2%	43.2%	34.6%	32.7%	31.8%
0.2% インフレ	1.0% オンライン売上開始	低価格継続	—	—	—	—
684	716	771	783	817	838	839
9,500	9,500	9,500	9,500	9,500	—	—
2,000	2,000	2,500	2,500	2,500	—	—
21%	21%	26%	26%	26%		
			329	341	348	367
					28	40
					320	327
8,709	9,128	10,388	10,932	9,534	9,895	10,404
4,011	3,793	4,049	4,499	3,031	2,251	2,027
14.1%	12.9%	12.4%	12.6%	8.4%	6.1%	5.2%
41,979	44,667	50,012	53,967	52,940	52,350	54,889
17,036	17,322	22,840	23,033	23,172	23,565	24,451
41%	39%	46%	43%	44%	45%	45%
16,000	16,886	16,659	23,151	23,029	21,244	22,594
38%	38%	33%	43%	44%	41%	41%
3,421	3,515	3,919	4,283	4,355	4,451	4,688
0.68	0.66	0.65	0.66	0.69	0.71	0.71

ページへ)

表 4　IKEA の売上・営業利益、値下げ率、来店客数等の推移（8 月決算）

百万ユーロ	2009	2010	2011	2012
売上（※ 1）	21,846	23,539	25,173	27,628
売上原価（※ 1）	11,878	12,454	13,773	15,723
粗利益	9,968	11,085	11,400	11,905
粗利益率 %	45.6%	47.1%	45.3%	43.1%
販売価格の平均値下げ率	過去 10 年で 2 ～ 3 % 1999～2009 の 10 年間で 20%値下げ。		2.6% 値下げ率 2~3%宣言	0.8% インフレと原材料価格の上昇
来店客数（百万人）				690
商品点数				9,500
新商品数				2,000
新商品比率（商品入替率）				21%
リテール売上（億ユーロ）				
オンライン売上（億ユーロ）				
店舗売上				
営業費用（※ 2）	7,202	7,888	7,808	8,423
営業利益	2,766	3,197	3,592	3,482
営業利益率%	12.7%	13.6%	14.3%	12.6%
総資産	37,105	41,273	41,881	44,748
有形固定資産	14,206	15,982	16,173	17,264
総資産構成比%	38%	39%	39%	39%
キャッシュ・有価証券	14,334	16,955	16,828	17,878
総資産構成比%	39%	41%	40%	40%
売上× 12%	2,622	2,825	3,021	3,315
資産回転率（売上÷総資産）	0.59	0.57	0.60	0.62

●本財務数値は、インカグループの財務諸表です。インカグループは、IKEA リテール（中核事業：グループ全体の売上の 90%以上）のほか、ショッピングセンター事業（IKEA ストアを常設）、投資部門（家具小売業の未来のための事業開発・デジタル化等の投資）の 3 つの事業で構成されています。

※ 1．売上には、商品売上（リテール売上）のほかに、賃貸収入等のサービス売上（ショッピングセンター売上）が含まれています。
また、売上についてのみ、2001 年から開示されており、2001 年 104 億ユーロ～2007 年 200 億ユーロ、2008 年 215 億ユーロとなっています。

売上原価は、2018 年の P/L から、サービス売上の原価が含まれていることが明記されました。

※ 2．営業費用は、2019 年と 2018 年については、営業利益の前に、その他の収益（other income）が開示されているので、ネットしています。（↖ 039

らえ、将来の拡大に備えるため、中期的に必要とされるよりも広い土地を買い、大きな店舗を建てるという会社の方針を反映したものです。

このため、資産回転率は、一般的な小売業と異なり、１を大幅に下回っています。

5．キャッシュ等の水準は、有形固定資産の水準に近いものがあります。これは、売上の最低 12%をキャッシュを保有するという方針に基づきものです。

この方針を持つ理由は、景気が減退しているときも、投資機会に遭遇すれば、金融機関に頼ることなく、主体的にチャンスを生かせると考えているからです。

6．2018 年度、粗利益率が低下したのは、別グループの所属となったサプライチェーン会社、生産会社からの仕入れコストが増加したためと思われます。

7．2019 年度は、３年間の変革の１年目を完了した年であり、将来の IKEA（より手頃な価格になるプログラムを含む持続可能なビジネスモデル）を構築しました。

具体的には、急速に変化する消費者行動、デジタル化と自動化トレンドと新しい競争的なビジネス環境に適応するため、既存（都市部への出店含む）および新規の市場に投資してきました。

その結果、営業利益は、これらの将来投資により減益となりましたが、オンライン売上は 46%増加し、強力なオンラインで補完された店舗売上の成長につながり、リテイル事業の売上高は継続的に成長しました。これらの結果は、満足いくものと表明されています。（オンラインでの売上は 46%以上増加し、IKEA Retail の総売上の 11%。）

★ 2019 年の投資と利益の関係は、まさに「長期的な利益を得るためには、短期的には低い利益を受け入れる必要がある」

という IKEA の利益ポリシーを実践した結果であります。

（以下コメント）

1．注目すべき点として、2013年、来店客数が減少しました。これは、売上の6割を占めるヨーロッパ圏では2012年から2013年にかけてインフレがかなり進んだ（2009年以降では最も高い水準）ことが影響していると思われます。このインフレの中でも、0.2%値下げしたことは特筆すべき点です。
これにより購入回数や購入点数が増え、売上が増加したものと推測されます。
2．2015年以降、値下げ率の開示はないですが、低価格は維持しています。例えば人気商品の大幅値下げは今でも行っており、大勢の集客と売上を上げています。
3．IKEAの粗利益率および営業利益率は、2017年度に大幅に減少しました。これは、グループの製品開発会社、サプライチェーン会社、生産会社（swedwood）の株式を、2016年度にインターIKEAグループ（インカグループとは資本・経営両面で別グループ、IKEAのフランチャイザー）に売却したため、サプライチェーン会社と生産会社の利益が含まれなくなったためです。
このため2016年度以降、在庫の水準は低下していますが（総資産の構成比が10%前後から、4%程度に低下）、設備はインカグループが所有していると考えられるため、有形固定資産の残高水準に大きな変動はありまあせん。

なお、営業利益率が粗利益率ほど減少していないのは、売却した3社の営業費用（特に、製品開発会社）が、相当程度、なくなったことが考えられます。
4．総資産に占める有形固定資産の割合は、年々増加しており、2019年度は45%と半分に近い水準となっています。これは、投資を長期的な観点からと

表4の要約を以下に示します。

値下げ率の開示は、2014年までとなっていますが、低価格は継続するとの方針に従い、値下げが行われていると思われます。特に、1999年から2009年までの10年間においては、販売価格は、年平均で2%下がりました（10年で20%の値下げ率）。また、来店客数は、開示された2012年以降、増加していきます。

1点、注目すべきは、2013年、来店客数が前年から減少しました。これは、売上の6割を占めるヨーロッパ圏では2012年から2013年にかけてインフレがかなり進んだ（2009年以降では最も高い水準）ことが影響していると思われます。そんな中でも0・2%値下げしたことは顧客に評価され、購入回数や購入点数が増えたことで、売上が増加したものと推測されます。

インフレが収まってきた2014年には、ふたたび値下げ率を増加させ、来店客数を増加基調に戻しました。

では、なぜこれだけ値下げをしているにもかかわらず、これだけの利益（率）が確保できるのか（2009年〜2014年　粗利益率40%超、営業利益率10%超）。

2009年までの10年間の値下げの背景としては、以下の点があげられています。

- 生産拠点をより低コストの国々、主にアジアに移したこと
- サプライヤーの数を大幅に削減し、ほぼIKEA専属にしたこと（大量仕入かつ長期契約により仕入価格引下げを実現）
- 仕入価格の引下げにより力を入れ、仕入事務所間の競争を促した（各種インセンティブ制度、数値目標、

フォローアップ制度）

・製造会社ｓｗｅｄｗｏｏｄの買収により、ＩＫＥＡ所有の生産ラインを築いたこと

そして、２０１０年以降も値下げは続いています。

これは、単に来店客数の増加によるボリュームメリットで仕入原価を削減しているからではないと思います。現在はサプライヤーとの協力を重視しているＩＫＥＡの経営方針では、今までのように単に数量で仕入価格を下げるということはしないでしょうし、単なるコストダウンを要請するだけでは限界があります。

その答えは、まず価格をデザインし、その低価格を実現するデザイン・仕様を設計・開発し、それを低コストで大量仕入・量産する力です。つまり、平均売価を２％下げられる商品（新商品や後継品）をデザインしてからもの作りを行うからだと考えます。そして、具体的な仕様や生産方法を決める段階では、サプライヤーと協力し、サプライヤーのみが犠牲にならない形で、低コストの方策を常に探求してきたからだと思います。

このように、ＩＫＥＡの値下げの本質は、低価格になるべく価格をデザインしてから、その低価格を実現する商品デザイン・仕様とコストを決めていることと解釈することができます。よって、人気商品ほど、平均売価を下げることをしており、販売数量の増加とあいまって、規模の利益（ボリュームメリット）を享受することができます（★後ほど、このビジネスを数字で語るとどうなるか、実例で示します）。

そもそもＩＫＥＡでは、デザインを次のように定義しており、低価格自体もデザインの一要素と位置づけています。

「ＩＫＥＡでは、優れたデザインとは、形、機能性、品質、サステナビリティ、低価格を組み合わせたものだと考えています。私たちはこれを「デモクラティックデザイン」と呼んでいます。」

この定義のもと、形や機能性（狭義のデザイン）、価格、品質、コストは一体的に管理されます。

このように、低価格と低コストを実現できているのは、長年にわたって、「もっと優れた方法はないか？」と自分たち自身に問い続けてきた結果です。そしてこの背景にあるのは、ＩＫＥＡの価値観・文化です。

（以下、ＩＫＥＡの会社情報から、一部抜粋）

●刷新して改善する

私たちは前に進むために、**新しく、よりよい方法を常に探しています**。たった今取り組んでいることが何であれ、明日はもう少しうまくできるはずです。イケアを成功に導いてきたのは、不可能に見えることでも諦めずに解決策を見つけようとする姿勢です。それは次の挑戦への意欲をかきたてるインスピレーションの源です。

●意味のある違うやり方

ＩＫＥＡはほかの企業とはまったく異なります。私たちは既存のやり方に疑問を投げかけ、慣習にとらわれない方法を考え、新たなやり方を試し、失敗する勇気を持ちます。

デザインの力は、製品自体のコストダウンにとどまりません。

●スマートな物流。よりスマートなデザイン。

「ＩＫＥＡのスマートで低コストな物流の状況は、現在では50％以上の製品が、サプライヤーから直接ＩＫＥＡストアに輸送されています。さらに、梱包材を削減し、輸送時の無駄な隙間を減らすような製品デザインを行っています。こうしてお客さまにより低価格な製品を提供し、製品の軽量化や組み立ての簡易化にも力を入れています。」

具体的には、製品のフラットパック化技術により、製品の積載効率を高め、物流費（配送コスト）を削減しています。これも製品の低価格に寄与しています。

※フラットパック家具とは、モジュール式家具デザインに基づき、ノックダウン式（組立式）部品キッドで構成された家具。この部品キッドによってできるだけ小さく平らに梱包することができる家具をフラットパック家具という。

これによって、以下のようなコスト削減効果があります。

✓より多くの家具が積めるので、積載効率の向上により、トラック等の必要台数（輸送回数）が減り、運送費が削減
✓配送時の商品の損傷を防止（保険料の削減、保険対象外の場合は不良在庫・廃棄損の削減）
✓顧客が製品を組み立てるので、製造コスト（組立費用）が削減
✓顧客自身がセルフサービスで購入するので、販売人件費が削減

本項の最後に、ビジネスを数字で語るとどうなるか、実例（売上が3倍）で示します。

創業者イングヴァル・カンプラードは、社員らにこう指示しています。

まず値段をデザインせよ

「値段を下げるためならどんな苦労も厭うな。

他社とはっきり差をつけることが至上命令だ」


ＩＫＥＡでは、「新しい製品を作るならまず値段をデザインしろ」という決まり文句があります。生産部の責任者やデザイナーは、工場長や現場の職人と直接製造やコストの問題について話し合い、どの程度のコストでどんなデザインの家具が作れるのかを頭に叩き込まれます。これが、とても重要なポイントです。大きさや形をちょっと変えるだけで、生産コストを著しく節約できるからです。


ＩＫＥＡのヒット商品は、計算した安値戦略によって作り出されています。

例えば、ＬＡＣＫラックという名前のサイドテーブルは、１９９０年には26ユーロでした。しかし、新しい生産方法によって生産コストをどんどん安くでき、それにつれ、ますます多くのお客がこの商品を求めたのです。


需要が増えれば、より安くより大量に生産できます。２００６年（※）にはわずか９・９９ユーロになり、１９９０年当時の8倍の２００万個が売れました。

これらの結果、下記の数値が得られました。

★値段は、１９９０年26ユーロ⇒２００６年約10ユーロ　約０・４倍
数量は、１９９０年25万個　⇒２００６年約２００万個　約８・０倍
★∴売上は、３・2倍に増加
１９９０年の売上：６５０万ユーロ
２００６年の売上：２、０００万ユーロ
★粗利益の推定：粗利益は2倍に増加
１９９０年のラックの粗利益率が約30％と仮定すると粗利益は、約２００万ユーロ（1個あたりの原価は約18ユーロ、粗利益は約8ユーロ）。

２００６年までの16年間で、価格を62％下げていますが（年平均約4％値下げ）、値下げ幅に近い水準まで単位あたり原価を56％削減（年平均約３・５％削減）できたと仮定した場合、1個あたりの原価は約8ユーロとなります。単位あたり原価の削減は、仕様の変更及び新しい生産方法と規模の経済により実現します。

上記の仮定では、２００６年の粗利益は、４００万ユーロ（※）、粗利益率は20％になります。

これは、値下げ前の粗利益と比べて、2倍の水準です。
※売上２、０００万ユーロ－売上原価１、６００万ユーロ（２００万個×８ユーロ）
この事例でわかることは、新しい生産方法によって、毎年、地道に生産コストを削減していることの凄さです。その凄さが、16年もの長期にわたる値下げを可能にし、結果的に、60％もの値下げを実現したことは、まさに、ＩＫＥＡの価値観**「刷新して改善する」**のなせる技です。

図2・10　Apple　1998ビジネスモデル大変革の前後

(9月決算)　(金額：百万ドル)

	1997	1998	増減率等
売上	7,081	5,941	16%減少
売上原価	5,713	4,462	
粗利益	1,368	1,479	8%増加
粗利益率	19.3%	25.0%	
研究開発費 研究開発費比率	485 6.8%	303 5.1%	
販売費等	1,286	908	29%減少
リストラ費用等	667	7	レイオフ従業員数1万5千人
営業費計	2,438	1,218	
営業利益	▲1,070	261	
営業利益率	▲15.1%	4.4%	
在庫	437	78	
在庫回転日数	31日	6日	終了在庫と直近の四半期の売上原価に基づく算定
営業CF	154	775	

Appleの1998ビジネスモデル大変革事例

Appleの場合、「数字で語る」を端的に示すことができるのは、1998ビジネスモデル大変革の事例ですので、この事例について説明していきます。

ジョブズが復帰した1997年のAppleは倒産寸前でした。前年1996年営業赤字が13・8億ドル(純損失8・1億ドル)、1997年の決算でも営業赤字10・7億ドル(純損失10・4億ドル)の2期連続大赤字でした。

ジョブズが行ったビジネスモデル大変革で1998年決算がどうなったか**図2・10**に示します。

大変革は何をしたか

それでは、復帰したジョブズが何を行ったか詳しく見ていきましょう。

◆Think Different　ブランドキャンペーンによる意識改革

ジョブズが倒産寸前のAppleを蘇らせるための起死回生策です。具体的なリストラ策を実施する前に、赤字の原因をコモディティ化したPC業界に帰せず、マインドセット・意思改革を行いました。

今までのAppleとは「違うんだ」「生まれ変わる」「世界を変えるような革命的な製品を開発する」といった機運を社内に充満させることが最も重要なことでした。

- 現状を肯定しない
- 常識外れを是とする
- クレイジーな発想を歓迎する

以下に、Think Different 広告の抜粋を示します。

「クレイジーな人たちがいる。反逆者、厄介者と呼ばれる人たち。四角い穴に丸い杭を打ち込むように、物事をまるで違う目で見る人たち。

彼らは規則を嫌う。彼らは現状を肯定しない。～

しかし、彼らを無視することは誰にもできない。なぜなら、彼らは物事を変えたからだ。彼らは人間を前進させた。

彼らはクレイジーと言われるが、私たちは天才だと思う。

自分が世界を変えられると本気で信じる人たちこそが、本当に世界を変えているのだから。」

〝四角い穴に丸い杭を打ち込むように、物事をまるで違う目で見る人たち。〟この一節は、その後 iPhone の誕生を予感させるようにも思えます。

「ボタンをすべて取っ払い、巨大な画面だけにする。巨大な画面。どう操作する？　マウスは無理だ。スタイラスか？　ボツだ。誰が望む？　すぐなくしそうだ。スタイラスはやめとこう。みんなが生まれながらに持つ世界最高のデバイス、指だ！」（２００７年１月 iPhone 発表プレゼンより）

ジョブズは後に母校米スタンフォード大卒業式で伝説となった名言を残しています。

「ハングリーであれ。愚か者であれ。*Stay Hungry. Stay Foolish.*」

今までの常識を覆すというマインドが植え付けられたからこそ、以下に示すような大胆な製品削減や販売チャネルの改革・再構築などの大変革が実行されました。

◆すてる

当時、Ｗｉｎｄｏｗｓを搭載するＰＣとの競争に勝利するため、価格帯や仕様の異なる無数のＭａｃｉｎｔｏｓｈ製品を展開し、幅広い顧客のニーズを満たそうと試みました。しかし、仕様の異なるモデルが乱立する状況は一般の消費者を混乱させることとなり、大量の過剰在庫が発生していました。スペックが同じ機種なのに異なる多数の販売チャネルで製品名を変えて販売しているものもあり、消費者だけでなく自社内でも混乱する状況でした。

そこで、コンピュータ事業については、15の製品ラインを簡素化して、4つのプラットフォームに収斂させました。

また、ほとんどのイメージング製品（デジタルカメラやプリンタ等）や多数のディスプレイ製品等、コンピュータ関連製品（コンシューマ製品）を捨てました。

このようにして、コンピュータとOSのコア事業以外の事業部と製品群を切り捨てたことにより、Appleが提供する製品数は、1998年初350種類が1998年末10種類となりました。これは、一時的にコンシューマ市場からの撤退を意味します。

製品種類の大幅な削減に続いて実施したのは、多数あった販売チャネルの大幅な削減です。大幅に絞り込んだ販売店と新たな契約を結び、各店舗へアップルから直接製品を配送するモデルに切り替えました。それまでは、販売店から売上データが入手できず、メーカーの生命線である需給予測ができませんでしたが、販売店への直接配送により、ユーザーの売上データが入手できるようになり、生産計画や販売予測ができるようになりました。

以上を整理すると、大きなリストラを実行したわけですが、その要因を作った問題は、「幅広い顧客のニーズを満たそうとしたこと」でした。得意分野であるコア事業に集中することの大切さが確認できると思います。

◆強みに集中

コンピュータ事業は、デスクトップとポータブル、プロ向けとコンシューマ向けの4つのプラットフォームに収斂させました。

基本的に、プロ向けのMacの開発と販売にリソースを集中しつつ、コンシューマ市場の再構築を図りました。

◆強みの磨き上げ・独自性の確立

1998年8月、初のi冠製品iMac（オールインワン型PC）を開発販売しました。

iMacは、当時の急速なインターネットの普及という追い風を受け、一般家庭向けのネット端末というニーズにあった製品として、大いに売上を伸ばしました。最新の技術とユニークなデザインを特徴とするiMacは、発売から4か月で約80万台を売り上げる大ヒットを記録し、1998年9月期第4四半期黒字化で通期黒字化に貢献しました。

成功要因は最新の技術とともにユニークなデザインがあげられますが、特にデザインについては、有望なデザイナーを採用したことがポイントです。このデザイナーが率いるデザインチームは、「iPod」や「iPhone」のデザインも手がけることとなり、Apple製品の再興に重要な役割を果たしたのです。

ちなみに、デザイン重視によるデザイナーの採用は、IKEAと同じ戦略です。

以上を整理すると、

・対応すべき顧客ニーズとして、一般家庭向けのネット端末というニーズを特定したことがポイントです。

・最新の技術とユニークなデザインにより、ｉＭａｃがｉ冠製品という独自性の象徴としてのスタートをきったことが2つ目のポイントです。

大変革をした結果、どうなったか

大変革をした結果、**図2・10**の数字となりました。

◆売上

事業・製品を大胆に捨てたため、売上は、前年比16％減少しました。

具体的には、コンシューマ製品（ほとんどのイメージング製品および多数のディスプレイ製品）を廃止したことによります。Ａｐｐｌｅが提供する製品数が、１９９８年初３５０種類から１９９８年末10種類となったということは、８割以上の製品数の売上は2割以下であったこと、２割以下の製品数で８割以上の売上を稼いでいたことがわかります。

◆粗利益

売上が16％減少したのとは逆に、粗利益は前年比８％増加しました。

概略を図で示すと**図2・11**のようになります。

図2・11　1997年と1998年の売上・粗利益の比較

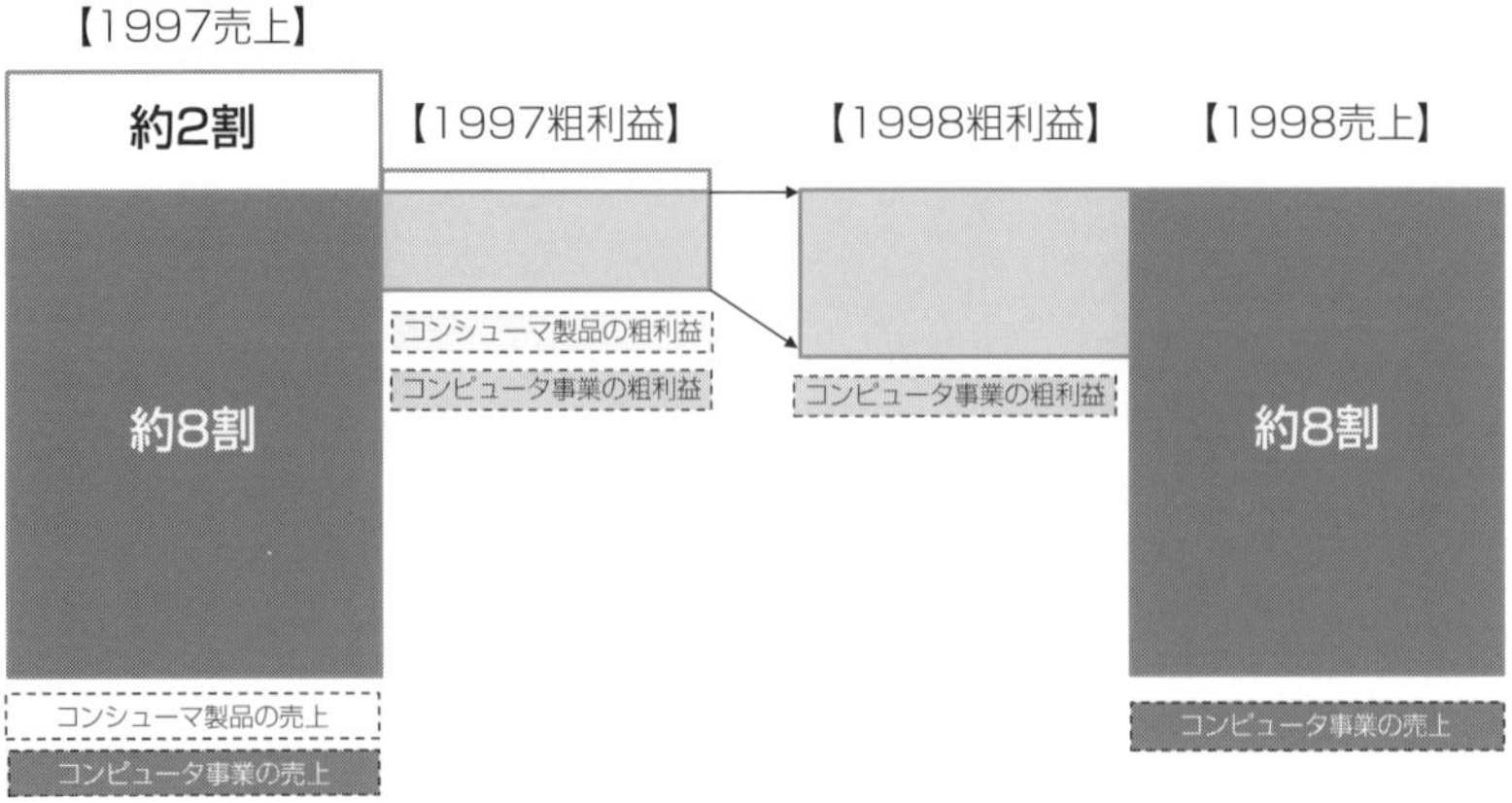

大まかに言うと以下の2点が上げられます。

✓1997年売上の約2割を占めていたコンシューマ製品を捨てたことにより、1998年の売上はその分の売上が減少し、コンピュータ事業の売上のみとなっています。利益率の低いコンシューマー製品の販売を廃止し、利益率の高いコンピュータ事業の主力製品とiMac等の新製品の売上を増やしたことにより、全体の粗利益を改善しました。

✓1998年、コンピュータ事業における4つの改革により、粗利益率を大幅に増加させ、粗利益のさらなる増加を達成しました。

4つの改革は以下の通りです。

●15の製品ラインを大幅削減し、3つの主要製品ライン（※）に縮少させたことにより、固定費（人件費、設備費等）を削減した。

※3つのライン：プロ向けデスクトップ、ポータブルと、コンシューマ向けのデスクトップと推測される。プラットフォームとしては4つに収斂させたが、実際の現場では、そのうちコンシューマ向けのポータブル（個人用携帯情報端末）の開発を中止し、3つのライ

ンに縮小したと考えられる。

●この生産ラインの縮小に伴い、新製品の組立をサプライヤーの製造サイトを活用したり、一部の部品製造を外部委託にしたりするなど、新たな固定費の発生を抑えた。⇒この製造モデルが現在のファブレス企業（世界中の企業に部品加工を外注、組立はＥＭＳ企業に委託）の原型を作ったと推測される。

●業界標準の部品を使用することにより、材料費を削減した。

●販売チャネルを再構築し絞り込んだ代理店と新たな契約を結び、販売店への製品は、アップルから直接配送するモデルに切り替えた。この結果、需給予測を正確に行うことにより、過剰在庫や流通在庫を大幅に削減し、前期まで発生していた在庫の評価減や安値販売による低粗利益を極力回避した。

◆在庫回転率

製品輸送を船から空輸に切り替えました。

コストはかかりますがほぼ受注生産に近い形で、製造販売ができるようになったため、在庫回転日数は、31日から6日へと劇的に改善しました（在庫回転率で表すと12回転から60回転へ上昇）。

◆販売促進費

販売費は、前年比29％減少しました。

これは、販売チャネルを大幅に絞り込んだことにより、販売促進費を削減したことが主な要因と考えられます。

◆営業利益

以上の結果、２期連続の大幅な営業赤字を脱却し、黒字化を達成しました。

利益の源泉を捕まえる

本項では3社の利益の源泉について、要点を説明します。なおAmazonとIKEAの詳細については、4章「**売上・利益の実現ツリー**」で解説します。

Amazonのビジネスの稼ぎ頭は、サードパーティ収入

前項では、サードパーティ収入の手数料率が相当高い水準にあるであろうことが想定できました。一方で、Amazonの事業別営業利益の稼ぎ頭はAWS事業であることは年次報告により明らかとなっています。

ここでは、事業別（セグメント別）の利益をビジネス別（顧客グループ別）に分類して、利益を把握します。つまり、小売事業の利益を製品販売とサードパーティ収入の2つに分解し、以下3つのビジネス別の利益を分析します。

- 自社直販ビジネス
- サードパーティに対する手数料ビジネス
- AWSビジネス

図 2・12　Amazon のビジネス別の営業利益の推計（2019 決算）

（単位：百万ドル）

	自社直販（製品販売&サブスク）	サードパーティ	小売事業小計	AWS	計
製品販売粗利益	(*1)▲2,051	(*1)▲3,077	▲5,128	—	▲5,128
サービス収入	31,326	53,762	85,088	35,026	120,114
物流費	(*2)16,093	(*2)24,139	40,232	—	40,232
マーケティング	(*2)5,485	(*2)8,228	13,713	(*3)5,165	18,878
T & C 他(*4)	(*6)12,405	(*6)8,270	(*5)20,675	(*3)(*5)20,660	(*4)41,335
営業費計	33,983	40,637	74,620	25,825	100,445
営業利益	▲4,708	10,048	5,340	9,201	14,541

上記表で色が濃い箇所の金額は、年次報告における公表財務金額または公表財務金額をもとに計算した金額です。それ以外の箇所の金額は、以下に述べる一定の仮定により按分計算した金額です。

(*1) 製品販売粗利益赤字は全額自社直販から生じたものですが、マーケットプレイスの魅力を高めているので、理論上、サードパーティにも負担させています。一種の販売促進費的な位置づけと考えることもでき、低価格と品揃え（ロングテール）により、マーケットプレイスの魅力が高まり、サードパーティが集まります。（比率は *2 参照）

(*2) 自社直販額とサードパーティ販売額の比率を用います。
　自社直販 40：サードパーティ 60（**表 3** 参照：2018 年までの比率をもとに算定した 2019 年の比率を用います）

(*3) AWS の営業費用の構成は、T&C 他が 80%、マーケティングが 20%と仮定します。年次報告によると「AWS セグメントの運用コストは、内部テクノロジー要件と AWS 顧客への外部販売の両方をサポートする共有インフラストラクチャを活用するため、主にテクノロジーとコンテンツに分類される」と記載されています。なお、AWS の支払処理と関連する取引費用はフルフィルメントに含まれますが、金額が軽微と推定されるため、物流費を AWS に按分することはせず、全額を小売事業の負担とします。

(*4)「T&C 他」の他には、便宜的に一般管理その他の費用を含みます。
　41335 の内訳は、T&C が 35931、一般管理その他の費用が 5404 です。

(*5) T&C 費用の性格から考えると、AWS 事業のウェイトが約 5 割を占めると想定されます（左記の◆ T&C 費用の内容を参照）。

(*6) T&C 費用の性格から考えると、AWS を除く T&C 費用の大半は、自社直販ビジネスの研究開発(Echo&Alexa、Kindle 等)にかかるものであり、サードパーティの負担があるとすれば、マーケットプレイスのインフラコストである EC システム維持費の負担程度が考えられます。よってサードパーティの負担は 2 割～4 割程度と想定されますが、ここでは最大に見積もって 4 割と仮定します（T&C コストのうち、インフラコストの大半は、AWS であるため、そもそも小売事業の負担は少ないと想定されます）。（↖ 057 ページへ）

◆ T&C 費用の内容（2019 年次報告より）

下記 A と B からなります。

A　新規および既存の製品とサービスの研究開発、店舗の開発、設計、保守、オンラインストアで利用可能な製品とサービスのキュレーションとディスプレイに関与する従業員の給与および関連費用。⇒大部分は小売事業の費用（※ 1）

B　インフラストラクチャコスト⇒大部分は AWS 事業の費用（※ 1）

インフラストラクチャコストには、サーバー、ネットワーク機器、データセンター関連の減価償却費、家賃、光熱費、および AWS やその他の Amazon ビジネスをサポートするために必要なその他の費用が含まれます。

総じて、これらの費用（A と B）は、幅広い製品とサービスをお客様に提供するために行った投資を反映しています。

B の金額は、A の金額以上であると推測されるため、T&C 費用の内訳は、AWS が 50%、小売事業が 50%と考えられます。（※ 2）

（※1）2019 年次報告によれば、A は、大部分は、小売事業の製品・サービスの開発費用になります。具体的には、革新的で効率的なソフトウェア（電子書籍のラインアップの増加、映像配信の領域拡大等）および電子デバイスの構築（Echo&Alexa、Kindle 電子書籍リーダー等）です。B は、大部分は AWS のインフラコストであり、残りは北米事業（小売事業）です。

（※2）2019 年次報告によれな、T&C コストについては 2019 年まで毎年大幅に増加していますが（**表 1** 参照）、B のサーバーの推定耐用年数の増加により 2020 年の T&C コストはゆるやかに増加すると記載されています。これは B のインフラコストが、T&C 全体のコストに影響を与えられる水準であることを示しますので、T&C コストの構成は、B のインフラコストが、A の小売事業の研究開発コストと同等かそれ以上にあると推測されます。

結論としては、いくつかの仮定をおいた場合、サードパーティ収入の利益は、ＡＷＳと同等かそれ以上の利益を稼いでいると判断でき、稼ぎ頭と捉えてもよいと考えます。

ＩＫＥＡの利益の源泉は、価格のデザインと3つの低コスト

表4で示したように、２０１６年度グループ会社再編までは、粗利益率は40％台、営業利益率は10％台を維持していました。先に述べましたが、低価格が継続できる理由は、まず価格をデザインし、その低価格を実現するデザイン・仕様を設計・開発し（独自の商品レンジを開発）、それを低コストで量産する力です。

このモデルは大枠として利益の源泉として認識することができます。つまり、

・一定の粗利益を確保する価格をデザインし
・その価格を実現するデザイン・仕様を設計開発し
・それを低コストで量産・仕入し、低コストで輸送する力です。

ＩＫＥＡはＡｍａｚｏｎやＡｐｐｌｅのような上場企業ではないため公開情報が限定されるため、利益の源泉を詳細に検討することはできませんが、以下に、想定される内容を記載します。

主に、ⅰ～ⅲの3つのコストの低さが大きいと思われます。

ⅰ　物流費が圧倒的に安い。
積載効率の上昇、仕入先から店舗直送などによる。

ⅱ　自社生産工場（Ｓｗｅｄｗｏｏｄ※）で生産している製品は、量産することで、単位あたりの固定費が相当低くなり、低コストで粗利益率の向上に貢献している。

※２０１６年年次報告によれば、小売部門の従業員数１２４、４００人に対して、生産部門の従業員数１９、８５０人となっています。生産国は、ポーランド、ポルトガル、ロシア、スロバキア、スウェーデン、中国、ハンガリー、リトアニア、米国の9か国にわたり43の生産拠点で構成されています。

ⅲ　アジアを中心とした協力工場からの仕入コストが安い。

ⅳ　全商品点数の20％以上を占める新商品の粗利益率が通常の商品よりも高い。

Ａｐｐｌｅの利益の源泉は、ブランド力と製造コストの低さ

１９９８ビジネスモデル大変革でｉ冠製品（ｉＭａｃ）が誕生してから、iPhoneをはじめとする高利益率のｉ冠製品の売上割合が過半を超えることが、現在の利益の源泉であることは明らかです。さらに近年、製品の粗利益率よりも高い利益率を誇るサービス売上の割合が飛躍的に伸びていることも、利益の源泉の第２の柱となってきています。

これらについて確認できる業績推移を**図2・13**に示します。

Ａｐｐｌｅの２０１９年決算の売上は、２、６０１億７、０００百万ドル（円換算２８兆４、６１７億円）、営業利益は、６３９億３０百万ドル（円換算6兆9、９３６億円）となっています。

図2・13　Apple1998ビジネスモデル大変革からの業績推移要約（i冠製品発売の流れ）

（金額：百万ドル、台数：千単位、単価：ドル）

9月決算	1998	2002	2004	2007	2010	2012	2015	2018	2019
トピック	1998/8 iMac発売	2001/5 Apple Store立上* 2001/10 iPod発売	Apple Store (小売事業) が軌道化	2007/1 社名変更 iPhone発表 6/29発売	2010/1 iPad発売	2011/10 iPhone4s 2012/9 iPhone5 発売	2014/9 AppleWatch 発売	2018/9 iPhoneXシリーズの新機種3台を発表	2019/6 iPadOS 発表
売上	5,941	5,742	8,279	24,006	65,225	156,508	233,715	265,595	260,174
粗利益	1,479	1,603	2,259	8,154	25,684	68,662	93,626	101,839	98,392
粗利益率%	25.0	27.9	27.3	34.0	39.4	43.9	40.1	38.3	37.8
研究開発費 (R&D比率%)	303 (5.1)	446 (7.8)	489 (5.9)	782 (3.3)	1,782 (2.7)	3,381 (2.2)	8,067 (3.5)	14,236 (5.4)	16,217 (6.2)
販売費等	915	1,140	1,444	2,963	5,517	10,040	14,329	16,705	18,245
営業費計	1,218	1,586	1,933	3,745	7,299	13,421	22,396	30,941	34,462
営業利益	261	17	326	4,409	18,385	55,241	71,230	70,898	63,930
営業利益率%	4.4	0.3	3.9	18.4	28.2	35.3	30.5	26.7	24.6
iPhone売上 (売上比%)				123 (0.5)	25,179 (38.6)	78,692 (50.3)	155,041 (66.3)	164,888 (62.1)	142,381 (54.7)
iPhone販売台数					39,989	125,046	231,218	217,722	
iPhone販売単価					629	629	670	765	

2002年、Apple Store（製品販売の直営店舗）立上げにより、2002と2003は特に小売事業への投資拡大が続きました。その結果、営業利益率は低位で推移しています。
濃い箇所は、最も数字が高いところです。
なお、2019年は販売台数の開示がされていません。

2018年、iPhoneの売上金額（利益率の高い製品の売上）は過去最高になり、会社全体の売上・粗利益は最高益、営業利益は2番目の利益を実現しています。粗利益が最高益でありながら、営業利益が2番目なのは、2018年よりR&D比率を高めたからです。

なお、iPhoneの売上・販売台数等の推移は、**図2・17**を参照ください。

続いて、サービス売上の推移です（**図2・14**）。

高利益率のサービス売上は、ここ数年で大幅に拡大しています。主に、App Store（※）でのアプリ販売（手数料）や音楽配信サービス等によるものです。iPhone等製品の価格競争の激化やコスト構造の高まりにより、製品粗利益率は、少しずつ低下していますが、それをサービスの高利益率が補っています。

※アプリのダウンロードサービス

図2・14　Apple　サービス収入の飛躍的増加

（金額：百万ドル）

	2017	2018	2019
売上	229,234	265,595	260,174
売上原価	141,048	163,756	161,782
粗利益	88,186	101,839	98,392
粗利益率	38.5%	38.3%	37.8%
製品売上	196,534	225,847	213,883
サービス売上	32,700	39,748	46,291
製品粗利益	70,197	77,683	68,887
サービス粗利益	17,989	24,156	29,505
粗利益	88,186	101,839	98,392
製品粗利益率	35.7%	34.4%	32.2%
サービス粗利益率	55.0%	60.8%	63.7%

サービス売上とサービス粗利益（率）の開示は、2017年からとなっています。

とはいえ、製品粗利益率は30％を超える高水準であり、製品粗利益の大きさが、一番の利益の源泉であることには変わりありません。

iPhoneに代表されるi冠製品が圧倒的な高収益を実現し利益の源泉の核となった主要な項目を説明します。

一言で言えば、高い販売価格を実現するブランド力と製造コストの低さです。

i　革新的な製品開発技術

斬新な操作性・極めて高い精度・魔法のような機能を実現します。

ii　専門的なジャンルの通信機器と感じさせない洗練されたデザイン力

初のi冠製品・iＭａｃをデザインしたデザインチームが、その後のiPhone、iPad等のデザインも行っています。

iii　常識を覆すブランディング力

パソコンや携帯電話等を専門的なものというジャンルから、ブランド品というジャンルに変えました。

上記ⅰⅱの技術とデザインに裏打ちされた確たるブランドです。

常識を覆すブランディング力の基盤を作ったのは、ジョブズが復帰した1997年に行われたThink Different ブランドキャンペーンでした。そして、所有することにステータスを感じさせるAppleストア（高級ブランド店）の存在もブランドを形成しています。

ⅳ 世界中の多種多様なサプライヤーからAppleの厳しいニーズを満たす高品質・高精度な企業を探し出す力

日本の地方の中小企業までリサーチし、高精度な技術メーカーを発掘しています。

ⅴ サブアッセンブリと最終製品の組立工程をアウトソーシングパートナーに製造委託したことにより、大幅な低コストを実現している。

アジアのEMS企業であるアウトソーシングパートナーに対して製造機器を提供し組立を一括して委託することで、製造組立コストの低コストを実現しています。一括で大量の発注を行うため単位あたりの製造固定費を安くさせることが可能です。

Apple自身は、工場を持たないファブレス企業として機能しています。

●ⅰ～ⅳは、売上向上（平均販売価格の向上）に寄与します。

●ⅴは、売上原価削減（製造原価の削減）に寄与します。

成功するにはユニークな利益ポリシーが決め手

前項までは、ビジネスモデル（フライホール）を財務数値で確認し、経営理念と経営指標を実現していることを確認しました。さらに、財務分析により、利益を生み出すビジネスモデルと財務的特徴、さらに利益の源泉を確認しました。ここでは、利益を継続的に生み出し、長期的持続的に利益成長を果たすために、必要となる利益ポリシーについて、そのエッセンスを示したいと思います。

図 2・15　Amazon の利益ポリシー

1. 利潤ではなく、顧客の利益を最優先にする
2. 利益率よりも利益額を重視する
3. 短期的な利益よりも長期的な利益を重視する

- ✓ 顧客第一主義、顧客の利益を最優先にしたビジネスを行っている。例えば、製品販売では、赤字販売をしてでも、低価格・品揃え・利便性を最重視している。
- ✓ 利潤追求よりも、顧客の信頼・顧客との長期的な関係作りこそに成功があると確信している。
- ✓ 顧客の利益（顧客にとっての価値）を実現し続けていくために、AWS利益やサードパーティからのサービス売上を財源に、長期視点で多額の技術・コンテンツ投資やフルフィルメントへの投資を続けている。結果、低利益率となるが、顧客からの支持（顧客数・リピート率）は増え続け、長期的な利益の増加につながっている。

Amazonの利益ポリシー

表1（027ページ）のAmazonの財務数値の推移をみると、次世代に向けた将来のための投資を積極的に行っている期間においては、あえて、営業利益率を低水準にとどめていることがわかります。そして、Amazonは、利益率よりも利益、短期的な利益よりも長期的な利益の増加を重視しています。

図2・16　ＩＫＥＡの利益ポリシー

1. 利益は目的でなく、再投資のための手段である
2. 利益はつねに、低価格・低コストの結果でなければならない
3. 長期ビジョン「より快適な毎日を、より多くの方々に」を実現するには、力強い収益性が長期にわたって維持されなければならない

- ✓ 長期的な利益を得るためには、短期的には低い利益を受け入れる必要がある。景気が停滞したときも、会社のビジネスコンセプト（ビジョン・ビジネス理念・未来への投資等）に従って行動し、店舗の投資計画や従業員の研修計画が続行され、かつ、商品開発等への投資が継続され、低価格という価格設定目標を守り続ける。
- ✓ こうすることで長い目で見た収益性が高まると同時に会社の活動の安定性と一貫性が増し、ステークホルダー（従業員、顧客、サプライヤー、オーナー）に利益がもたらされる。

ＩＫＥＡの利益ポリシー

ＩＫＥＡもＡｍａｚｏｎと同様に短期的利益よりも長期的利益を重視しています。さらに、利益は再投資のための手段であると明言していることがポイントです。また、再投資を続けていくために、力強い収益性が長期にわたって維持されなければならないとされています。**表4**（037ページ）の財務数値の推移を見る限り、グループ間の組織再編や、将来のＩＫＥＡ構築のための戦略投資等の影響により、利益率の低下はあるものの、直近10年間を通してみれば、力強い収益性を維持していると考えることができます（営業利益率の平均は10％超）。

※Ａｐｐｌｅについては、利益に関するポリシーを開示していませんので、記載を省略しています。

以上をふまえると、Ａｍａｚｏｎの営業利益率、製品販売の粗利益率が低いことや、ＩＫＥＡの資産回転率が低いことは、経営方針やビジネスモデル（強み）、利益ポリシーの結果であり、深い意味があります。

一般的に財務分析を行う場合、業界平均と比較して、劣っている数値を改善しようとしますが、安易にこれを行うことは危険です。なぜなら、会社の強みが失われる可能性があるからです。財務分析で比較を行うことは否定するものではありませんが、あくまで、参考情報として捉え、差異がある場合は、自社のビジネスモデルの特徴、立ち位置を数値によって解釈するというスタンスが重要です。

付表：Ａｐｐｌｅの財務数値を読み解く

第2章の最後に、iPhoneの売上・販売台数の推移を紹介します。公表されている年次報告（9月決算）より作成。

図2・17　iPhoneの売上・販売台数推移

（金額：百万円、台数：千単位）

	2007	2008	2009	2010	2011	2012	2013	2014	2015	2016	2017	2018	2019
売上	24,006	37,491	42,905	65,225	108,249	156,508	170,910	182,795	233,715	215,639	229,234	265,595	260,174
粗利益	8,154	13,197	17,222	25,684	43,818	↗68,662	64,304	70,537	↗93,626	84,263	88,186	101,839	98,392
粗利益率	34.0	35.2	40.1	39.4	40.5	↗43.9	37.6	38.6	↗40.1	39.1	38.5	38.3	37.8
iPhone売上	123	6,742	13,033	25,179	45,998	↗78,692	91,279	101,991	↗155,041	136,700	139,337	↗164,888	142,381
売上構成比	0.5	18.0	30.4	38.6	42.5	↗50.3	53.4	55.8	↗66.3	63.4	60.8	62.1	54.7
販売台数	1,389	11,627	20,731	39,989	72,293	↗125,046	150,257	169,219	↗231,218	211,884	216,756	217,722	前年比減少。
平均単価$	499-599	579	628	629	636	629	607	602	670	645	651	↗765	
通年販売	初代	初代	3G	3GS	4	4S	5 4S 4	5S 5C	6 6P	6s 6sp	7 7p	8 8p X	XS XSM XR
発売機種	初代	3G	3GS	4		4S 5	5S 5C	6 6P	6s 6sP	7、7P SE	8 8P	X XS XSM	XR 11、11P 11PM
発売時期	2008/6	2008/7	2009/6	2010/6		2011/10 2012/9	2013/9	2014/9	2015/9	2016/9 2017/4-6	2017/9	2017/11 2018/9	2018/10 2019/9

通年販売は、直近発売機種にかかるものを記載しています。
販売台数は、2018年まで開示されており、2019年は開示されていません。
2019年の販売台数は、2018年よりも減少していると記載されています。

iPhoneは革新的な高級ブランド製品であるため、基本的には、高価格戦略をとっていると考えられます。発売当初の5百ドル後半から2018年は7百ドル後半まで上昇しています。

以下、特徴のあった年について補足します。

(2012年度)

iPhoneの販売台数が前年比73%増加し、売上構成比が5割を超えました。その結果、粗利益率は最も高い値となっています。

(2015年度)

iPhoneの販売台数が過去最高となり、売上構成比が過去最高となりました。その結果、粗利計率は再び40%を超えています。これはiPhone6と6Pに高い需要があり、かつ利益率が高い機種であるためです。平均販売価格が、両機種の発売時価格(平均)に近い水準で維持できたことも要因です。なお、2013年は、平均販売価格が減少しマージンが低くなった

iPhone4製品への販売がシフトしたこと等により、粗利益率は低下しています。

（2018年度）

2018年通年発売された高価格帯の3機種、iPhone8、iPhone8P、iPhoneXの販売は好調で前年比平均販売単価も増加していますが、粗利益率の増加にはつながりませんでした。これは高性能・高機能による高コスト構造が主な要因ですが、平均販売価格が、3機種の発売時価格（平均）よりも下落したことも要因と考えられます。競合他社と性能・機能・価格すべてにおいて競争が激化していることが予想され、高性能や高機能が販売価格に転嫁され維持されにくくなってきていることが考えられます。

サービス事業への注力はそのよう状況を見越して行われており、今後ますます重要性が高まると思われます。ちなみに、iPhoneXは、全部スクリーンによる大画面でゲームアプリが楽しめる機種で、サービスをあわせた統合的なソリューションビジネスを展開していく戦略が伺えます。

第2章のまとめ

●ビジネスを成功させるには、フライホール（弾み車）を活用することが有効である。

●ビジネスモデル（フライホール）を構築したら、財務数字の裏付けをとることがポイントである。

●何で儲けているのか・儲けるのか、ビジネスの販売政策（単価や手数料率等）を有効に機能させる上で、利益の源泉をしっかり捕まえることが重要である。

●長期的持続的な成長を実現するには、長期視点にたった利益ポリシーを明確に定めることが重要である。

第3章

「独自性」がなければ企業は戦えない
～独自性を確立する5つのステップ～

なぜ独立性の確立が重要か、

それはデジタル社会では簡単に模倣されてしまうからです。

一部の産業だけではなく、あらゆる業界で破壊と創造が起こっています。

例えば、月額などで利用できる、サブスクリプション型ビジネスも増えました。これまではCDやDVDを一枚一枚買ったり借りたりしていましたが、Amazonプライムに代表されるように、今ではインターネットを通じたクリック1つで音楽や動画を楽しめるようになっています。シェアリングエコノミーと呼ばれているUberやAirbnbは、タクシーやホテル・旅館業界にとって脅威になっています。

経済のデジタル化やグローバル化の時代では、簡単に模倣され、競争相手が増えて、競争が激化していきます。このような時代では、自社ならではの強みを最大限に活かし強みを磨き上げて、独自性を確立することが極めて重要です。独自性を確立すれば、容易に模倣されることはなく、競争に巻き込まれることもありません。

独自性とは、顧客が数ある会社から自社を選ぶ際に認めている価値ということができます。

独自性を確立し維持していくためには、試行錯誤を繰り返し、決して諦めることなく、失敗しても挑戦を続けていくこと、多様性を取り入れ様々なアイデアが飛び交う文化を作ること、誰もが創造的なことにチャレンジできるしかけ・ルールを作ることが重要になります。

それでは、独自性を生み出し、確立するには、どのようにして取り組んでいけばよいのかについて、独自性を確立する5つのステップを、次項から説明していきます。

ステップ1　独自性を生み出す環境を作る
ステップ2　独自性を確立するゴール「顧客価値」を明確にする
ステップ3　独自性を確立するポイントをおさえる
ステップ4　具体的な事例分析から独自性を抽出する方法を明らかにする
ステップ5　上記をふまえ独自性を確立するフレームワークを構築する

図3・1 「すてる」ことで大成功したアップルの事例（スティーブ・ジョブズ）

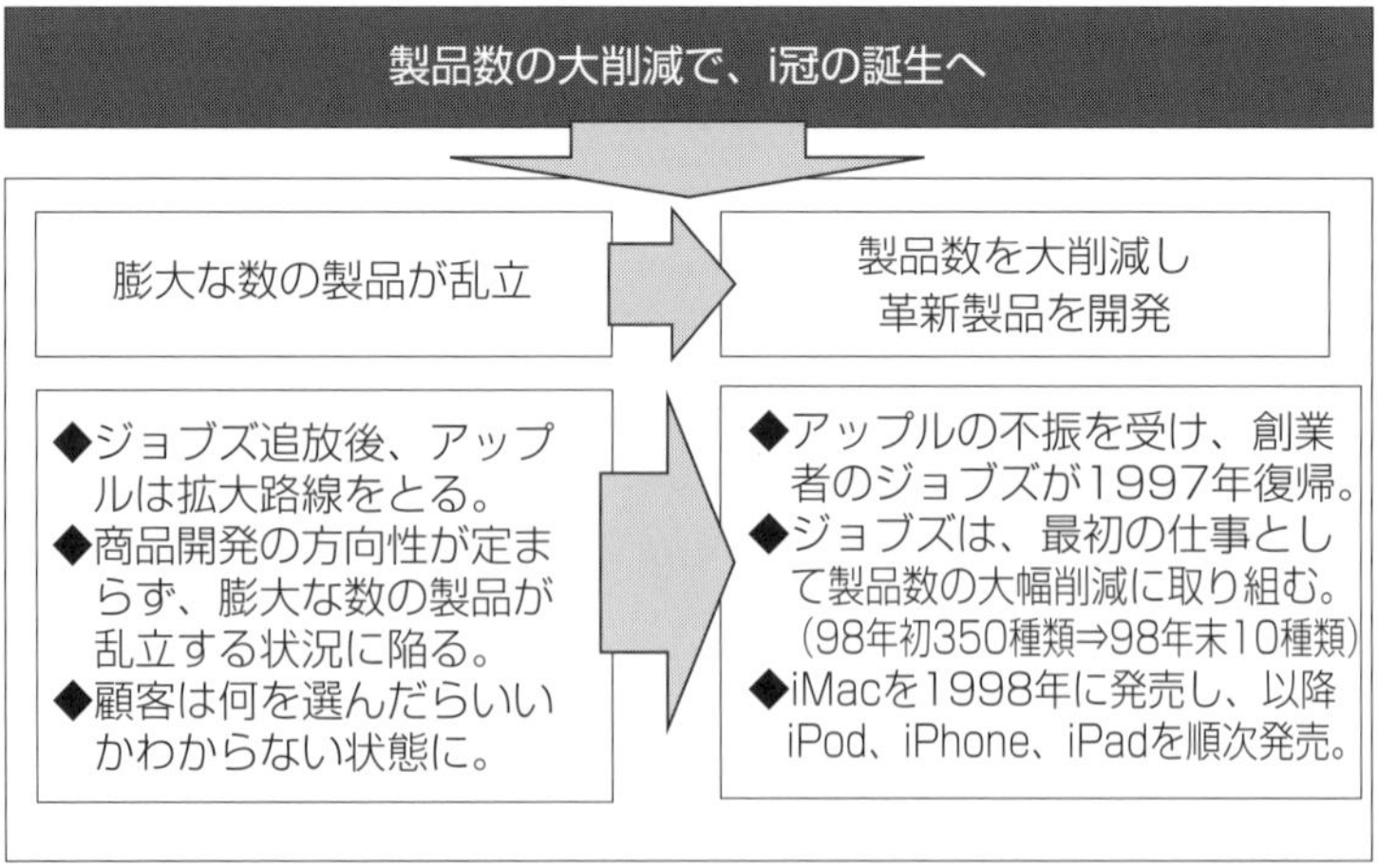

製品数の大削減で、i冠の誕生へ
膨大な数の製品が乱立
製品数を大削減し
革新製品を開発
◆ジョブズ追放後、アップルは拡大路線をとる。
◆商品開発の方向性が定まらず、膨大な数の製品が乱立する状況に陥る。
◆顧客は何を選んだらいいかわからない状態に。
◆アップルの不振を受け、創業者のジョブズが1997年復帰。
◆ジョブズは、最初の仕事として製品数の大幅削減に取り組む。
（98年初350種類⇒98年末10種類）
◆iMacを1998年に発売し、以降iPod、iPhone、iPadを順次発売。

（出典）『役員１年目の教科書』

ステップ１　独自性を生み出す環境を作る

余計なものはすてる（強みを活かし集中する）

まず、最初に行うこと、それは、自社のユニークさ（独自性）を抽出して際立たせるために余計なものはすてることです。

その上で強みを活かし集中することです。

余計なものとは、過去の遺産、成功体験などで、新しいものを生み出す力を阻害するものです。

ビジネスモデルの項で説明したＡｐｐｌｅの事例を改めて取り上げます。

「すてる」ことにより、倒産寸前の状態から脱却し大成功した事例が、スティーブ・ジョブズが復帰したアップル

図3・2　スティーブ・ジョブズのポリシー

得たいなら、捨てることだ

↓

不振のアップルに復帰したジョブズが、最初に実行したことは、乱立していた膨大な製品数を大幅削減したことである。この大削減により、革新的な新製品を開発したことは周知の事実である。

↓

最も重要な決定とは、何をするかではなく、
何をしないかを決めることだ

（出典）『役員1年目の教科書』

の1998ビジネスモデル大変革でした。世の中の人が本当に望んでいるものを突きとめ、製品種類を大幅に削減し、得意分野に強みを集中したことにより、iMacやiPhon等の革新的な製品開発（イノベーション）を実現することができました。

1998ビジネスモデル大変革の事例でも説明しましたが、コンピュータ周辺の製品をはじめ製品数を大削減し、得意分野であるコンピュータとOSのコア事業に集中しました。

コンピュータ事業は、デスクトップとポータブル、プロ向けとコンシューマ向けの4つのプラットフォームに収斂させました。

ジョブズは、上記の取組みを通じて、**図3・2**のような名言を残しています。

以上から、「すてる」の意義をまとめると次のようになります（**図3・3**）。

図３・３　「すてる」の意義は

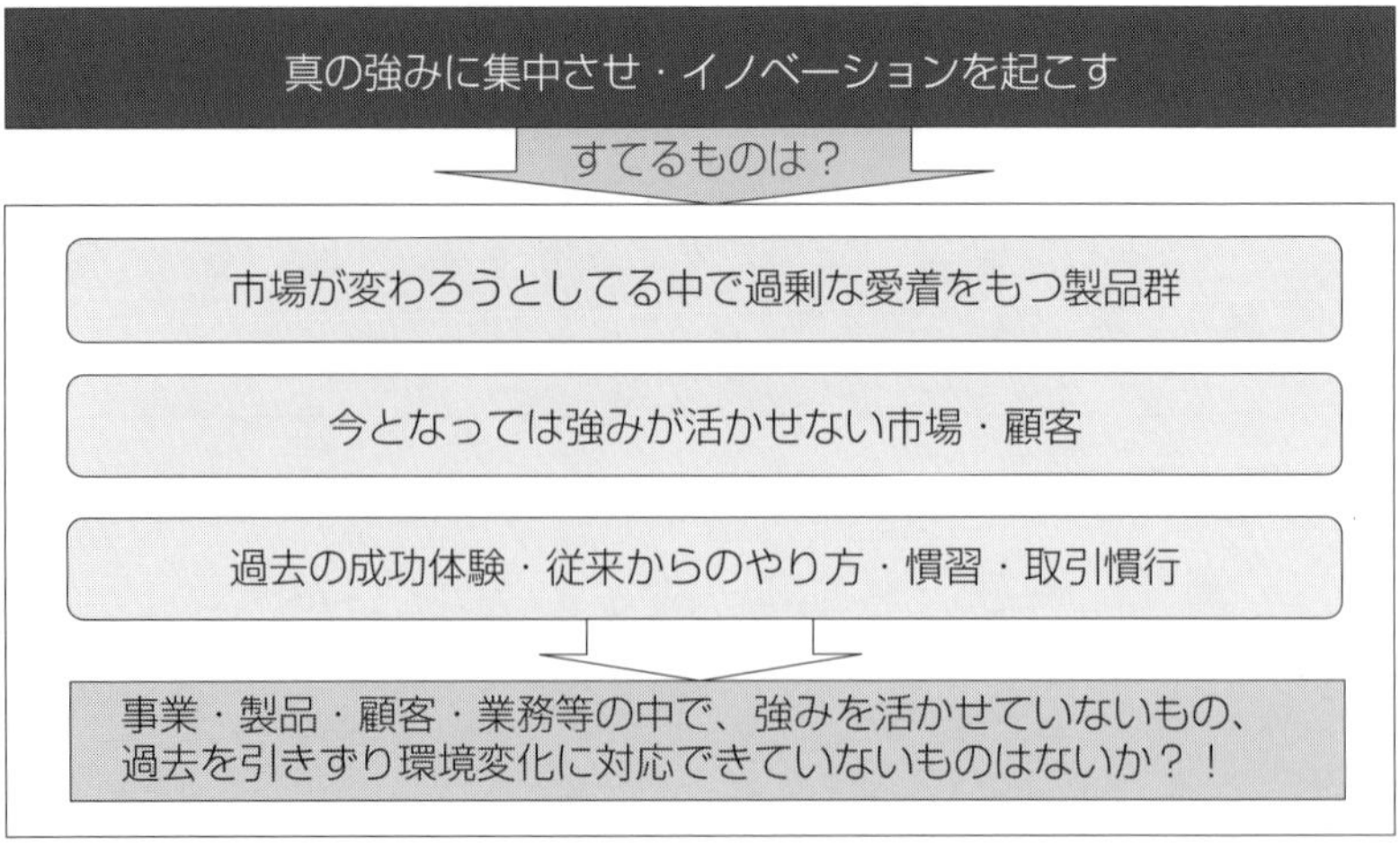
真の強みに集中させ・イノベーションを起こす
すてるものは？
市場が変わろうとしてる中で過剰な愛着をもつ製品群
今となっては強みが活かせない市場・顧客
過去の成功体験・従来からのやり方・慣習・取引慣行
事業・製品・顧客・業務等の中で、強みを活かせていないもの、
過去を引きずり環境変化に対応できていないものはないか？！

（出典）『役員１年目の教科書』

「すてることは、真の強みに集中させ、イノベーションを実現させる」

「すてる」ということに関しての象徴的な事例としてアップルの事例を紹介しましたが、企業規模にかかわらず中小から大企業までどのような企業でも、激変する環境変化に適合せずに、すてるべき「もの」（製品や販路等）や「こと」（やり方・慣習等）は、少なからずあると思います。

環境は常に変化するので、今までのビジネスで通用しなくなる製品等が必ず出てきます。しかし、せっかく苦労した製品・歴史がある製品であればあるほど捨てられません。結果、環境不適合で売れなくなり、損失がさらに拡大してしまいます。

また、あらゆる顧客ニーズに対応するため、自社のコア領域（強み）と離れた領域でチャレンジすることがあります（いわゆる多角化領域）。上手くいく場合もありますが、当時のＡｐｐｌｅのように失敗する場合の方が多いのではないでしょうか。

ゆえに、上手くいかなくなった時に損失を最小限に止めるためには、いかに早く「すてる」かが勝負になります。ドラッカーは「計画的廃棄」を経営に組み込むことを求めています。

大事なことは、成功体験へのこだわりやしがらみを排除し勇気をもってすてることです。

ひるがえって、戦略とは、「すてる」ことです。

漢字の通り、熾烈な戦いを省略できる場所（戦わずして勝てる場所）を探すことでもあります。自社にしかできないこと・自社の強みを最大限活かせる場所（市場・顧客・地域等）を探し出しその場所に立つことです（ポジショニングともいわれます）。

著名な戦略学者であるマイケル・E・ポーター教授も、次のように述べています。

戦略の本質とは、何をやらないか　という選択である。

ステップ2　独自性を確立するゴール「顧客価値」の明確化

独自性の確立を検討する際は、まず、顧客にとっての価値（顧客価値）とは何かを考え定義することが重要です。自社でしかなし得ない顧客への提供価値（顧客価値）を明確化し、その価値を向上するにはどうしたらよいのかその鍵を握るのが独自性だからです。

例えば、

・機能的で質がよくデザインも優れた製品を、独自技術により本当に安い価格で提供できれば、顧客に高い価値をもたらします。

・1台で三役もこなす多機能の製品を生み出し、今まで顧客が考えてもいなかったユニークな発想と革新的な技術で、圧倒的に高い操作性（超簡単・スムーズ）を提供できれば、顧客に高い価値をもたらします（結果、通常よりも高い価格を設定できます）。

まず、顧客にとっての価値を考える際に、参考になるのが、Ａｍａｚｏｎの５つの自問です。

Ａｍａｚｏｎは常にこう自問しています。

1．顧客は誰なのか

2．顧客の要望はどうすればつかめるか

図3・4　Amazon：5つの自問で顧客にとっての価値を明確にする

	アマゾン	（参考）「ドラッカー5つの質問」より
1	顧客は誰なのか	われわれの顧客は誰か
2	顧客の要望は**どうすればつかめるか**	われわれの顧客は誰か
3	顧客が**抱えている問題**または顧客のビジネスチャンスは何か	顧客にとっての価値は何か
4	顧客の**メリットの中で1番大切なもの**は何か	顧客にとっての価値は何か
5	顧客は**どんな体験**ができるのか	顧客にとっての価値は何か

3．顧客が抱えている問題または顧客のビジネスチャンスは何か
4．顧客のメリットの中で一番大切なものは何か
5．顧客はどんな体験ができるのか

これに関連して、ドラッカーは経営者に贈る5つの質問を提言しています。

第1の質問　われわれのミッションは何か
第2の質問　われわれの顧客は誰か
第3の質問　顧客にとっての価値は何か
第4の質問　われわれの成果は何か
第5の質問　われわれの計画は何か

第2と第3の質問は、Amazonの自問と同じですので、**図3・4**に対比して示すこととします。

ドラッカーは、この2つの質問の補足を次のようにしています。

顧客と市場を知っているのはただ1人、顧客本人である。

したがって、顧客に聞き、顧客を見、顧客の行動を理解して（★2）、

はじめて、顧客とは誰であり（★1）、何を行い、いかに買い、いかに使い、何を期待し、何に価値を見いだしているかを知ることができる（★4、5）。

★1：Amazonの自問1―顧客は誰なのか

★2：Amazonの自問2―顧客の要望はどうすればつかめるのか

★4：Amazonの自問4―顧客のメリットの中で一番大切なものは何か

★5：Amazonの自問5―顧客はどんな体験ができるのか

また、3番目の自問「顧客が抱えている問題は何か」について、顧客の「○○が欲しい・○○を解決したい」を、独自の仕組みや技術を用いて実現することは、顧客にとって高い価値をもたらします。

Amazonのように、「欲しいものが欲しい時に速く手に届く」ことは、何事にも代えがたい価値であり、顧客にとっての価値は非常に高いと言えます。

価値を追求し実現することは、顧客の視点に立てば、「顧客は何が一番喜ぶか・何が一番助かるか」という顧客ニーズ（欲求：要望・困りごと・悩み）や顧客の発想（考えやこだわり）をとことん深掘りして把握すること、そして、そのニーズを独自性により実現することです。Amazonは、「世界最大の品揃え（数とユニークさ）を実現するサードパーティ支援制度（販売支援やFBA）」と「世界規模のフルフィルメントネットワーク」という2つの独自性によって、顧客価値を向上させています。

それでは、顧客価値をどのようにして見える化し、独自性によって向上する価値は何かを明確にするためのシート（顧客価値見える化シート）を説明します。

見える化の基本的な切り口としては、共通的な項目として、品質、価格、納期、サービスをとりあげ、そ

図3・5　IKEAが実現する顧客価値〈中間層（一般市民）向けの家具〉

	価格	機能性	デザイン	品質	デリバリー	サービス（買物体験）
基本的な価値（通常の価値）	―	実用的・使い勝手がいい	―	先進国と同じ品質基準。安全・安心な家具(通常では壊れない)	―	返品・交換サービス
価値の向上（独自価値）	本当に手頃な価格	収納問題の解決、多様な使い方やルームセット等様々なアイデアを提案	北欧風のユニークなデザイン	素材へのこだわり。環境に配慮し再生可能・リサイクル素材使用。	当日持ち帰り	充実した買物体験（プレイルームやレストラン等）

れに各企業の特徴的な価値の切り口を加えています。

品質とコスト（価格）は、一般的にはトレードオフ（二律背反）の関係になるので、通常は、両方ともハイレベルな状態（ベストプラクティスを実現している状態）で両立させることは難しいと考えられます。

しかし、自社の強みを磨き上げ、特筆すべき独自性を実現できれば、両立させることが可能となります。そうなれば、顧客に極めて高い価値を提供することができ、結果として、圧倒的な差別化を実現できます。

IKEAの顧客価値（顧客価値見える化シート）

IKEAは、機能性に優れ質も良く、デザイン性が高いことと、本当に手頃な価格を両立しています（図3・5）。

機能性はIKEAのトレードマークであり、気の利いたソリューション（収納問題の解決等）や多様な使い方、さらにルームセットという形で家具の魅力的な形態に関する様々なアイデアを提案しています。また、デザインは、自社のデザイナーによるユニークな北欧風デザインを実現しています。

図3・6　Amazonが実現する顧客価値〈小売事業（eコマース販売）〉

	価格	品揃え	デリバリー	サービス（買物体験）	エンタメ体験	品質
基本的な価値（通常の価値）	―	メーカの人気商品・新商品は常にある	遅配がない	返品・返金サービス	―	注文通りの商品が届き、基本的に不良がない
価値の向上（独自価値）	非常に安い価格（最安値）と配送料無料（一定購入額と会員の場合）。	圧倒的な品揃え（欲しいものは何でも揃う）。今までにないユニークな物がある。	通常2日配送。会員は翌日配送（当日お急ぎ便あり）。	カスタマーレビュー機能。レコメンド機能。定期お得便。Amazon's Choice 。試着サービス。	ユニークで魅力的なコンテンツやデバイス。	品揃えとデリバリーの項目が、該当。

さらに質についても、無垢材を細部に使うような高品質ではないにしても低品質な手工業製品ではなく、素材にこだわり、他の先進国と同じ品質基準で生産するという意味で質の良さも実現しています。なぜ、これらを両立できたか、そのカギは、独自性にあります。製品のフラットパック化技術や、価格ありきのデザイン力とサプライヤーを巻き込んだ低コスト生産力が、主な柱になりますが、詳細は後ほど説明します。

Amazonの顧客価値（顧客価値見える化シート）

商品に関して一言で言えば、「欲しいものが欲しいときに速く手に届く」です。

これには、何事にも代えがたい価値があります（図3・6）。Amazonの顧客体験（カスタマーエクスペリエンス）の三本柱は、以下の3つと言われています。

- 品揃え（地球上で最も豊富な品揃え）
- 低価格（最安値にこだわる）
- 利便性（速くて便利な配送、タイムリーな顧客サービス）

Amazonの年次報告では、次のように記載されています。

図3・7　Appleが実現する顧客価値〈センスにこだわるユーザー向けのi冠製品〉

	価格	機能性	デザイン	品質	デリバリー	サービス
基本的な価値（通常の価値）	―	実用的・使い勝手がいい	―	基本的に故障しにくい	―	返品・交換・修理サービス
価値の向上（独自価値）	高級ブランド戦略に基づく価格設定。	マルチ機能。極めて高い操作性。	シンプルでブランドを感じさせるデザイン。	高品質・高精度の部品へのこだわり。	ステータスを感じさせる環境での説明・引き渡し。	豊富なアプリケーションの提供。

「品揃え、価格、および利便性に焦点を当て、毎日の製品の低価格化と配送の提案を通じて、お客様に可能な限り低価格を提供し、顧客の価格を下げ続けることができるように、業務効率を改善するよう努めています。また、使いやすい機能、迅速で信頼性の高いフルフィルメント、およびタイムリーな顧客サービスも提供しています。」

もちろん、この3つは、フライホールにも反映されており、それぞれの独自性が顧客価値を増大させています。特に一番目に登場する品揃えは、「Amazonにいけば欲しいものが見つかる」という顧客体験を向上させています。顧客体験の向上は、口コミとして広がり、最も強力な顧客獲得手段となります。結果、事業の成長（顧客数・売上・利益の増加）と顧客価値を向上することができます。

Appleの顧客価値（顧客価値見える化シート）

製品に関して一言で言えば、「ステータスを感じさせるブランド品の提供」です（図3・7）。

通常、携帯電話やパソコンなどは、専門的なジャンルの製品として認知される場合が多いですが、Appleは、高品質・高精度・高機能を実現しかつ優れたデザインによって、ユーザーにステータスを感じさせるブランド戦略をとっています。

特に、極めて高い精度で魔法のように機能するマルチタッチ技術（特許取得）、有能なデザイナー率いるデザインチームによる斬新なデザインは、他社と異なる明確な独自性を実現しています。

さらに、豊富なアプリケーションの提供をはじめとする魅力的なサービス、高級感あふれるハイセンスなＡｐｐｌｅストアでの上品な接客は、ユーザーエクスペリエンスの質を向上させています。

以上、顧客価値の内容、顧客価値と独自性の関係について説明しましたが、ＩＫＥＡ、Ａｍａｚｏｎ、Ａｐｐｌｅの独自性の詳細は、ステップ３で説明します。

コラム：Ｂ２ＣとＢ２Ｂにおける顧客価値

顧客にとっての価値を考える際は、消費財（Ｂ２Ｃ）と、生産財やサービス（Ｂ２Ｂ）と分けて考える必要があります。消費財の場合は、他社との差別化がポイントになるため、差別化のわかりやすさが必要です。例えば、電化製品であれば、薄さ、重量、容量といった機能を強調しがちになります。しかし、このような分野は競争も激しいので、結果的に大きな差別化にはならないかもしれません。そうすると顧客が感じ取る創造的な価値（利便性、デザイン）が提供できるか、あるいは圧倒的な高品質（その商品に求められる本質的な機能）を提供できるかが競争優位（明確な差別化）のポイントになります。例としてアップルやダイソンが生み出すような創造的で高品質な商品があげられます。そしてこのような商品は顧客との度重なるコミュニケーションや顧客の使用場面の観察等を通じて生まれる価値と言えます。

その差別化は顧客にとっての価値を向上するものかを考える

一方、生産財やサービスの場合は、顧客の抱えている問題を解決することが顧客にとっての価値ということができます。顧客の業務プロセスを分析し、問題点や課題を発見しそれを解決するための製品やサービスを提案する、顧客の利益があがるような提案をすることが顧客にとっての価値の提供となります。また顧客が気付いていない問題を解決できればより価値が高まると思います。そのために消費財と同様に顧客との接点を増やし、戦略的な共同プロジェクトを行うことも有用です。

顧客の問題解決の事例としてよく取り上げられるのがキーエンスです。同社は、ＦＡ（ファクトリー・オートメーション）用センサーを中核とした分野にフォーカスして、生産現場の生産性向上や品質向上、工程改善等に貢献する付加価値の高いソリューションを製造業のあらゆる分野の顧客（数十万社）に提供しています。プロの経営コンサルタントがやるような優れたやり方で顧客の話を聴き、生産現場の状況を診断し、生産性や品質を改善するための問題を解決します。すでに顧客が認識している問題だけではなく、気づいていない問題をも見つけ出します。また、把握した問題をデータベース化し、問題を解析し、類似の問題を解決するための処方箋として魅力的な独自製品を開発しています。

このように顧客に密着したコンサルティング・セールスや独自の開発製品が高い顧客価値を生み出しています。

ステップ3　独自性確立のポイント

独自性を確立するにはどうしたらよいか、みていきましょう。

独自性=強み×差異化　in使命感

独自性は、一言で言えば、他社と異なる強み（他社と差別化できる強み）です。したがって、強みと表裏一体であるとともに強みに立脚したものでなければならず、その会社を持続的に成長させ、未来永劫発展していくことができるものです。根本的に独自性は、その会社オリジナルのものであり、他社が真似したくても容易に真似できないものです。そして、何より、独自性は、顧客への価値を実現するものであり、価値を向上するものでなくてはなりません。

独自性を確立する際、大前提となるのが使命感です。

独自性は、なぜそれをやりたいのか、自社がやらねば誰がやるのかという使命感に支えられてこそ生まれます。その上で、強みを磨き上げたところと、他社と異なるところ（他社がやっていないところ）が重ね合ったところに、独自性（独自製品や独自技術、独自の活動・やり方等）が確立されます。

図3・8　独自性＝強み×差異化 in 使命感

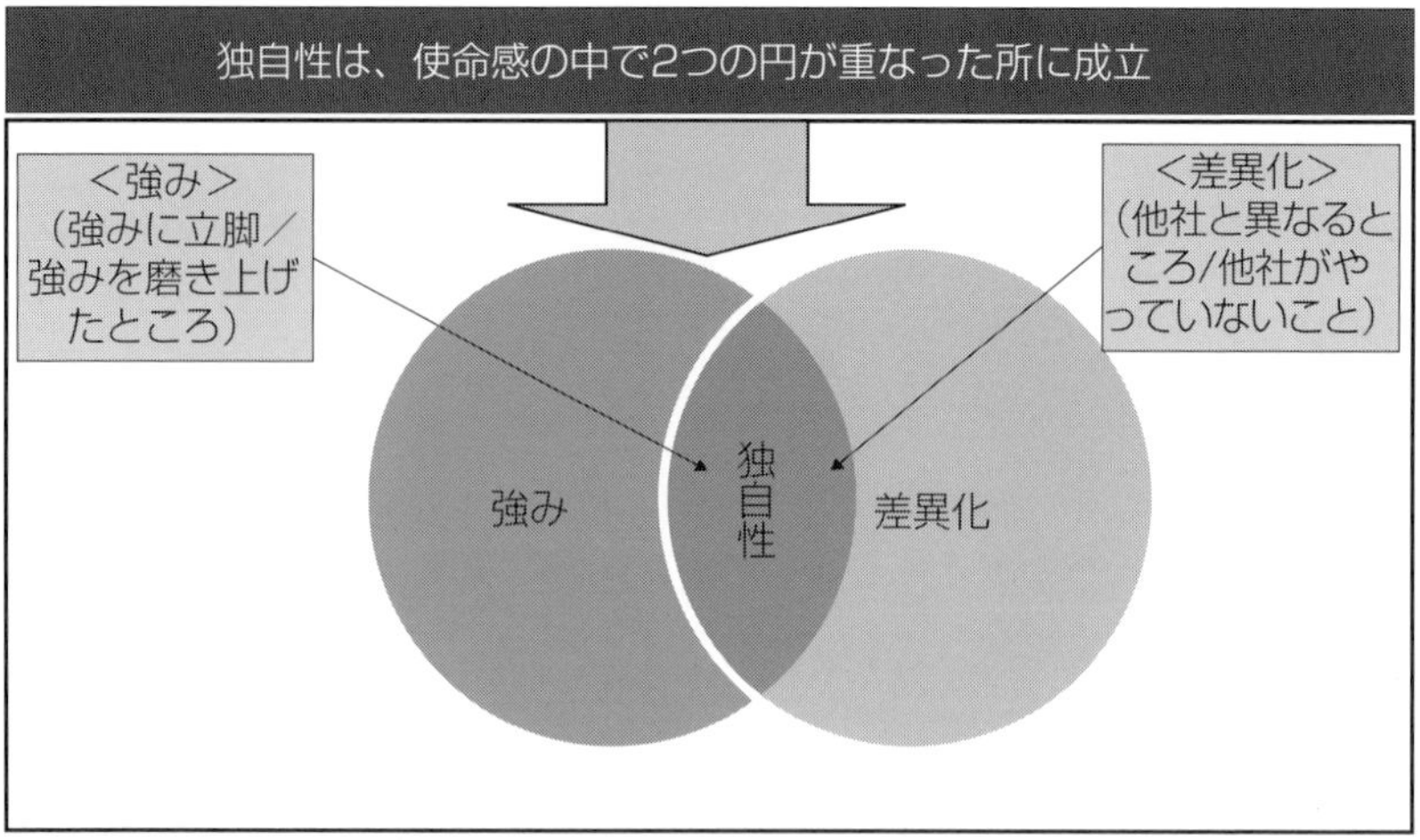

図で示すと**図3・8**のようになります。

使命感（理念・価値観）

大前提となるのは使命感です。我が社でしか成し得ないことをするという強い思いが会社全体に行き渡っている状態にあってはじめて、独自性の道に進むことができます。流行だからとか、他社がやっているからとか儲かりそうだからこれをやる、あるいは、目先の売上が欲しいから別のことをやるといったことは、会社の使命・本来の事業とは離れることになります。図では四角の枠内が、使命感で満たされた範囲を表します。

〈強み〉

独自性は、強みに立脚したところから芽が生まれます。そして、強みを磨き上げたところに実現する可能性が高まります。

〈差異化〉

使命感のもと強みを磨き上げたところに、独自性は実現する可能性が高まりますが、それが、他社と異なることであるか、他社がやっていないことであるか、他社にないものであるかなどを検証することが必要です。検証の結果、少しでも類似性が認められるのであれば、独自性の定義を見直す必要があります。また、他社と違うことを意識し過ぎるあまり、強みを活かすということから離れてしまうことがあるため留意が必要です。

ＩＫＥＡの例

ＩＫＥＡの例で説明します。

価値観：違うやり方でやってみる（意味のある違うやり方）

強　み：バリューチェーン全体を管理下に置き、最適に調整する力（低価格ありきの仕組み＝機能性・デザイン性・豊富な選択肢を兼ね備えたものを低価格で実現する仕組み）

差異化：モジュール式の家具デザイン、ノックダウン式（組立式）部品キッド、コンパクト収納による搬送

上記によって、実現した独自性は何か。

それは、フラットパック家具です。

モジュール式デザイン（設計）、ノックダウン式の製造方法、コンパクト収納による搬送を統合的なバリューチェーン（設計〜購買〜物流〜生産〜販売）の中で創りあげたのが、フラットパック家具になります。

これによって大幅なコストダウンを実現し、顧客は低価格の製品を購入することができます。さらに、モ

ジュール式のため、豊富な選択肢（種類）の製品や機能性のある製品を製造することができます。

Amazonの例

Amazonの例で説明します。

理　念・価値観：最も顧客中心。顧客体験の向上のため、圧倒的な利便性と低価格を提供する

強　み：世界最大規模のフルフィルメントネットワークと最新鋭かつ効率的な配送システム

差異化：基本的に翌日には商品が届き、配送料は無料

上記によって、実現した独自性は何か。

それは、会員制サービス「Amazonプライム」です。

手頃な料金設定の会費を支払うと、圧倒的に豊富なコンテンツを無制限で利用でき、通常翌日配送（離島等の一部地域を除く）、購入金額如何にかかわらず送料無料となります。

他社との差異化の項目（範囲）が多くなるため、独自性の実現範囲が大きくなります（**図3・8**の交わりの面積が大きくなる）。

独自性の実現範囲を大きくするには、2つの円の重なりを最大限大きくすることが必要ですが、そのためには、強みを最大限に活かすこと、他社と異なるところを可能な限りたくさん創り上げることがポイントです。

独自性の範囲をおさえる

企業活動の最終的なアウトプットである製品・サービスの独自性を確立できれば、顧客価値は高まります。しかし、独自性を実現できる製品・サービスは限られており、まして、全く新しい製品（イノベーション）による独自性を実現することは困難を伴います。したがって、製品・サービスだけでなく、プロセスや活動等、他の切り口で独自性を検討し実現することが有効です。

また、困難を伴う新製品等の独自製品についても、開発が一過性のもので終わることなく、持続的に生み出すことができるような環境整備も重要となります。ＩＫＥＡのように、価値観の構成要素の１つに「意味のある違うやり方」を明示し、独自性を重視していれば、独自性がある製品やサービスが生み出しやすいという環境となります。

以上をふまえ、独自性の検討範囲を下記に記載します。

●製品やサービスの独自性

・例えば、Ａｍａｚｏｎの特典満載のプライム会員サービス

・例えば、ＩＫＥＡの購入した日に持ち帰れるフラットパックされた家具

・例えば、ユニクロのライフウェア。本当に着心地が良く、高品質でファッション性があり、誰にでも手が届く価格の究極の普段着。ヒートテックに代表される独自性の象徴的な製品群

※独自性のある製品・サービスとして象徴的なものを創りだすためには、イノベーションや、絶え間ない創意工夫が重要です。

●独自製品等を生み出す技術、システムやプロセス、活動・やり方等の独自性
・例えば、ヒートテックを実現した独自の繊維技術（東レと共同開発）
・例えば、全世界の物流網を活用した迅速かつきめ細かな物流ネットワークシステム（Amazonのフルフィルメントネットワーク）
●業態（事業内容）の独自性
・例えば、クスリも扱うコンビニ×スーパーという融合チェーン（メガドラックストア）
・例えば、小売業であり、テクノロジー企業であり、物流会社であるという事業形態（Amazon）
●制度・ルールの独自性
・例えば、イノベーションを奨励する自由で柔軟な社風、一定の時間、企画や研究など好きな業務、アイデアを生み出す活動に専念できる制度──3Mの15％カルチャー
・例えば、Amazonでは、PowerPoint（またはその他のスライド指向の）プレゼンテーションを行わない代わりに、物語的に構造化された6ページのメモを作成するというルール

上記項目の中で、現在独自性を築いているところは、強みを磨き続ける努力を怠らないことが重要です。例えば、顧客に製品を迅速かつきめ細かく届ける物流活動の独自性を維持していくためには、一定の投資継続や戦略的な投資を行い、ソフト、ハードともに物流システム全体のバージョンアップをするという磨き上げが重要になります。

ステップ4　独自性を抽出する

独自性を極めた革新事例ＩＫＥＡ、Ａｍａｚｏｎ、Ａｐｐｌｅの3つの事例を分析することにより、独自性の抽出方法（見える化）を学びます。

独自性の背景と概要（理念・価値観をおさえる）

ＩＫＥＡ

改めて説明すると、経営史の中で、独自性の象徴的企業の1つです。今では、世界を代表する企業になった家具最大手ＩＫＥＡですが、創業から30年後までは、店舗数7店舗位の中小企業でした。そのＩＫＥＡが、中小企業の時代に30年という長い歳月をかけて、いかにして独自性を確立し（ビジネス理念・価値観、ビジネスモデルの確立）、著名な企業に成長する礎を作ったのかそのエッセンスを説明していきます。

まず、独自性の背景にある会社の根幹となる項目を会社情報に基づき紹介します。

●ＩＫＥＡのビジョンとビジネス理念

「より快適な毎日を、より多くの方々に」。これがＩＫＥＡのビジョンです。

そしてビジネス理念は「優れたデザインと機能性を兼ね備えたホームファニッシング製品を幅広く取りそろえ、より多くの方々にご購入いただけるようできる限り手ごろな価格でご提供する」ことです。

ＩＫＥＡの前ＣＥＯアンダッシュ・ダルヴィックは、ビジョンについて次のように述べています。

「ＩＫＥＡの最大の強みは、なんと言っても揺るぎないビジョンにある。〝より快適な毎日を、より多くの人々に〟という社会的目標を伴ったビジョンだ」

●企業文化の中に示される独自性

「あえてちがうことをする」

すでに確立されたソリューションとは別の方法を試そうとする姿勢を誇りにしています。

●価値観（ＩＫＥＡコンセプト）の中の示される独自性

〝ＩＫＥＡは人の力を信じています〟

「連帯感

ＩＫＥＡカルチャーの中心にあるのは連帯感です。互いを信頼し、同じ方向を向き、ともに楽しむとき、私たちは強くなります。」

社員は家族であるという精神（仲間意識や助け合い）がベースにあります。

創業者にとって、企業とは、利益のみを追求する経済組織ではなく、何よりもまず生活共同体であり、価値を共有する場所であるといいます。

「意味のある違うやり方」「ちがうやり方でやってみる」

「刷新して改善する」

ＩＫＥＡはほかの企業とはまったく異なります。ほかの企業のようになりたいとも思いません。私たちは既存のやり方に疑問を投げかけ、慣習にとらわれない方法を考え、新たなやり方を試し、失敗する勇気を持ちます。そのすべてに、正当な理由があります。私たちは常に自問しています。「もっとよい方法はないだろうか」と。そうやってＩＫＥＡのホームファニッシング商品のユニークさを保ち続け、より快適な毎日を、より多くの方々に提供しようと努めています。もっとよい方法を探し続けることが、より快適な毎日に導いていています。

●デザインに対する考え方の独自性

ＩＫＥＡでは、優れたデザインとは、形、機能性、品質、サステナビリティ、低価格を組み合わせたものだと考えています。形だけでなく、品質や価格面を含めて定義していることが特徴的です。ＩＫＥＡではこれを「デモクラティックデザイン」と呼んでいます。優れたホームファニッシングは、あらゆる人のためにあるべきだと考えているからです。

Amazon

創業から7年間は赤字であった企業が、今や、ＧＡＦＡの一角として揺るぎない地位とブランドを確立しています。Ａｍａｚｏｎの主要ビジネスは、マーケットプレイス、Ａｍａｚｏｎプライム、サードパーティビジネス、ＡＷＳです。

・マーケットプレイスは、今やＥＣ業界（ネット通販）世界No.1です。

・Ａｍａｚｏｎプライムは全米ではライススタイルになりつつあり（２０１６年全米世帯数の52％がプライムに

加入)、登録会員が世界で1億5千万人を超えたと言われています。

・サードパーティビジネスは、FBA(フルフィルメント by Amazon)に代表されるサードパーティ支援サービスです。FBAは、Amazonの世界屈指の配送システムを活用し、商品の保管から注文処理・出荷・配送・返品に関するカスタマーサービスまでを提供するサービスです。サードパーティからの手数料収入は、今や、Amazonのビジネスの稼ぎ頭の1つです。

・AWSは、クラウド世界シェアが首位であり、Amazonの中で最も利益を上げる事業であり、発明・革新のための継続投資を支えています。

※AWSとは、企業向けにクラウドサービスを提供する事業で、Amazonの事業の中で最も利益を稼ぎ出している事業です。本業であるマーケットプレイスのために整備したECシステム(データセンターやサーバー・システム)を法人顧客に貸し出したものであり、特徴的な独自のビジネスです。企業が、独自にサーバー・システムを開発・運用するよりもはるかに安いコストで高性能なシステムが使えるようになるため、企業の圧倒的な支持を得ています。AWSがクラウドの世界シェア首位となっている理由は、小売事業(eコマース)と同じく、品揃えと低価格戦略です。サービスメニューは、2017年、1,400以上の重要なサービスと機能を発表しており、価格については、サービス開始から7年で連続27回の値下げを実施しました。巨大サーバーを構築しコストを下げ、技術革新の継続でサービスメニューを増やしていったことが、さらに顧客を増加させ、一層の低価格を実現しています。小売事業と同じく、まさに規模の経済(スケーラビリティ)を実現したビジネスです。

（以下、日経ビジネス2012年4月30日号　ベゾスCEOインタビューより抜粋・一部加筆）

●ビジョン

「地上で最も顧客中心の会社」がAmazonのビジョンです。

このビジョンを実現するためにAmazonは「品揃え」「利便性」「低価格」という3つの要素を大事にしています。この3つは密接に結びついており、まずは、品揃えから始まります。顧客が求める品物がなければ、価格がどれほど安くても、どれほど速く届けられても意味がないと言います。

しかし、品揃えが充実していても、届けるのが非常に遅かったり、価格が安くなければ顧客にとって意味がないことになります。Amazonは、この3つの要素をすべて改善していくために、エネルギーとリソースを注ぎ込んでいます。

Amazonは、普通の会社の顧客中心主義とは異なります。顧客中心だと言い張る会社の言動、実際に何を言っているのか、何をしているのかを見れば、決して顧客中心でないことがわかります。

「close following（すぐ後ろからついていく）」という戦略があります。競合の一挙一動をじっと見つめ、何かした時にはうまくいくかどうか様子をうかがう。うまくいけば、迅速に真似をする。この戦略はある意味、難しいので、この戦略を取る会社を非難すべきではない。でも同時に、他社は顧客、顧客と口では言っても、結局、ライバルを見て戦略を決めています。彼らは何も発明していない。何も発明していないということは、すなわち先駆者ではないということ。誰かの後ろについていくということは、顧客ではなく競争相手が中心にいるということになります。

すべての戦略を真の顧客中心主義で考え抜くベゾスCEOの哲学が伺えます。

●顧客中心主義の独自性

Amazonの顧客中心主義は3つの「ビッグアイデア」に基づいています。

1つ目は顧客を出発点にしてそこからさかのぼるというアイデア

2つ目は発明と革新を進め、先駆者になることを目指すというもの

3つ目は長期的な視野に立つこと

この3つの組み合わせがあるからこそAmazonは特別な存在になり得ています。

顧客に対するこだわりを持ち、発明し、開拓し、新たなことに挑戦する。そして必ず長期的視野に立つ。このアプローチがAmazonの優位性を形作っています。

1つ目と2つめは、ドラッカーの企業の目的（顧客の創造）を実現するための二大機能であり、マーケティング（顧客の欲求からスタート）とイノベーション（顧客に新しい価値・満足を提供）です。

●企業文化の独自性

ビジョンに基づく低コスト構造を推進するため、文化の中心には「倹約」を置いています。

また、文化は独特で、例えば会議ではプレスリリースを書くことから始めるWorking-Backwards（逆向きの検討）が用いられています。ベゾスCEOは、イノベーションと失敗は「切り離せない一対」と語り、そこから大きな成功を生んでいます。

Apple

Amazonと同じく、GAFAの一角をなす革新的なIT（情報技術）企業です。2018年8月、株式時価総額が米国企業として史上初の1兆ドルを超えました。iPhoneに代表される·i冠製品のブランド戦略・サービスとの融合による統合型ソリューション戦略により、2019年9月決算の粗利益率は約38%、営業利益率は約25%と高収益を誇っています。

IKEAやAmazonが理念やビジョンを公表しているのに対して、Appleの場合は、公に明文化しているものはなく、ジョブズや現CEOティムクック氏のコメントから、理念を読み取ることができます。

●理念

ユーザー体験の質に徹底的にこだわる。

●約束

革新的なハードウェア、ソフトウェア、サービス（最高のもの）を通じて顧客に最高のユーザーエクスペリエンスを提供する。

●ビジョン

世界を変える、1人ずつ。テクノロジーと人の創造力を融合して人類を前進させる。

●価値観（DNA）

現状を肯定せず、常識にとらわれない。常識を覆し物事をまるで違う目で見る。

自分が世界を変えられると信じる人たちこそが、本当に世界を変えられる。

長期的な視点で投資を行う。一番手になることは重要ではない。それは私たちのやり方ではない。私たちの仕事は最高のものをつくることであり、ユーザーの生活を本当に変えてしまうことを提供することである。重要なのは競争に勝つことではない。重要なのは、Ａｐｐｌｅのユーザーにとって、どんな製品が生活の改善につながるかを考え抜くことである。

スマホの世界シェアは、第2位ですが、そのこと（量）にこだわりはなく、質に徹底的なこだわりを注いでいます。

独自性抽出シート（シンプルなフォーマットを活用する）

独自性を明確に抽出するためには、次のようなステップが有効です。

● どのような顧客ニーズを実現するか
● 顧客ニーズを他社と異なるどのような独自性で実現しているか
● その独自性はどのような強み（経営資源等）から生まれているか
● これらをプロセス毎に整理する

上記を反映した「独自性抽出・集約シート」に3社の事例をまとめたものを紹介します。

ＩＫＥＡの事例分析

図3・9の独自性の番号は、顧客ニーズの番号を表しています。

ＩＫＥＡの独自性抽出シートのポイントは2つあります。

図3・9　独自性抽出・集約シート：ＩＫＥＡ（主な項目を抽出）

顧客ニーズ
1．機能的で質もよく、よそにはないユニークな北欧風デザイン
2．幅広い選択肢（品目）があり、手頃な値段で買える（低コスト）
3．インスピレーションとアイデア（住まいに関わる問題を解決する）
4．利便性（1か所ですべてが揃う、購入初日に持ち帰ることができる）
5．充実した買い物体験・楽しさ（お出かけ先として楽しめる）

プロセス／経営資源等	マーケティング	デザイン（設計·開発）	仕入物流	製造	販売物流	サービス
製品		1,2.独自の商品レンジを開発 1.自社のデザイナーによる設計				
技術		2.フラットパック化技術				
設備等ハード				2.自社所有の生産ライン	5.無料駐車場の大型店舗	5.子供用プレイルーム・託児所やレストラン
活動	2.宣伝せずカタログを商圏の全世帯に無料配布。 3.買い換えライフスタイル提案		2.低コストを実現したグローバル調達 2.コンパクト収納でサプライヤーから店舗に直送	2.組立工程を不要にした 2.製造しやすい分業体制の効率生産	2.そのまま売れるパッケージング 4.セルフサービス（重要な情報は、値札・展示） 3.ルームセットの家具提案	

●1点目は、活動に関する独自性の項目が多いこと

●2点目は、フラットパック化技術が、多くの独自活動をもたらしていること

具体的には、

・コンパクト収納でサプライヤーから店舗に直送していること

・製造しやすい分業体制の効率生産を実現していること

・そのまま売れるパッケージングを実現していること

・セルフサービスにより顧客自身が持ち帰り組立することを実現している

この独自技術は、機能性や製造のしやすさ・それゆえ品目種類の多さが計算されて設されているとともに、低コスト構造による本当に手頃な価格の実現の両立に、貢献しています。

●3点目は、独自の商品レンジを開発していること

独自の商品レンジとは、競争相手とは異なる品

目と価格を実現したものであり、具体的には、低価格を大前提とし、製造しやすく品目種類を豊富にできる設計に基づいたものです。そして、最終的には顧客のあらゆる望み（豊富な選択肢、デザイナーによる魅力的なデザイン、優れた機能性、手頃な価格など）に応えることを目指したものです。

一般的に商品レンジは、

・事業展開している市場に合わせて取扱商品の幅を変えるか

・その市場の好みを自社の取扱品目やスタイル（デザイン）に近づけるか

という2つのやり方があります。ＩＫＥＡは、後者のやり方を選びました。そうすることで、ＩＫＥＡは、はユニークで突出した存在感を保つことができたのです。

参考までに、独自性を他社と対比した形で説明している内容を紹介します。

（『ＩＫＥＡモデル』アンダッシュ・ダルヴィッグ（著）より、抜粋、一部加筆）

a．従来の家具は組立済みの家具を販売したが、ＩＫＥＡはフラットパック家具を自分で組み立てるという方式を導入した。

b．従来の家具屋は販売員による個人対応のサービスを提供したが、ＩＫＥＡではセルフサービスのコンセプトを取り入れた。重要な情報は値札等に記載している。

c．従来の家具屋は宣伝によるマーケティングを行ったが、ＩＫＥＡはカタログを導入し、幅広い選択肢を示した。そして、カタログを商圏の全世帯に無料配布した。また毎年秋の発行は、一種の引きこもり願望を刺激したＩＫＥＡ独特の宣伝戦略（心理作戦）である。

d．従来の家具屋はおもにサプライヤーが開発した製品を扱ったが、ＩＫＥＡは商品レンジ（品目と価格）を独自に開発した。この商品レンジは競争相手とは異なるユニークなものであり、顧客のあらゆる望み（豊富な選択肢、魅力的なデザイン、優れた機能性、独特のネーミング、手頃な価格など）を実現している。そして、自社ブランド製品（ＰＢ製品）の割合は、最終的に１００％を目指している。

e．従来の家具屋は地元製の家具を販売したが、ＩＫＥＡはまだ小規模の早い段階からグローバルな製品調達をおこなった。これは主に低コストを実現するためであった。（低コストの観点からは、主にアジアからの仕入を増加させた）世界数十カ国で多数のメーカーと提携し、各国に仕入事務所を開設して、条件のいい製造元を探し回っている。

f．従来の家具屋は、メーカーの家具を仕入れていたが、ＩＫＥＡは、会社独自の生産ラインを獲得（買収）した。これにより、高度なオートメーション化と大量生産を実現した。

g．従来の家具屋は非常に伝統的なデザインの家具を提供したが、ＩＫＥＡは社内外の優秀なデザイナーを活用しモダンな北欧スタイルを提示した。価格の安さがＩＫＥＡ成功の第一の要因だとすれば、第二の要因はデザインといわれている。さらに、スウェーデンに因んだ独特なネーミングにより、他社とは全く違うものだということをお客に伝えることができている。

h．従来の家具屋や家具を単体で売ったが（小規模な専門店）、ＩＫＥＡは店舗とカタログで実際の部屋をイメージしたルームセットを提示し、家全体の家具をまとめて揃えられるようにした（家にかかわるすべてのものを揃えた大型店）。

i．従来の家具屋は、単に商品を販売するだけだったが、ＩＫＥＡは子供用のプレイルーム、レストラン、そしてファミリー向けの様々なアクティビティを提供することで、家族全員に楽しい一日を提供した。

j．従来の家具屋は、市の中心部に店を構えたが、ＩＫＥＡは郊外に無料駐車場つきの大型店舗を建てた。

k．従来の家具のイメージは、一度買ったら当分は買い換えないものであったが、ＩＫＥＡの魅力は頻繁に家具を買い換えられることである。いわゆる「チェンジングルーム・ジュネレーション」（2年に一度トレンディーな安価な家具で家の模様替えをする人たち）を生み出したといわれている。ＩＫＥＡは、家具インテリアに対する人々の意識を変えることに粘り強く注力し、「1つの家具に執着するのはやめにして、家具も生活スタイルもどんどん変えていこう」というメッセージを送り続けた。こうしてＩＫＥＡは、すべての人々にライススタイルを提供する店となった。

他社とは違うやり方をするという文化・価値観のもと、ＩＫＥＡの独自性が企業活動のあらゆるところで具現化されていることがわかります。

Amazonの事例分析

図3・10　独自性抽出・集約シート：Amazon（主な項目を抽出）小売事業

顧客ニーズ
1. 欲しいものがすぐ買える・今までなかったものが買える **（品揃え・即注文）**
2. どこでもすぐ届く **（配送利便性）**
3. 安価で買える **（低価格、配送料無料）**
4. ショッピング体験(失敗したくない納得性のある買い物/日用品の買い物の煩わしさ解消)
5. エンターテインメント体験（よそにはないデバイス、デジタルコンテンツ）

プロセス／経営資源等	マーケティング	研究・開発	仕入調達	物流	販売	サービス
製品コンテンツ		1.3.5.PB商品 2.3.5.アマゾンプライム（コンテンツ）				
システムテクノロジー			1.サードパーティ支援制度	2.FBA（フルフィルメントバイAmazon） 4.日用品等自動補充	1.3.マーケットプレイス（ECシステム） 3.価格設定プログラム	4.ランキング 4.カスタマーレビュー 4.レコメンド
設備等ハード				2.フルフィルメントネットワーク	1.データセンター・サーバ等 2.実店舗（HF）	
活動	5.ユーザー体験を訴求したPR広告 1.AtoZロゴ		1.3.直接調達拡大			4.試着サービスWardrobe

Amazonの独自性抽出シートのポイントは、3点あります。

◆顧客体験（ユーザーエクスペリエンス）の価値向上を重視しているため、販売プロセスとサービスプロセスの独自性項目が多い。

◆世界最大の品揃えを供給する世界規模のフルフィルメントネットワークを保有するため、物流プロセスの独自性項目が多いこと

◆強みであるテクノロジーを駆使した数々のシステムに関する独自性項目が多いこと

改めて、代表的な独自性項目を個別に見ていきます（Amazonプライム、Echo&AlexaやKindle等の電子デバイス、ランキング・カスタマーレビュー・レコメンド等の各種サービスなど、すでに周知されている項目は除きます）。

●サードパーティ支援制度

世界最大の品揃えという理念を実現するために、サードパーティ（販売事業者）に対する販売支援やF

ＢＡサービス（物流支援）です。販売支援は、出品にはじまり、販促支援、各種分析支援、専任スタッフによる相談対応等です、

●ＦＢＡ（フルフィルメント by Amazon）

サードパーティに対して、Ａｍａｚｏｎの世界屈指の配送システムを活用し、商品の保管から注文処理・出荷・配送・返品に関するカスタマーサービスまでを提供するサービスです。

●フルフィルメントネットワーク

世界最大規模の物流施設を保有しており、陸海空すべての輸送手段（トレーラーだけでなく、航空機や船も用意）を所有しています。

コストセンターというよりも製造業並みのプロフィットセンターとして機能し、５Ｓに始まり、万全なセキュリティ対策も講じ、最新鋭の自動化を進めた独自の配送システムを構築しています。

●価格設定プログラム

ビジネスモデルの項でも記載しましたが、膨大な売れ筋データに基づく最安値を実現する価格設定プログラムを保持しています（１９９７年株式公開時の年次報告に記載）。

●試着サービス等の独自サービス

顧客体験（ユーザーエクスペリエンス）を高めるという理念実現のため、Wardrobe 試着サービスをはじめ、新たなサービスを順次展開しているので、代表的なサービスのみ記載しています。

●データセンター・サーバー等

データセンター・サーバー・ネットワーク機器等は、マーケットプレイスＥＣシステムのインフラス

図3・11　本業ＥＣシステムの主要インフラの貸し出し（外販）

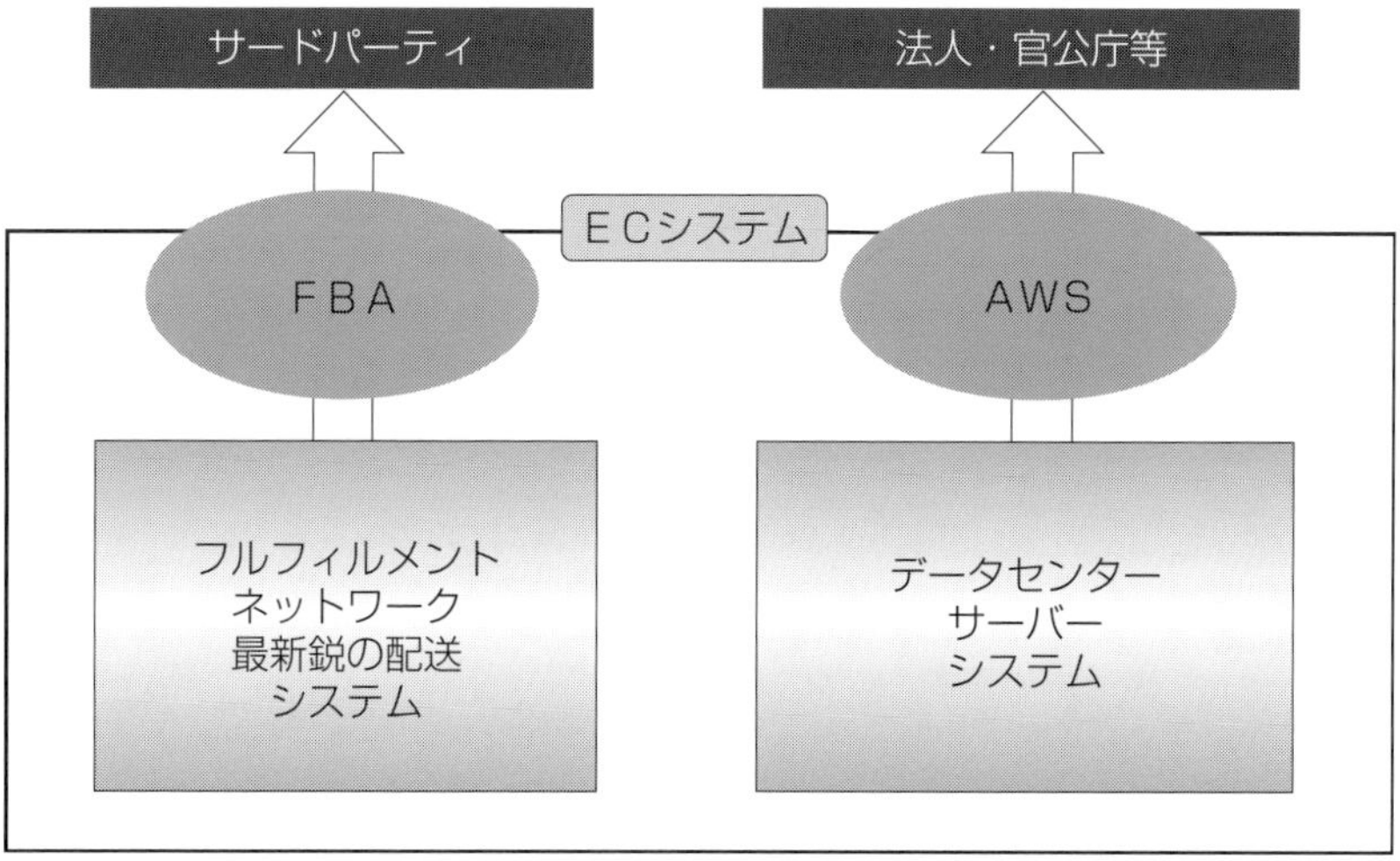

トラクチャーであり、ＡＷＳ事業に外販できるほどの強みを有するという意味で独自性の項目にあげています。

●実店舗（ホールフーズ・マーケット）

ホールフーズ・マーケットの実店舗を独自性の項目としているのは、単に実店舗の拡大だけでなく、Amazon Fresh に代表される生鮮品の供給基地としての意味を持つためです。ＦＢＡやＡＷＳが自社のインフラを貸し出したのに対して、外部のインフラを購入した例です。

★自社のインフラを貸し出すビジネスモデルの独自性

以上をふまえると、自社の物流システムやＥＣシステムを貸し出し、サードパーティビジネス（ＦＢＡ）やＡＷＳビジネスを構築したこと自体に独自性があると言えます。このことによって、固定費（物流費とテクノロジー＆コンテンツ費用）の回収を行い（販売数量単位あたりの固定費を最小化）、規模の利益を実現しています。

図３・12　独自性抽出・集約シート：Apple（主な項目を抽出）コンシューマビジネス（i冠製品）

顧客ニーズ
1．機能に優れ品質が良い
2．使いやすい・操作しやすい
3．デザインがよい
4．新製品が買いやすい（あまり待たずに買える）
5．**高級感・ステータス**が感じられる
6．様々な充実したアプリケーションサービスが利用できる
7．修理が安心して任せられる

経営資源等＼プロセス	マーケティング	研究・開発	部品仕入	組立	販売物流	サービス
製品サービス		1.マルチ機能 3.斬新デザインのi冠製品			6.App Storeでアプリ販売 6.音楽配信（Apple Music）	6.App Storeで無料アプリ提供 7.AppleCare
テクノロジー		1.6.iOS 2.マルチタッチ技術				
設備等				1.4.アウトソーシングパートナーに提供する機械装置(ファブレス)	5.ブランド化させたAppleストア 5.Apple独自のディスプレイ	
活動	5.Think differentブランドキャンペーン	3.有能なデザイナーの採用とデザインチームの組成	1.世界中のサプライヤーと取引 4.販売在庫情報に基づく仕入と最終組立企業へ供給(ジャストインタイム)	4.アウトソーシングパートナーに最終組立まで委託。（長期購買契約と前払によりコストダウン）	4.製品の輸送はコスト高の空輸で行い、販売店に直接納品する 5.上品なコンサルテーション	6.豊富なアプリケーションデベロッパにビジネスチャンスの提供

以上から、Ａｍａｚｏｎは、ビジネスの形態は、小売事業（ｅコマース販売）ですが、本質的には、物流企業であり、テクノロジー企業と捉えることができます。

Ａｐｐｌｅの事例分析　Ａｐｐｌｅの独自性抽出シートのポイントは３つあります。

●「最高のもの」を実現する独自性が随所にある

・研究開発プロセスにおける革新的な技術や斬新で優れたデザイン

・最高のもの作りをするために、世界中のサプライヤーとの取引（※）

・最高のものを安定的に量産するために、アウトソーシングパートナーに組立を一括して委託し、製造・組立に必要な製造機器を提供している。（ファブレス企業であるが一定の設備投資を行っている）。

●独自の製品&サービスの有機的連携によって独自のエコシステムを実現している
・i冠製品の継続的な開発
・魅力的なアプリ販売と音楽配信サービスによりしっかり顧客を囲い込み、i冠製品の継続買い換えを確実にし、顧客の生涯価値を高めている。
・アプリ販売に関しては、App Storeで数多くのデベロッパーを巻き込み、豊富で優れたアプリ開発の基盤を構築している
●ブランディングを重視していることが、多くの独自性を生み出している
・著名なデザイナー率いるデザインチームの組成
・高級ブランドを浸透させたAppleストアでの洗練された接客と丁寧なコンサルテーションが、顧客にステータスを感じさせている
・Amazon独自のディスプレイ

※サプライヤーとの取引について補足します。
Appleのニーズに合う最適なものを調達するという観点から、アジア、ヨーロッパをはじめ、世界の国々から調達しているのが特徴的です。Appleが公表しているApple Supplier Responsibility 2019 Supplier Listによれば、アジアが最も多く、日本は中国に次いで2番目の調達先となっています。また、主にアジアのサプライヤーとは、カスタムコンポーネントの調達を確保するために、長期供給契約を結び、前払いを行っています。

なお、活動の独自性項目のうちマーケティング、部品仕入、販売・物流のプロセスについては、１９９８ビジネスモデル大変革の事例の箇所で説明しているため、説明を省略します。

以上、Ａｐｐｌｅは、テクノロジー企業であり、ブランド品を提供する企業であることがわかります。

ステップ5　独自性確立のフレームワークを構築する

抽出した独自性をとりまとめ、顧客価値を向上させる独自性確立のフレームワークを説明します。

独自性確立&顧客価値向上シート

ＩＫＥＡ、Ａｍａｚｏｎ、Ａｐｐｌｅ等の事例の考察から、独自性を実現するには、大前提として、理念（ビジョン）や価値観・文化を明確に定めそれを会社全体に浸透させること、さらに理念や価値観に独自性の視点や顧客価値のコンセプトを反映させていることがいかに重要かということがわかります。

また、３社の価値観・文化の中にはいずれも、

・他社と違うことをする
・誰もできないことをやる
・世界を変える
・常識にとらわれない

という独自性を重視する姿勢が示されていることもポイントです。

このような理念、文化や価値観が、独自性のある製品や独自の活動を生み出す環境（インフラ）・バックボーンとして存在していると言えます。

IKEA、Amazon、Appleをはじめ独自性を確立している様々な企業を分析・検討した結果、考案した独自性確立&顧客価値向上のフレームワーク「独立性確立&顧客価値向上シート」を**図3・13**に示します。

これまで説明してきた要素（理念・価値観、顧客ニーズ、強み、独自性、顧客価値）をすべて網羅したシートであり、独自性確立の総まとめとして、利用することができます。

独自性を確立し、顧客価値を向上するには、以下の7つの要素を設定し、ポイントを簡潔に記載することが大切です。

〈理念（使命感・ビジョン）〉

大前提となるのは理念です。我が社でしか成し得ないことをするという強い思いが会社全体に行き渡っている状態にあってはじめて、独自性の道に進むことができます。

〈価値観・文化〉

そもそも価値観はその会社固有のものであり、ユニークなものと言えます。

文化は、理念を実現するインフラです。また、会社の原則、制度やルールも含まれます。

〈強み〉

ここでいう強みは、根源的な強みです。つまり、結果でなく根源的な能力、個々の能力を束ねた統合

図3・13　独自性確立＆顧客価値向上シート

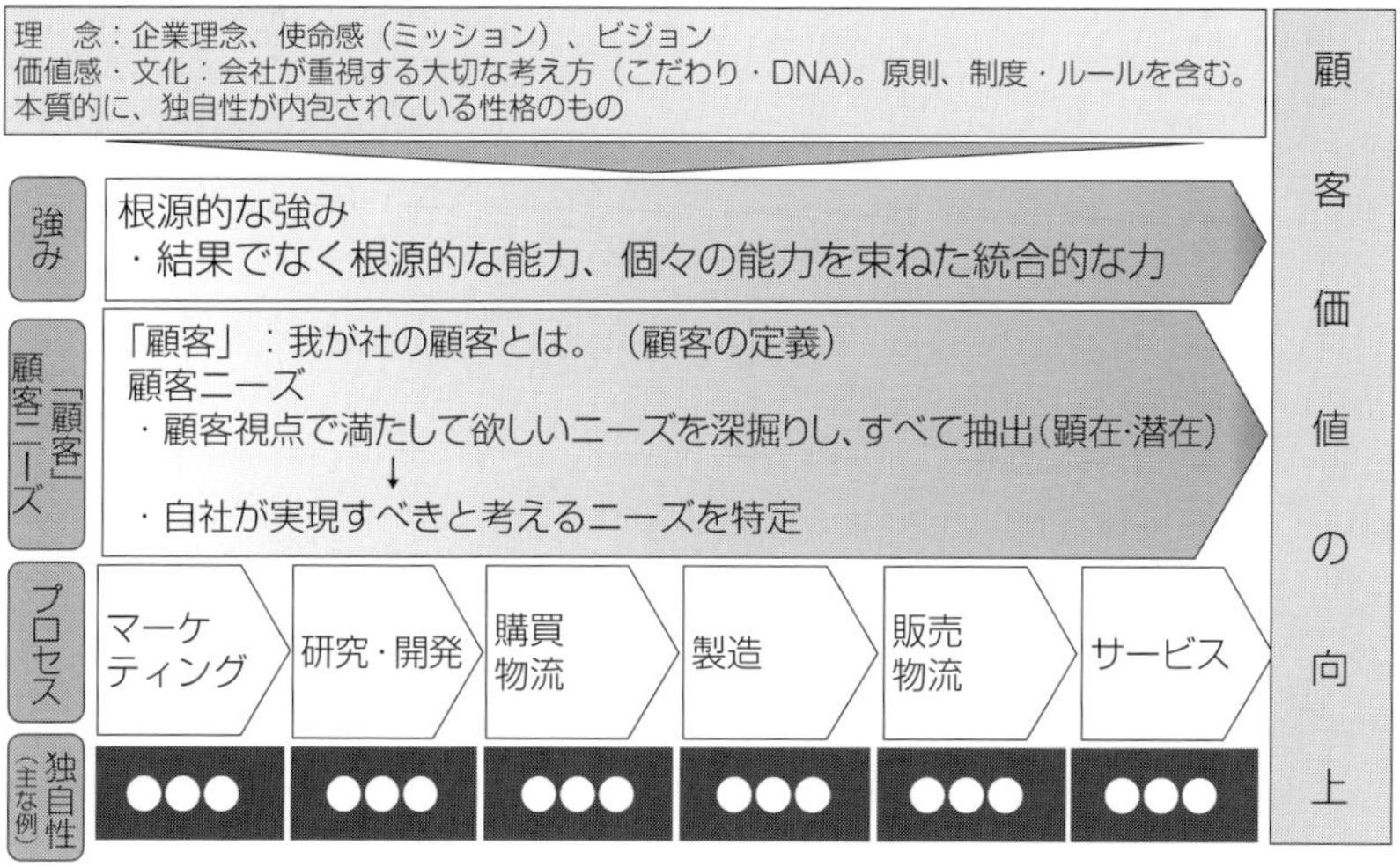

的な力や仕組みになります。この根源的な強みがベースとなって、具体的な独自性（製品、技術、活動等）を作ることができます。

〈顧客〉

会社のターゲット顧客（強みを活かせる顧客・価値を提供できる顧客）を明確にします。

〈顧客ニーズ〉

顧客ニーズは、顕在的なものだけでなく、潜在的なニーズも含めすべて抽出し、深掘りすることが必要です。その中で、会社が実現したい顧客ニーズを特定します。

〈プロセス〉（顧客ニーズ）

顧客価値を生み出すプロセスを特定します。

なお、ケースによっては、独自性との対応関係が明瞭にわかるように、プロセスでなく顧客ニーズそのものを記載することがあります。

プロセスを記載する意味は、顧客価値を生み出す流れを確認することが重要であることと、後述する独自性指標（ＵＰＩ）を設定しやすくなることがあげられます。

〈独自性〉

独自性には、主に、独自の製品・サービス、独自のシステムや設備、独自の活動等、その企業特有の切り口での項目があげられます。具体的には、前項で説明した独自性抽出シートを参照ください。

独自の製品・サービスについて補足します。

独自の製品やサービスは、その会社を象徴するようなものであることが望ましく、自社の強みを磨き上げることが開発のポイントです。

また、全く新しい製品・サービス（イノベーションを実現した製品・サービス）である必要はありません。もちろん、新しい製品・技術・サービスであれば明らかな差異化（圧倒的な差別化）になりますが、そうでなくても、他社がやらないようなサービスを行ったり、自社の特長・固有の技術を駆使した製品であること、つまり、ユニークさがポイントです。

独自性は、それがどのプロセスに対応したものであるかを確認し、プロセス毎に記載します。

また、どの顧客ニーズを実現したものであるか、その対応関係がわかるように記載します。

※独自性は、業種によって異なり、すべてのプロセスで該当する業種もあれば、技術開発メーカーのように研究開発や製造プロセス等特定のプロセスで該当する業種もあります。

また、ケースによっては、独自性を構成する強み（具体的な強み・発揮された強み）を記載する場合もあります。

図3・14 〈IKEA〉 独自性確立&顧客価値向上シート

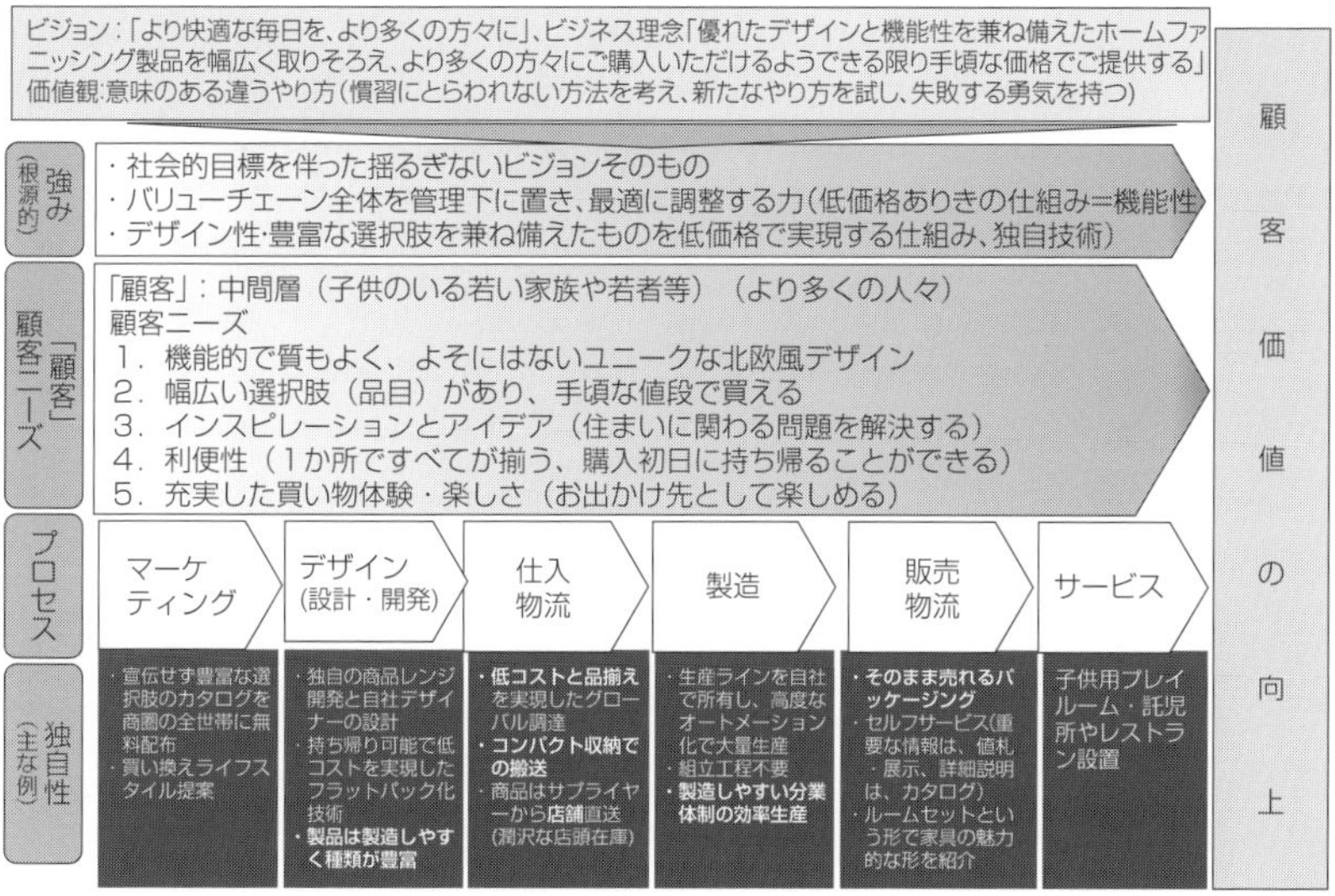

ビジョン：「より快適な毎日を、より多くの方々に」、ビジネス理念「優れたデザインと機能性を兼ね備えたホームファニッシング製品を幅広く取りそろえ、より多くの方々にご購入いただけるようできる限り手頃な価格でご提供する」
価値観：意味のある違うやり方（慣習にとらわれない方法を考え、新たなやり方を試し、失敗する勇気を持つ）
強み（根源的）
・社会的目標を伴った揺るぎないビジョンそのもの
・バリューチェーン全体を管理下に置き、最適に調整する力（低価格ありきの仕組み=機能性
・デザイン性・豊富な選択肢を兼ね備えたものを低価格で実現する仕組み、独自技術）
「顧客」顧客ニーズ
「顧客」：中間層（子供のいる若い家族や若者等）（より多くの人々）
顧客ニーズ
1．機能的で質もよく、よそにはないユニークな北欧風デザイン
2．幅広い選択肢（品目）があり、手頃な値段で買える
3．インスピレーションとアイデア（住まいに関わる問題を解決する）
4．利便性（1か所ですべてが揃う、購入初日に持ち帰ることができる）
5．充実した買い物体験・楽しさ（お出かけ先として楽しめる）
プロセス
マーケティング
デザイン（設計・開発）
仕入物流
製造
販売物流
サービス
独自性（主な例）
・宣伝せず豊富な選択肢のカタログを商圏の全世帯に無料配布
・買い換えライフスタイル提案
・独自の商品レンジ開発と自社デザイナーの設計
・持ち帰り可能で低コストを実現したフラットパック化技術
・製品は製造しやすく種類が豊富
・低コストと品揃えを実現したグローバル調達
・コンパクト収納での搬送
・商品はサプライヤーから店舗直送（潤沢な店頭在庫）
・生産ラインを自社で所有し、高度なオートメーション化で大量生産
・組立工程不要
・製造しやすい分業体制の効率生産
・そのまま売れるパッケージング
・セルフサービス（重要な情報は、値札・展示、詳細説明は、カタログ）
・ルームセットという形で家具の魅力的な形を紹介
子供用プレイルーム・託児所やレストラン設置
顧客価値の向上

顧客価値

上記、7つの要素を確立してはじめて、独自の価値が実現でき、顧客価値を向上させることができます。

独自性は他社との差異化（ちがい）が重要な要件ですが、絶えず次の問いを意識することが重要です。

「そのちがいは、顧客に価値を提供しているか」

顧客にとっての価値を向上し最大化を目指すことが独立性確立のゴールです。

IKEA、Amazon、Appleの事例を確認すれば、さらに理解が深まると思いますので、各社の独自性確立&顧客価値向上シートを**図3・14**から**図3・17**まで順に示します。

Amazonの独自性確立シート（図3・15）では、プロセスの欄を、実現する顧客ニーズとしています。顧客ニーズは、顧客体験を高めるという観点で設定されています。

さらに、Amazon特有のフライホールとの関係も示したいと思います。このことにより、独自性の確立、顧客価値の向上、事業の成長の3つが、一体的に機能し有機的につながっていることを示すことができます（図3・16）。

図3・15 〈Amazon（小売事業）〉独自性確立＆顧客価値向上シート

理　念：「地球で最も顧客を大切にする企業（最も顧客中心の企業）を目指す」「地球上で最も豊富な品ぞろえを実現する」
価値観：4つの原則ー顧客に執着すること、発明への情熱、運用の卓越性へのコミットメント、長期的思考。イノベーションと失敗は「切り離せない一対」。賢く費やし無駄のない倹約の文化を維持・強化する。

根源的な強み
・理念と価値観そのもの
・形は小売（eコーマス）だが、本質はロジスティクス企業＆テクノロジー企業
ロジスティクス：最先端のシステム・設備で自動ライン化され、最先端のハード・ソフトを備えた物流能力。プロフィットセンターとして機能する「製造現場」
テクノロジー：膨大な受注・配送量と複雑な処理と管理を支えているコンピュータ能力（AWSとして外販）。AIベースのシステム、自動化、音声認識等のイノベーションを実現する技術力

「顧客」顧客ニーズ
「顧客」：消費者、生活者、小さな顧客
1. 欲しいものが買える・今までなかったものが買える（**品揃え・即注文**）
2. どこでもすぐ届く（**配送利便性**）
3. 安価で買える（**低価格、配送料無料**）
4. ショッピング体験（失敗したくない納得性のある買い物/日用品の買い物の煩わしさ解消）
5. エンターテインメント体験（よそにはないデバイス、デジタルコンテンツ）

実現する顧客ニーズ	1欲しいものがすぐ買える	2どこでもすぐ届く	3安価で買える	4ショッピング体験（利便性）	5エンタメ体験（利便性）
独自性（主な例）	・地球一の品揃えと商品数を誇るマーケットプレイス（MP） ・圧倒的な品揃え（ユニークさ）を実現するサードパーティ販売制度	・地球規模で最先端のフルフィルメントネットワーク ・通常2日配送。プライム会員は、翌日・即日配送を実現 ・実店舗ホールフーズ（HF）所有	・安価を維持する価格設定プログラム ・サプライヤーからの直接調達・割引により安価調達 ・サードパーティ収入で安価販売を支援	・ランキング・レコメンド機能とカスタマーレビュー機能 ・日用品等の自動補充 ・試着サービスによる買い物	・アマゾンの最高傑作「アマゾンプライム」（映画、テレビ番組、音楽等）

顧客価値の向上

図3・16 〈Amazon（小売事業）〉独自性確立＆顧客価値向上シート
★独自活動は、弾み車に組み込まれ、事業が成長する

実現する顧客ニーズ	1欲しいものがすぐ買える	2どこでもすぐ届く	3安価で買える	4ショッピング体験（利便性）	5エンタメ体験（利便性）
独自性（主な例）	・地球一の品揃えと商品数を誇るマーケットプレイス（MP）① ・圧倒的な品揃え（ユニークさ）を実現するサードパーティ販売制度⑤	・地球規模で最先端のフルフィルメントネットワーク⑥ ・通常2日配送。プライム会員は、翌日・即日配送を実現 ・実店舗ホールフーズ（HF）所有①	・安価を維持する価格設定プログラム。 ・サプライヤーからの直接調達・割引により安価調達① ・サードパーティ収入で安価販売を支援⑥	・ランキング・レコメンド機能とカスタマーレビュー機能。 ・日用品等の自動補充。 ・試着サービス②	・アマゾンの最高傑作「アマゾンプライム」（映画、テレビ番組、音楽等）②

顧客価値の向上

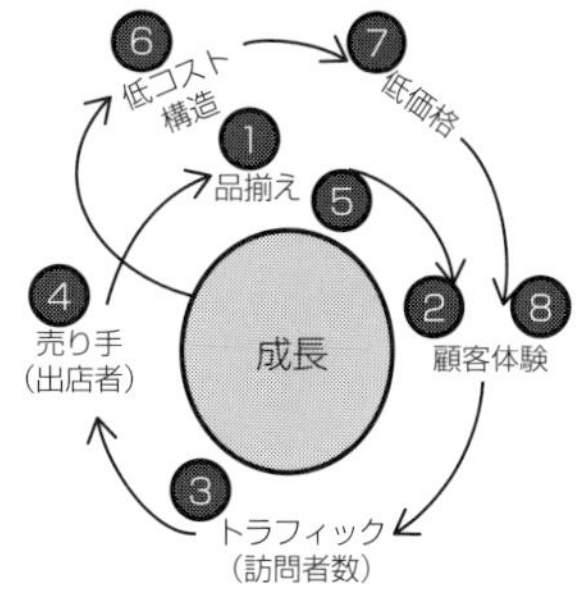

<1つめのサイクル>★独自活動が組み込まれる
①品揃えと利便性（配送）を向上し、かつ低価格を実現する。
②顧客体験（顧客満足）を高め、顧客の信頼を得る。
③訪問者数（客数）が増える。
④アクセス増加により販売者（出店者）が集まる。
⇒サードパーティ販売制度
⑤結果、さらに品揃えが増えて事業（売上・顧客数）が成長する。
<2つめのサイクル>★独自活動が組み込まれる
⑥事業が成長すると規模の経済（スケーラビリティ）で低コスト構造が実現。つまり、フルフィルメントネットワークやウェブサイトの運営に必要なサーバー等の固定費を有効活用・回収。さらにサードパーティ売上で低価格販売を支援。
⑦結果、継続的な低価格を実現する。
⑧さらに顧客体験が向上する。

事業の持続成長（顧客数・売上・営業利益）

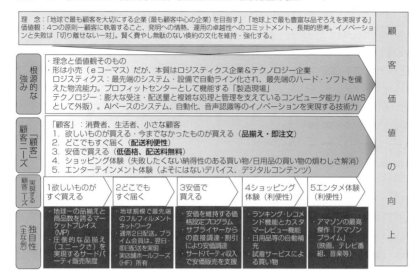

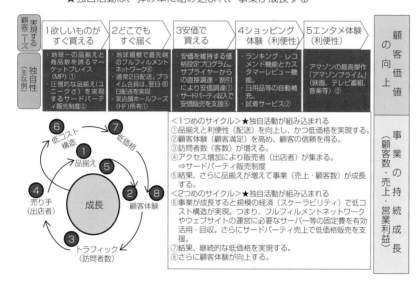

図3・17 〈Apple〉独自性確立＆顧客価値向上シート

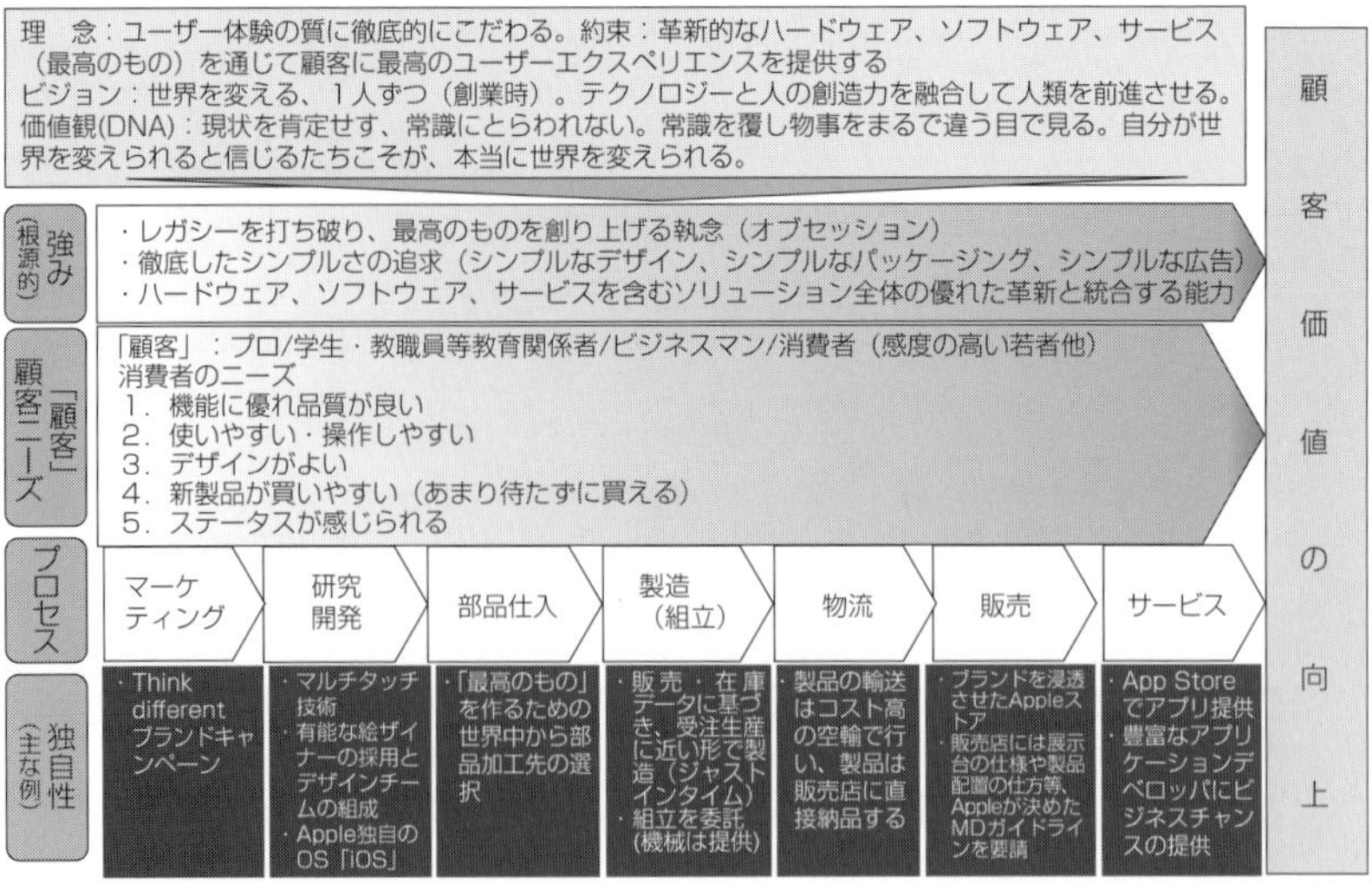
理　念：ユーザー体験の質に徹底的にこだわる。約束：革新的なハードウェア、ソフトウェア、サービス（最高のもの）を通じて顧客に最高のユーザーエクスペリエンスを提供する
ビジョン：世界を変える、1人ずつ（創業時）。テクノロジーと人の創造力を融合して人類を前進させる。
価値観(DNA)：現状を肯定せず、常識にとらわれない。常識を覆し物事をまるで違う目で見る。自分が世界を変えられると信じるたちこそが、本当に世界を変えられる。
顧客価値の向上
強み（根源的）
・レガシーを打ち破り、最高のものを創り上げる執念（オブセッション）
・徹底したシンプルさの追求（シンプルなデザイン、シンプルなパッケージング、シンプルな広告）
・ハードウェア、ソフトウェア、サービスを含むソリューション全体の優れた革新と統合する能力
「顧客」顧客ニーズ
「顧客」：プロ/学生・教職員等教育関係者/ビジネスマン/消費者（感度の高い若者他）
消費者のニーズ
1．機能に優れ品質が良い
2．使いやすい・操作しやすい
3．デザインがよい
4．新製品が買いやすい（あまり待たずに買える）
5．ステータスが感じられる
プロセス
マーケティング
研究開発
部品仕入
製造（組立）
物流
販売
サービス
独自性（主な例）
・Think different ブランドキャンペーン
・マルチタッチ技術
・有能な絵ザイナーの採用とデザインチームの組成
・Apple独自のOS「iOS」
・「最高のもの」を作るための世界中から部品加工先の選択
・販売・在庫データに基づき、受注生産に近い形で製造（ジャストインタイム）
・組立を委託（機械は提供）
・製品の輸送はコスト高の空輸で行い、製品は販売店に直接納品する
・ブランドを浸透させたAppleストア
・販売店には展示台の仕様や製品配置の仕方等、Appleが決めたMDガイドラインを要請
・App Storeでアプリ提供
・豊富なアプリケーションデベロッパにビジネスチャンスの提供

独自性の欄の番号は、フライホールの番号を意味しており、独自性がフライホールに組み込まれていることを確認することができます。

なお、独自性が確立すれば、顧客価値が向上し、顧客価値が向上すれば、事業が成長するという流れは、ＩＫＥＡやＡｐｐｌｅにも同様のことが言えます。

図3・18　顧客ニーズ×独自性＝顧客価値の向上

①「より多くの顧客ニーズ」を「より多くの独自性」で実現した時に「顧客価値は向上」
②「実現困難な顧客ニーズ」を「予想外の独自性」で実現した時に「顧客価値は向上」

顧客ニーズを独自性で実現した時に顧客価値は向上する

独自性確立&顧客価値向上シートの最終目的は、独自性を実現することによって、顧客にとっての価値を向上させることにあります。通常のやり方や製品では、平均的な価値を提供するにとどまりますので、顧客価値を向上させるには、独自性、すなわち「他社と異なる優れたやり方やもの（独自の技術や製品等）」で、顧客ニーズを実現することがポイントです。

改めて、以上の関係性を表すと次のようになります。

顧客ニーズ×独自性＝顧客価値の向上

図で示すと**図3・18**のようになります。

ＩＫＥＡの例

①の例として、ＩＫＥＡの事例を改めて確認します。

ＩＫＥＡは、競合他社に比べてより多くの顧客ニーズを実現しようとしました。

競合他社は、顧客ニーズの1つか2つに焦点を合わせています。

・大通りの店は、デザインとインスピレーションを重視する
・郊外の安売り店は価格を重視する
・デパートは、豊富な選択肢を重視する

ＩＫＥＡは以下5つのニーズをすべて実現してたため、顧客価値を大きく向上させました。

1. 機能的で、よそにはないユニークな北欧風デザイン
2. 幅広い選択肢（品目）があり、手頃な値段で買える
3. インスピレーションとアイデア（住まいに関わる問題を解決する）
4. 利便性（1か所ですべてが揃う、購入初日に持ち帰ることができる）
5. 充実した買い物体験・楽しさ（お出かけ先として楽しめる）

Ａｐｐｌｅの例

②の例として、Ａｐｐｌｅの事例を改めて確認します。

Ａｐｐｌｅは、実現が困難な顧客ニーズにチャレンジしました。

・既存の携帯電話にアプリによって異なる最適なボタンを追加したいができない。
・それならボタンをすべて取っ払い、すべてのインタフェースを表示できる巨大な画面にしたが、どう操作したらいいかわからない。

どう操作するか、皆が生まれながらに持っている世界最高のデバイス「指」で操作することを思いつき、独走的な新技術を開発しました。

「名は〝マルチタッチ〟。魔法のように機能する。スタイラスいらず、極めて高い精度。ミスタッチには反応しない。複数の指を感知。特許も取得済み！」（スティーブ・ジョブズによるiPhone発表プレゼン（2007年01月09日開催）より）

これによって、今まで実現が困難とされてきた顧客ニーズを予想外の独自性で実現したのです。

今まで、IKEA、Amazon、Appleの事例を中心に述べてきましたが、いずれもその業界の最大手として、著しい成長を実現しています。

しかし、独自性というものは本来、規模に関係ないものです。

会社独自のやり方で顧客にとっての価値を提供すること、顧客価値の向上が最も大事です。独自性は、顧客価値の向上・最大化を実現するための強力な手段であるとともに、売上・利益（キャッシュ）をもたらします。

そして独自性は強みを磨き上げたところに実現しますが、独自性の根源的ベース（土壌）は、理念・価値観です。

「経営理念の重要性はわかるが、所詮お金にはならない」との声をよく聞きます。しかし、独自性は、理念をベースに生まれ、顧客価値を実現・向上させることによって、売上・利益（キャッシュ）を獲得できます。

つまり、経営理念はお金になります、キャッシュを生み出す源です。

読者の皆様の企業でも、この独自性確立&顧客価値向上シートを活用していただき、自社における独自性の確立の参考にしていただければ幸いです。

次の第4章では、独自性がいかに売上・利益（キャッシュ）につながるのかということを、指標（独自性指標UPIや顧客価値指標CVI）を用いて説明していきます。

第3章のまとめ

●独自性を確立するステップは5つある。

●まずもって強みに集中する（余計なものはすてる）ことが重要である。

●独自性確立の大前提は、顧客にとっての価値・提供価値は何かを明確にすることである。

●顧客価値は、顧客ニーズに対して独自の価値提案を行い、独自性で顧客ニーズを実現することにより向上させることができる。

●独自性は、使命感を意識するとともに、他社との差異化（他社と異なる優れたやり方や技術、製品・サービス）を実現することがポイントである。

●独自性を抽出する（見い出す）には、顧客ニーズと強みに焦点を当て、シンプルなフォーマットを活用して、抽出・集約する。

●独自性を確立し、顧客価値を向上させるために、核となる一連の要素によって構成されたフレームワーク（独自性確立シート&顧客価値向上シート）を活用し、会社独自のやり方で独自性を構築することが、重要である。

第4章

結果を残す会計力

独自性経営が売上・利益を向上させる

「独自性×会計」の体系図

第3章の最後で、独自性確立シートの説明をしました。

本項では、「独自性が、売上・利益を向上させる」ことを証明する「独自性×会計」の枠組み・体系図を説明していきます。

図4・1は、前章で説明した独自性確立シートをベースにして、経営指標と独自性指標、顧客価値指標の項目を追加した「独自性×会計」体系図です。

経営指標

経営理念・価値観の欄には、理念・価値観の実現に直結する経営指標を記載します。

第1章でみてきたように、経営指標は、経営理念が実現できたかを確認するための指標です。

図４・１　「独自性×会計」体系図
：経営指標・独自性指標・顧客価値指標が、売上・利益を向上させる

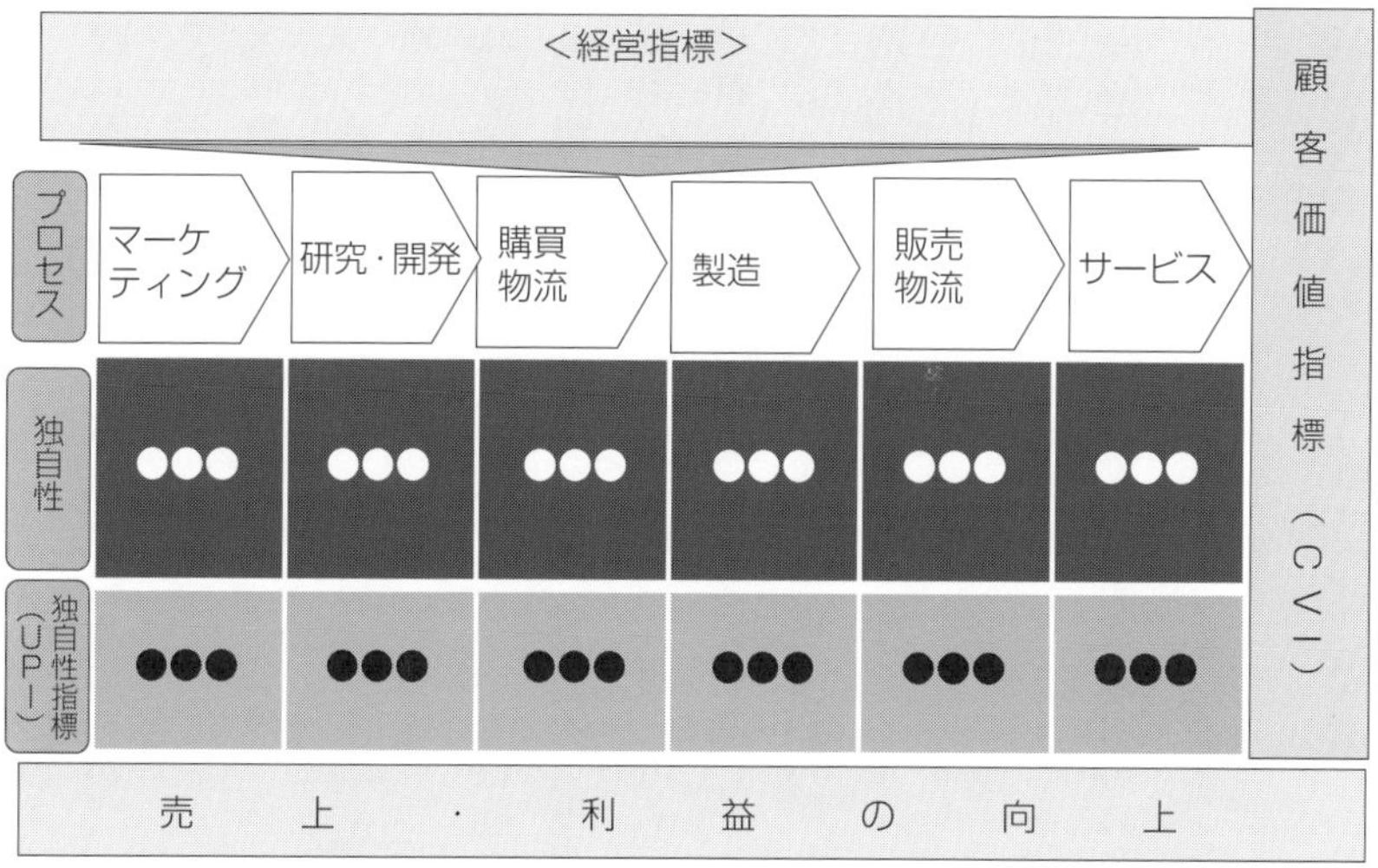

独自性指標ＵＰＩ（UPI：Unique Performance Indicator）

先に、個別プロセス毎に独自性を示しましたが、その独自性を実現した結果、それが経営指標の実現や売上・利益にどのように結びついたか（貢献したか）を明らかにすることが重要です。ＵＰＩは、独自性の発揮を数字で確かめる指標であり、経営指標を実現し、売上・利益を向上させる指標です。

例えば、Ａｍａｚｏｎの独自性の象徴であるＡｍａｚｏｎプライムを取り上げると、プライムが認知・浸透するほど会員は増えていきますので、プライム会員数がＵＰＩとなります。

顧客価値指標（CVI：Customer Value Indicator）

「顧客価値の向上」の欄には、顧客にとっての価値を表す数値指標を記載します。

この指標は、顧客価値が向上しているかを確認するための指標であります。

またこの体系図におけるCVIは、売上・利益の向上につながる指標を設定しますので、基本的に、顧客価値指標になる要素としては、主に4つの項目があげられます。

・客数（会員数も含む）
・購入回数（購入頻度）
・購入点数
・価格

いずれも売上の向上につながり、ひいては利益の向上にもつながります。価格については、高価格戦略の場合は直接利益（粗利益）の向上につながりますが、低価格戦略の場合でも、客数・販売数量の拡大により規模の経済が働き単位あたり固定費が低くなれば、売上・利益（粗利益・営業利益）の向上になります。

上記項目の優先順位は、ビジネスの戦略によって異なります。

Amazon、IKEAのような低価格戦略（コストリーダーシップ戦略）の場合は、第一に低価格&客数、第二に購入回数・購入点数となります。

一方、Appleのように高価格戦略（差別化戦略）の場合は、第一に高価格、第二に販売数量（客数・買換頻度）となります。

価格の指標は、平均販売単価の高さが用いられます。

※顧客価値指標の全体像・概要については、コラムに記載しましたのでご参照ください。

図４・２　ＩＫＥＡ「独自性×会計」体系図

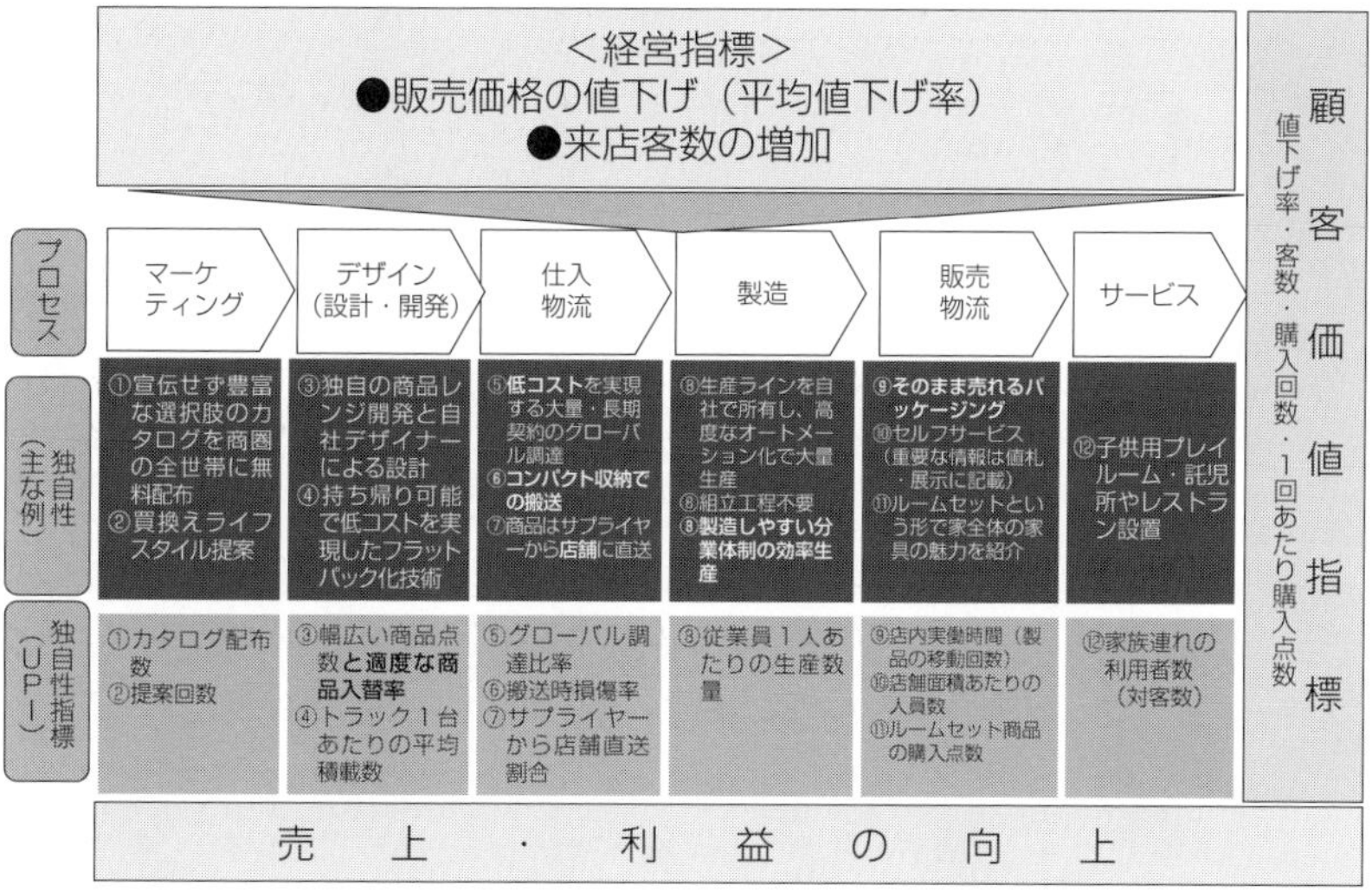

ＩＫＥＡの事例分析

ＩＫＥＡの「独自性×会計」体系図を作成します。以下、順番に説明していきます。

経営指標

第１章で説明しましたが、経営指標は販売価格の値下げ率と客数の増加です。そして、経営指標を実現する主な独自性は次のとおりです。

値下げに関しては、低価格のデザイン、低コストを実現するグローバル調達、物流費・販売費を削減するフラットパック化技術等の独自性があります。

客数については、顧客関連プロセスとして、マーケティングとサービスに記載した独自性（充実したカタログ配布や子供用プレイルーム等）があります。

独自性指標ＵＰＩ

（マーケティングの独自性指標ＵＰＩ）

・幅広い選択肢の商品カタログを、商圏の全世帯に配布することにより、多くの若年層顧客に魅力的な商品レンジを訴求できた結果、来店客数が増加します。
⇓カタログをどれだけ配布できたかが、客数に貢献しますので、カタログ配布数がＵＰＩとなり、確認すべき指標になります。
・さらに、買換えのライフスタイル提案により、購入回数が増えます。
⇓買換えの提案がどれだけできたかが、購入回数に貢献しますので、提案回数がＵＰＩとなり、確認すべき指標になります。
∴この結果、販売数量（客数&購入回数）が増えることにより、売上増加に寄与します。

（設計・開発の独自性）
・独自の商品レンジとデザイナー設計により、幅広い商品点数と新商品が実現し、購入回数や1回あたりの購入点数が増加します。
⇓幅広い商品点数と新商品の導入率（商品入替率）がＵＰＩとなり、確認すべき指標になります。ＩＫＥＡの年次報告では、商品の入替率（20％超）が開示されています。
・家具のフラットパック化や梱包材の削減により、スペースが必要な既製品に比べてより多くの家具が積め、トラック等の必要台数（輸送回数）が少なく済みます。その結果、劇的に輸送費を削減することに成功しています。
⇓トラック等1台あたりの平均積載数がＵＰＩとなり、確認すべき指標になります。

∴この結果、物流費が削減し、販売価格の値下げに寄与します。

（仕入・物流の独自性）

・アジアや東欧等安い生産拠点でのグローバル調達比率が高ければ、仕入コストが削減できます。グローバル調達比率がＵＰＩとなり、確認すべき指標になります。

・フラットパックでのコンパクト包装輸送により、損傷が激減し、保険料が減少する。さらに鉄道や船での輸送も可能となり、燃料費が節約され輸送費が削減できます。

⇒搬送時損傷率がＵＰＩとなり、確認すべき指標になります。

・サプライヤーから店舗（標準が大型店舗）に直納すれば、物流センターを経由する必要がないので、輸送量（輸送回数）を削減でき、物流費が削減できます。

⇒サプライヤーから店舗直送割合がＵＰＩとなり、確認すべき指標になります。

∴この結果、仕入原価・物流費・保険料が削減し、販売価格の値下げに寄与します。

（製造の独自性）

・自社所有（swedwood）の生産ラインと高度なオートメーション化により、大量生産が可能となり、労務費等が削減し単位あたり製造原価の削減ができます。

・フラットパック化技術（ノックダウン式の部品キッド）により、組立加工費自体をなくすこと（製造原価を削減）に成功しています（組立は顧客が実施）。

・モジュール式の設計とノックダウン式の部品キッドにより、分業体制の効率生産となり、単位あたり製造原価が削減できます。

⇓自動化、組立工程をなくせたこと、また分業体制の効率生産が、生産性を大幅に増加させ、製造原価を削減できたため、従業員1人あたりの生産数量がUPIとなり、確認すべき指標になります。

∴この結果、製造コストが削減し、販売価格の値下げに寄与します。

（販売・物流の独自性）

・商品は直接売り場に届けられ、商品化作業が無くなります。商品の店内移動回数と店内実働時間が減れば、結果的に店舗人員（倉庫人員）が抑えられ、店舗人件費（物流費）が減少します。

⇓店内移動回数と実働時間がUPIとなり、確認すべき指標になります。

・セルフサービスにより、店舗人件費（販売費）が削減できます。

⇓セルフサービスということは販売員等の人数が少なくできますので、店舗面積あたりの人員数がUPIとなり、確認すべき指標になります。

・ルームセット提案により、購入点数（販売数量）が増えます。

⇓ルームセット商品の購入点数がUPIとなり、確認すべき指標になります。

∴この結果、販売費が削減し販売価格の値下げと、売上増加（販売数量増加）に寄与します。

（サービスの独自性）

・顧客に喜ばれる充実したサービス（プレイルーム・託児所・レストラン）の提供により、来店客数が増加します。

⇒サービス施設の利用者数（客数に対する利用比率）がUPIとなり、確認すべき指標になります。

∴この結果、販売数量が増えることにより、売上増加に寄与します。

以上、各プロセスの独自性をみてきました。

独自性指標UPIをしっかり意識して活動することが、経営指標の実現（平均販売価格の値下げと客数増加）に寄与し、および売上・利益の向上につなげることができます。

顧客価値指標CVI

ＩＫＥＡの場合のＣＶＩは、４つあります。

ⅰ　値下げ率

ⅱ　客数

ⅲ　購入回数

ⅳ　１回あたり購入点数

これらがＣＶＩになるのは、いずれも顧客にとっての価値を表すものであるからです。

ⅰ値下げの継続や一定の値下げ率は顧客に価値を提供します。

ⅱ客数、ⅲ購入回数、ⅳ購入点数は、いずれも独自性を実現して顧客に価値を提供した証です。

図4・3　Amazon（小売事業）「独自性×会計」体系図

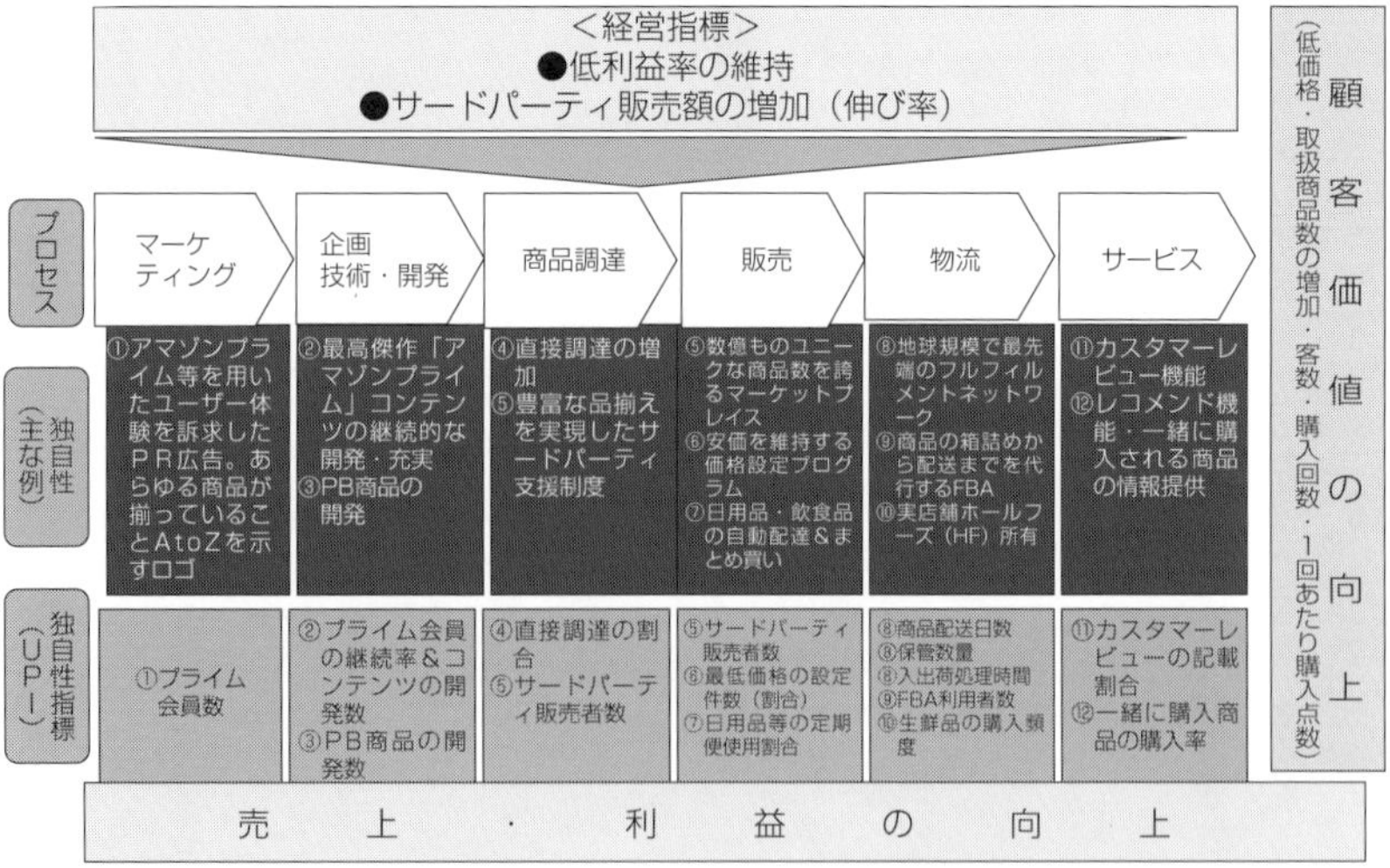

ちなみに、ⅰ値下げ率とⅱ客数は、経営指標でもあります。経営指標が経営理念を実現するものであり、IKEAの理念・ビジョンがより多くの方々（顧客）のためにあることから、経営指標と顧客価値指標は同じになります。

Amazonの事例分析

Amazonの「独自性×会計」体系図を作成します（図4・3）。

以下、順番に説明していきます。

経営指標

1つ目の経営指標、「低利益率の維持」は、第1章から説明してきているとおりです。これを可能にしている主な独自性は、Amazonプライム（サブスク収入）、サードパーティ支援制度（手数料収入）、安価を維持する価格設定プログラム等です。

2つ目の経営指標、「サードパーティ販売額の増加（伸び率）」も、第1章から説明してきているとおりです。これを可能にしている主な独自性は、サードパーティ販売支援や、サードパーティにとって魅力的なＦＢＡプログラムに加えて、世界最大の品揃え（数億もの製品）の入出荷を実現する地球規模で最先端のフルフィルメントネットワークです。

独自性指標ＵＰＩ

（マーケティングの独自性指標ＵＰＩ）

Ａｍａｚｏｎプライムは、Ａｍａｚｏｎの最高傑作と言われ、顧客体験を最大限に高めるサービスです。このプライムの圧倒的なコンテンツ・高いコストパフォーマンスを訴求するＰＲ広告などにより、非会員の興味が惹かれ、会員数が増えていくため、プライム会員数がＵＰＩとなります。会員数が増えると高利益率のサブスクリプションサービス収入が増えるため、売上・利益の向上につながります。プライム会員数は、2019年12月に、1億5千万人を超えたと公表されました。

また、プライム会員は非会員に比べて、送料が無料ですぐに届くこと等、様々なメリットがあるため、購入回数（購入頻度）、購入金額（購入点数）が高い水準にあると言われています（この点について、プライムの調査結果については後述します）。

∴この結果、プライムのサブスク収入が増え、経営指標の低利益率の実現を支えています。

（企画・技術・開発の独自性指標ＵＰＩ）

プライムのコンテンツの継続的な開発・充実等により、プライム会員の解約は極めて低い水準と言われています。したがって、プライム会員継続率とコンテンツ開発数がUPIとなります。また、Amazon Basics（低価格&高品質）に代表されるPB商品の開発が、顧客の新たな購買意欲を掻きたて、購入回数を増やすことにより、売上を向上させるため、PB商品の開発数がUPIとなります。

∴この結果、プライムのサブスク収入が維持されます。

（商品調達の独自性指標UPI）

サプライヤーからの直接調達を増やすことで割引を増やして、コストダウンを図っているので、直接調達割合がUPIとなります。また、豊富でユニークな品揃えを有する多くのサードパーティの出品を増やすことで、より多くの商品の品揃えを実現でき、さらなる客数の増加につながるため、サードパーティ販売者数がUPIとなります。

∴この結果、経営指標のサードパーティ販売額が増加します。

（販売の独自性指標UPI）

数億ものユニークな商品数を支えるのは、サードパーティの豊富な出品によるものであるため、サードパーティ販売者数がUPIとなります。また安価を維持する価格設定プログラムにより、最低価格の設定ができるため、この最低価格の設定件数（設定割合）がUPIとなります。これらの豊富な品揃えと低価格の運用により、客数が集まり売上が増加していきます。

さらに、購買頻度（購買回数）を向上させるため、日用品や食料品等で自動配達（定期お得便）を行っており、これが売上を増加させているため、定期便使用割合がUPIとなります。

∴この結果、経営指標のサードパーティ販売額が増加するとともに、低利益率を維持します。また、客数や購買回数が増加するため、売上が向上します。

（物流の独自性指標UPI）

世界最大規模で最先端のフルフィルメントネットワークを保持しているため、配送スピードが向上し、商品の保管能力（保管数量）が向上します。配送スピードとしては、通常2日配送、プライム会員であれば基本翌日配送、当日配送も可能となります。またフルフィルメントセンターの規模（面積）については、ビジネスモデルの章で記載したとおりで、最大規模を誇るため、豊富な品揃えの数多くの商品の保管を可能にしています。

最先端の具体的な内容としては、Amazon Robotics があげられます。Amazon Robotics とは、商品棚の下に「ドライブ」と呼ばれるロボットが入り、自動制御で棚を持ち上げ、FC内を移動する革新的なテクノロジーです。これによって、入荷商品の収納時間の短縮と受注商品を見つける時間の短縮が可能となり、配送日数の短縮だけでなく、常により多くの商品の保管が可能となります。配送日数の短縮は客数を集め、保管数量の増加は取扱商品数の増加を可能にします。

以上から、商品配送日数、保管数量、入出荷処理時間の3つがUPIとなります。

また、FBAのUPIは、FBAの利用者数（サードパーティ販売者数に対する割合）になります。

一方、Amazonは生鮮品の物流基地の位置づけをかねて、ホールフーズ（スーパーマーケット）を買収しました。これによりマーケットプレイス（Amazonフレッシュ）における生鮮品の販売拡大が見込まれますので、生鮮品の購入頻度がUPIとなります。

∴この結果、売上が向上します。

（サービスの独自性指標UPI）

ランキングに始まり、カスタマーレビューやレコメンド機能、さらには、試着サービスなど様々なサービスを実施しています。例えば、よく一緒に購入される商品情報についてカスタマーレビューがある場合は、購入判断がしやすくなり、購入点数が増えることにつながります。この場合、カスタマーレビューの記載割合やよく一緒に購入される商品の購入率が、確認・管理すべき独自性指標UPIになります。

∴この結果、売上が向上します。

以上、各プロセスの独自性をみてきました。

独自性指標UPIをしっかり意識して活動することが、経営指標の実現（低利益率の維持とサードパーティ販売額の増加）に寄与し、および売上・利益の向上につなげることができます。

顧客価値指標CVI

Amazonの場合のCVIは、4つあります。

i 低価格

ii　取扱商品数の増加
iii　客数
iv　購入回数
v　1回あたり購入点数

これらがCVIになるのは、いずれも顧客にとっての価値を表すものであるからです。i低価格の維持（時に最低価格の設定）とii取扱商品数の増加は、顧客に価値を提供します。iiについては、取扱商品数の数値自体ではなく、今までよりも増加させることを目標にすることにより、顧客価値を向上させるという趣旨です。iii客数、iv購入回数、v購入点数は、いずれも独自性を実現して顧客に価値を提供した証です。

ちなみに、i低価格の維持は、経営指標でもあります。経営指標が経営理念を実現するものであり、Amazonの企業理念が、「最も顧客を大切にする企業（最も顧客中心の企業）を目指す」であることから、経営指標と顧客価値指標は同じになります。

売上・利益の実現ツリー

営業利益の実現構造（SOI：Structure of Operating Income）

本項では前項のＵＰＩとＣＶＩを組み込んだ営業利益の実現構造（利益の源泉）について説明します。

ここで改めて、売上と利益の算式を示します。

●売上＝客数×購入回数×１回あたりの購入金額

（１回あたりの購入金額＝販売単価×購入点数）

＝販売単価×販売数量

（販売数量＝客数×購入回数×１回あたり購入点数）

●粗利益＝売上－売上原価

●営業利益＝粗利益－販売費及び一般管理費

売上の算式の補足をします。

ある店舗に、年間、１、０００人の顧客が来店し、平均して１人の顧客が年間12回購入し、１回あたりの平均購入金額が５、０００円（※）とすると、そのお店の年間売上は、６、０００万円となります。

売上6、000万円＝1、000人×12回×5、000円

※1回あたりの平均購入金額5、000円＝販売単価1、250円×購入点数4点

販売数量で置き換えると

売上6、000万円＝販売単価1、250円×販売数量48、000個

（販売数量48、000個＝客数1、000人×12回×4点）

Amazon、IKEAのように低価格戦略をとる企業の場合は、客数、購入回数、1回の購入点数をいかに増やすかが、売上向上に直結します。

★ここで1つ重要な補足があります。すでにお気づきかもしれませんが、売上の方程式の項目は、すべて顧客価値指標になっています。顧客価値を実現してこそ売上が上がることを示しており、顧客価値指標あってこその売上の方程式といえます。

また、営業利益がどのような流れで増加するかをIKEAの事例で説明すると次のようになります。

●商品の価格を安くすることにより客数を増やし、また、様々の独自性を実現することにより、客数・購入回数・1回あたりの購入点数が増加して販売数量が拡大します。低価格を補ってあまりある販売数量が増加したことにより、**売上が増加**。

●該当するプロセスの独自性を実現し、売上原価（製造原価と仕入原価）が削減できたことにより、**粗利益が増加**。

●該当するプロセスの独自性を実現し、物流費と販売人件費等が削減できたことにより、販売費等が減少し、**営業利益が増加**。

図4・4　ＩＫＥＡ　売上・利益実現ツリー（SOI）

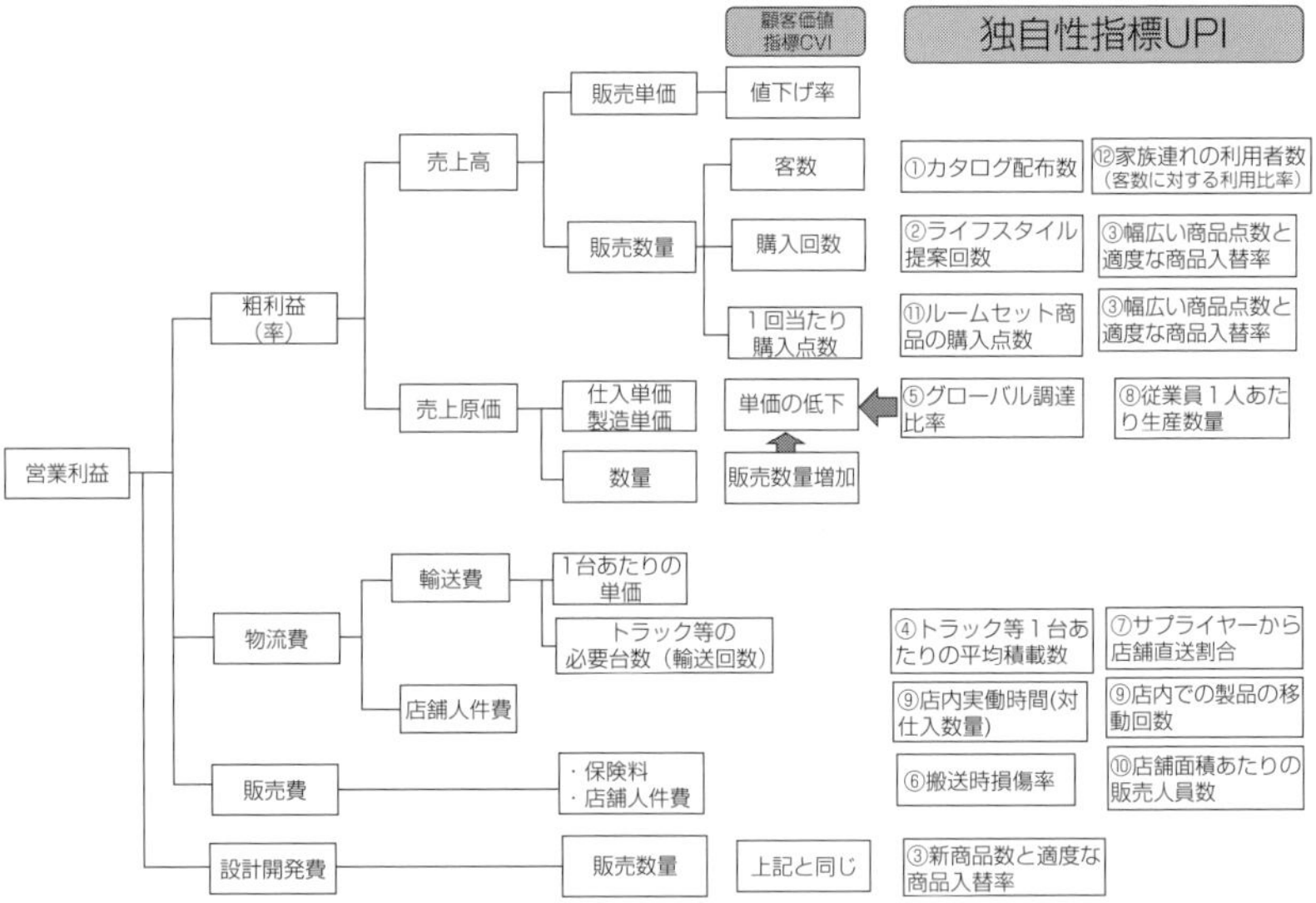

以上のことから言えることは

「独自性は、必ず売上・利益の増加をもたらす」

です。

この命題を売上・利益実現ツリーを用いて、解説します。

ＩＫＥＡの事例分析

売上・利益実現ツリーについて、要点を説明します。

ポイントは、**会計（左側半分）×独自性（右半分）**です。

・ツリーの左側半分は、会計上の金額・財務数値になります。

・ツリーの右側半分が、独自性指標になります。

・売上高については、顧客価値指標が、会計と独自性を結びつけています。

・営業利益を出発点として、営業利益の算式の主要な項目を左から、順番に配置しています。
・販売費及び一般管理費は、物流費、販売費、設計開発費の3つの項目を記載していますが、これは、3つの項目に独自性が認められるからです。
・設計開発費を営業利益から直接下におろしているのは、物流費や販売費のように削減すべきものではなく、常に一定水準の金額を確保し、将来の収益となる新製品の開発を継続することが重要であるからです。
・仕入単価と製造単価の低下については、独自性の実現による低下と、販売数量の増加によって規模の利益(販売数量単位あたりの固定費削減)が働くことによる低下の、2つが作用しています(矢印の意味)。
・独自性指標と顧客価値指標との対応関係については、前項「IKEAの事例分析」で説明した内容(アンダーラインの箇所)を、あてはめて整理しています。また独自性指標UPIの番号は、「独自性×会計体系図に記載した番号となります。

独自性指標UPIについては、以下の点を実施することにより、売上・利益の向上に明確に結びつけることができます。

i　UPIの実績を把握すること
ii　実績を踏まえ、可能な場合は、目安となる目標値(基準値)を設定する
iii　目標値との対比で実績の推移を把握し、必要に応じて実績の改善を図る
iv　上記を踏まえ、独自性項目の魅力の向上を図る
v　オペレーションの質をチェックし、必要に応じて改善する

以下、補足説明です。

ii・iii、例えば、商品入替率（新商品の導入率）の目標値を20％に設定します。仮に、実績が目標値に満たず、そのことが要因となり（※）、購入回数や購入点数（販売数量）にマイナスの影響をもたらしているとすれば、この実績を改善する（新商品の導入を増やす）必要があります。なお、ＩＫＥＡは経営指標である低価格が最優先事項であるため、この目標値は物流効率を損なわない適度なレベルにする必要があります。

iv、サービス施設の利用者数（利用率）が目標値に満たず、そのことが要因となり（※）、客数にマイナスの影響をもたらしているとすれば、施設自体の魅力を上げる（レストランであれば、コスパの高いメニューを増やす等）ことをする必要があります。

v、なお、せっかく独自性があっても、そのオペレーション自体に問題がある場合は、ＵＰＩの数字にマイナス影響をもたらしますので、独自性維持の大前提として、オペレーションの質を維持・向上させることが必要です。例えば、製造工程でのミスやトラブルをなくし従業員1人あたりの生産数量にマイナス影響を与えないこと、レストランでの接客サービスの不十分さをなくし施設利用者数にマイナス影響を与えないこと等です。

※要因となることがわかるのは、日頃から顧客の声を収集しているからです。
「最近、新商品の種類が少なくなってきた」
「料理のメニューが変り栄えせずマンネリ化してきた」
このことは顧客価値を実現する大前提と言えます。

図4・5　Amazon　売上・利益実現ツリー（SOI）

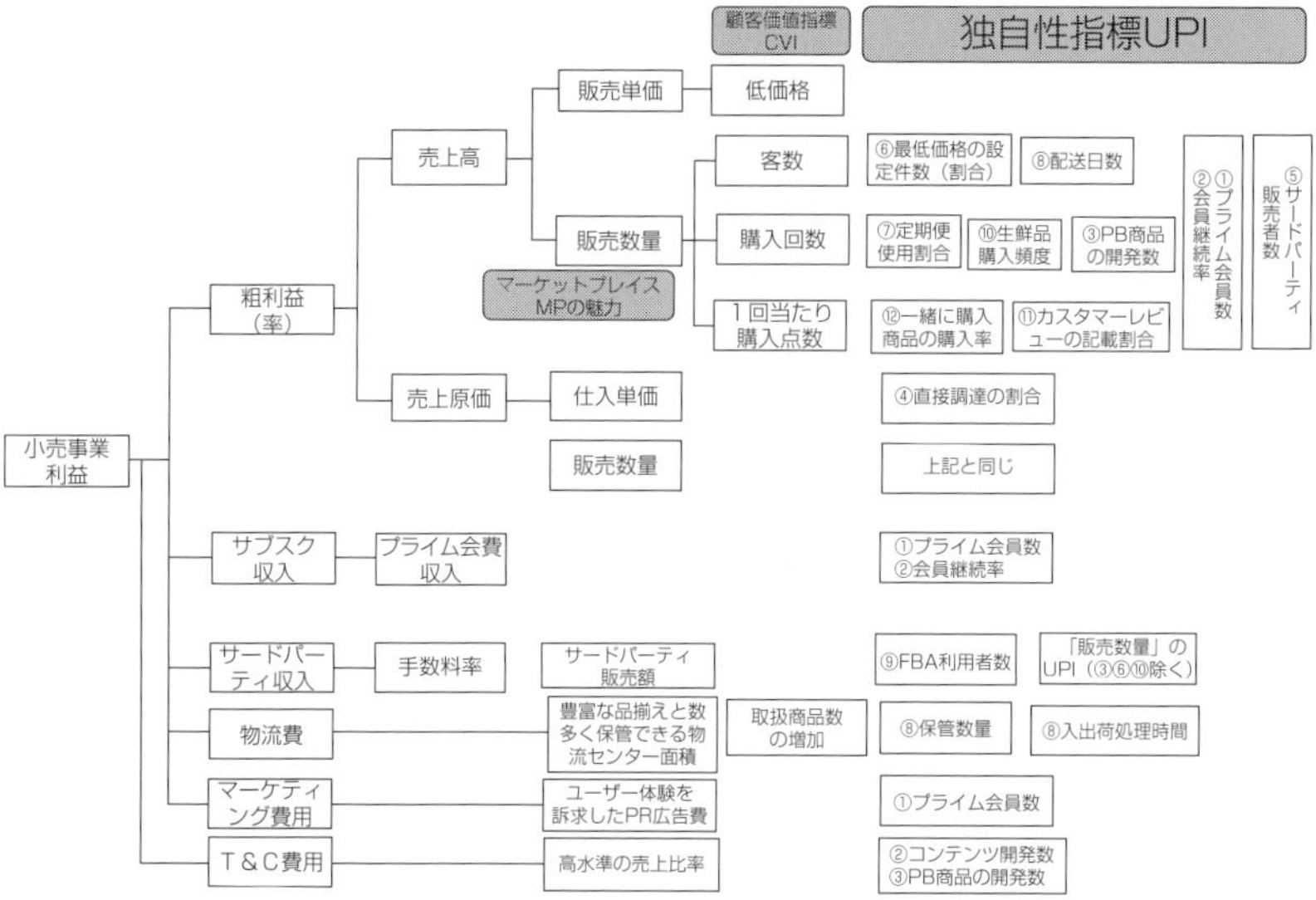

以上、**「独自性は、必ず売上・利益の増加をもたらす」**ことを、売上・利益実現ツリーにより、説明することができました。

Amazonの事例分析

売上・利益実現ツリーの要点は、基本的にＩＫＥＡと同様の説明になりますので、Ａｍａｚｏｎ特有の項目について説明します。

・販売数量のＵＰＩについては、サードパーティ販売者数とプライム会員数等が、顧客価値指標すべてに関わっています。サードパーティ販売者の増加は、豊富な品揃えを示しますので、客数、購入回数、購入点数のすべての項目の増加につながります。またプライム会員数の増加や会員継続率の高さは、非会員に比べて、送料が無料ですぐに届くこと等、様々なメリットをもたらすため、客数、購入回数、購入点数のすべての項目の増加につながります（★プライムに関する調査結果参照）。

・サードパーティ収入に対応する独自性指標について、FBA利用者数が増加すれば、手数料収入（配送手数料）は増えます。また販売数量UPIは、一部の項目（③⑥⑩）を除き、基本的にサードパーティ販売者の販売額の増加にもつながりますので、結果的に手数料収入（販売手数料）が増えます。

③PB商品の開発数、⑥最低価格の設定、⑩生鮮品の購入頻度は、Amazon単独の実施項目なので、サードパーティ販売者の販売には関わりません。

・物流費については、企業理念である「地球上で最も豊富な品揃え」を保管できる規模の面積が必要です。物流センターの規模については、ビジネスモデルに記載したとおりです。豊富な品揃え（取扱商品数）を実現する2つの独自性指標を記載しています。

なお、物流費（固定費）の回収については、上記のサードパーティ収入が大きな貢献をしています。

・T&C費用を営業利益から直接下におろしているのは、長期視点で、高水準の金額を確保し、Amazonプライムのような革新的なサービス・コンテンツや、マーケットプレイスECシステムのような利便性の高いテクノロジーを開発することが重要だからです。このような開発投資を惜しまず継続している証として、売上高に対するテクノロジー・コンテンツ費用比率（いわゆる研究開発費比率）が、高水準を維持しています。

2019年の比率は12・8％で、過去最高の研究開発費を計上しました。さらに、2018年の研究開発費は、世界最大となりました。このような高水準の投資が継続しているからこそ、顧客体験は向上し続け、結果として、事業の成長、フリーキャッシュフローの増加・持続的成長が実現しています。

2019年、フリーキャッシュフローの額は過去最高となりました（**表1**参照）。

図４・６　アマゾンプライムのインパクト（調査結果）

	数字	備考
支払額	アメリカにおいて、1人の会員が1年間にアマゾンで買い物をする金額は平均１４００ドルで、非Prime会員（600ドル）の2.3倍である。	米市場調査会社CIRP（コンシューマー・インテリジェンス・リサーチ・パートナーズ）の調査結果（調査対象2018年）
購買頻度(*)	・プライム会員が、アマゾンで買い物をする頻度は、年25回で、非会員の2倍である。（※）	米市場調査会社CIRPの調査結果（調査対象2017年）
継続率(*)	・入会者の会員継続率は、90%以上と推計される。	

(*) 引用：amazon「帝国」との共存　（著）ナタリー・バーグ、ミヤ・ナイツ　フォレスト出版

※ベゾスＣＥＯの構想「購買頻度を向上させるツールとしてプライムを育てる」が実現しています。

★Ａmazonプライムに関する調査結果

プライムに関する調査結果を紹介します。

図４・６の内容から、客数、購買回数、購買点数すべてに結果をもたらしていることがわかります。

・会員継続率の高さ⇓客数の維持・向上
・購入金額の高さ⇓購入点数および購買回数
・購買頻度の高さ⇓購買回数

以上、**「独自性は、必ず売上・利益の増加をもたらす」**ことを、売上・利益実現ツリーにより、確認することができました。

ＵＰＩやＣＶＩに基づく売上・利益実現ツリーについては、ＩＫＥＡとＡｍａｚｏｎの事例を説明しましたが、Ａｐｐｌｅについては、指標に関する公表情報が把握できませんでしたので、事例分析を行っていません。

売上の拡大方程式

ここでは忘れてならないことを説明したいと思います。

売上・利益実現ツリーは、すべて独自性指標UPIと顧客価値指標CVIから、構成されていますが、当然ですが、通常の販売施策も売上の増加に貢献しています。

IKEAを例にとれば

- 無料駐車場のスペース拡大による客数の増加
- オンラインストアの開始による客数や購入回数の増加
- IKEA FAMILY会員向けクーポンによる購入点数の増加

Amazonを例にとれば

- プライムデー企画による客数増加（プライム会員数増加）
- ランキング機能による購入回数の増加
- まとめ買いや同時購入の割引による購入点数の増加

もちろんこれ以外にも様々な施策（基本的な施策）を実施されていると思います。

先に、会計上の売上の算式を示しましたが、ここでは別の視点で、売上の方程式を示します。

売上の拡大方程式

売上＝基本的施策×独自性

独自性の項目に、通常施策を組み合わせることにより、売上は、一層拡大することができます。

図4・7と図4・8にIKEAとAmazonの例を参考に示します。

図４・７　売上の拡大方程式：ＩＫＥＡの方程式

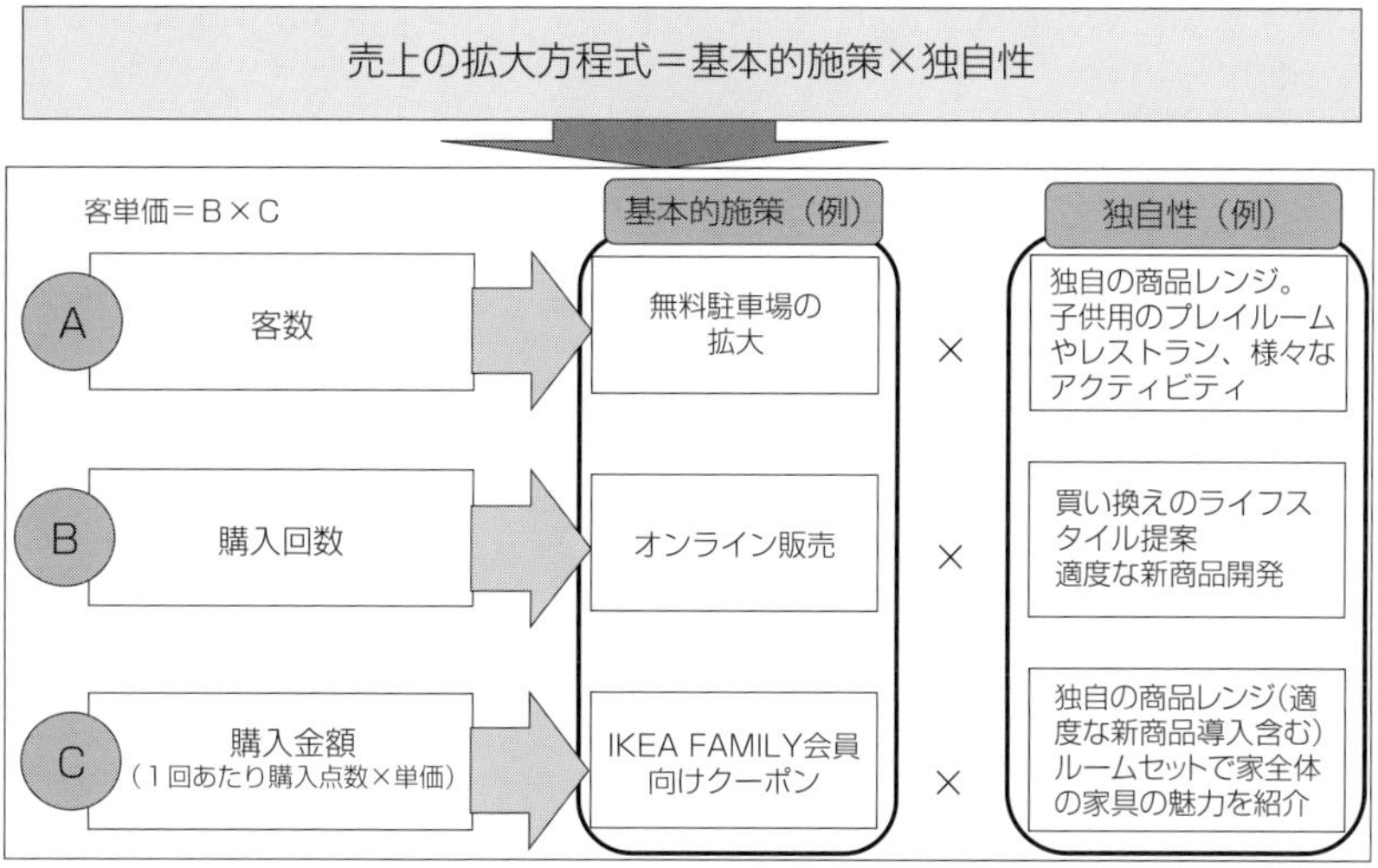

図４・８　売上の拡大方程式：Amazon の方程式

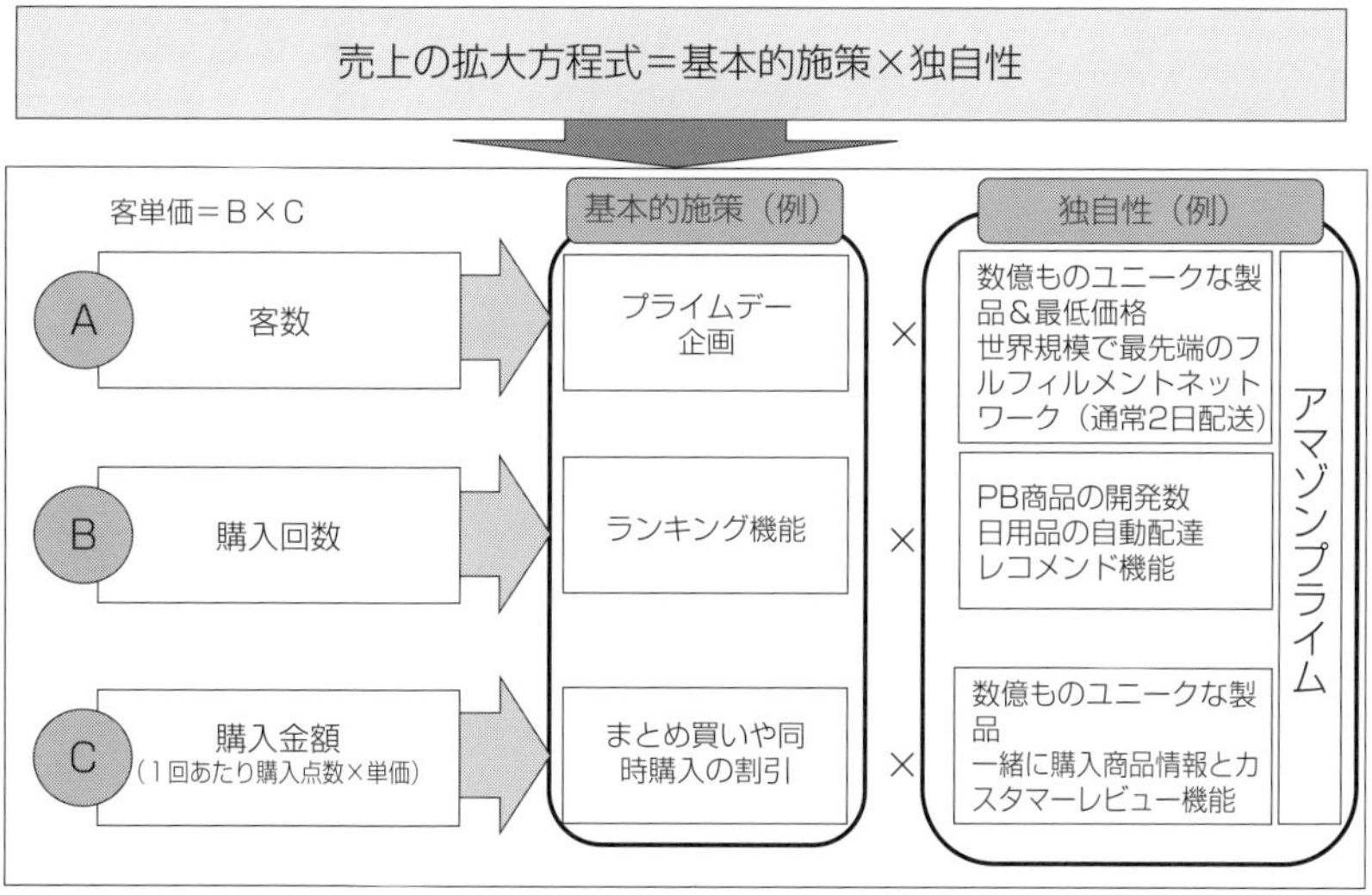

コラム：顧客価値指標CVI

本章の初めに、要点を説明しましたが、ここでは、その全体像を説明します。

顧客価値を計り、向上させるための指標（CVI：Customer Value Indicator）

粗利益は、**売上−売上原価**ですので、売上を増加させるか、原価を削減するかで利益が向上します。企業のビジネスの形態によって、どのように顧客価値を高め、どのように利益を獲得するかは企業によって異なります。

ＩＫＥＡの事例では、低価格をはじめとした独自の商品レンジにより顧客価値を高め、客数と購入回数、１回あたりの購入金額の向上による売上・利益の増加を実現しました。

Ａｐｐｌｅの事例では、革新的な製品により顧客価値を高め、それを販売価格に反映することにより、売上・利益を向上させることができました。

以下では、製品・サービスの独自性により顧客価値を高め、それを価格に反映するケースを説明します。

顧客価値を向上させるには、独自性のある製品やサービスを開発し提供することが重要となります。他社との差別化を実現する独自性があれば、他社よりも高い価格を訴求することができます。価格が高くなれば自ずと粗利益（率）が向上します。この場合、独自性や顧客価値向上のバロメーターは、粗利益率の高さと考えることができます。例えば、付加価値製品について、価格競争が進んでいない中、粗利益率が低い状態が続いていれば、価値に見合った価格を設定できていないことが考えられるため、価格の見直しが必要となるでしょう。価格設定（値決め）は、粗利益を左右する重要事項です。顧客が価値を認めて支払ってくれる最高価格を探り当てることがポイントであり、値決めは経営である（経営陣の仕事）と言われる所以です。

以下、顧客価値指標（顧客価値を表す指標）について説明します。

最初に、販売価格への訴求により、売上・利益を向上させる指標の例を紹介します。

●平均販売価格

低価格戦略の場合は、客数・販売数量を増加させ、さらに規模の利益を働かせて、単位あたり固定費を低下させ、利益を向上します。

高価格戦略の場合は、ストレートに売上・粗利益の向上につながります。

●独自製品・PB商品の売上割合

自社でしか成し得ないものであるため、顧客への価値は極めて高く、粗利益率も相当高い水準であると考えられます。

●新製品・サービスの売上割合

イノベーションは、顧客に新しい価値・満足を与えます。新製品の価値の賞味期限がある間は、価格競争に巻き込まれることはないため、一般的には、新製品の粗利益率は高いと考えられます。

●新商品の導入割合（導入スピード）

商品を仕入れる小売業等の業態の場合は、新商品の導入割合（導入スピード）が高まれば、顧客への価値は向上するため、売上・利益の向上につながります。

次に、販売数量への訴求により、売上を向上させる数値目標を以下に示します。

◆客数・アカウント数

◆会員数・会員継続率

◆リピート率（リピーターの比率）

◆購買回数（購買頻度・買換頻度）

◆1回あたりの購入点数

ＩＫＥＡやＡｍａｚｏｎのような低価格戦略の場合は、客数・会員数、購買回数、購入点数が増加しますが、Ａｐｐｌｅのような高価格戦略（高級ブランド製品）の場合は、客数、リピート率、買換頻度に好影響をもたらします。

最後に、価格面と販売数量面の両方の向上につながる顧客価値指標として、顧客満足度を取り上げます。

●顧客満足度（ＱＰＤＳ）

顧客満足度の主な要素としては、品質（Quality）、価格（Price）、納期（Delivery）、安全・安心（Safety）、サービス（Service）等があげられます。例えば、サービスの充実等で顧客満足度が高まれば一定の価格を訴求できます。また、満足度の向上により、社会的な評判が向上すると、顧客数の

増加にもつながります。（売上の増加⇓利益の増加）

●収集した顧客の声の数・回答数

この指標は、顧客満足度の大前提、大元にある指標です。顧客の声が集まらなければ、独自製品や新製品の開発、リニューアルや改善改良のネタが得られません。もちろん、顧客満足度を測るすべもありません。

当然ですが、顧客への価値を実現するには、まず顧客のニーズに応えなければなりません。そしてニーズに応えるには、顧客を知ること、顧客の声を集めることが大前提なのです。

そして、何よりも、顧客の声の収集は、全従業員で取り組むべき事項です。

以上をまとめたものを**図4・9**で示します。

図4・9　顧客価値指標CVI

顧客価値を向上させる数値目標	
価格への訴求（例）	**販売数量への訴求（例）**
顧客満足度（QPDS）上げ率	
※平均販売価格（戦略により下げ率or）	※客数・アカウント数
独自製品・PB商品の売上割合	※会員数・会員継続率 リピート率（リピーターの比率）
新製品・サービスの売上割合 新商品の導入割合（商品入替率）	※購買回数（購買頻度） ※１回あたりの購入点数
収集した顧客の声の数・回答数 （顧客満足度の大前提）	

※印の項目は、128ページで説明した項目です。直接、売上・利益の向上につながる指標です。

売上・利益の管理方法

前項では売上・利益の実現ツリーについて説明しましたが、実現した売上・利益の管理方法（日常的なオペレーションの視点）について説明したいと思います。

一般的な管理は、売上・利益をマーケットや地域、あるいは製品別や顧客別に分類することが行われています。このように分類することで、どの市場や地域で顧客からどのくらい支持され、その結果、どれだけの売上や利益がとれているのかといったことを分析し、今後の打ち手・改善策を立てることができます。つまり、売上や利益の内訳は、ビジネスの特徴に応じて、顧客価値の大きさ、顧客の支持・信頼度を把握することに意味があります。

製品は売れているが利益がとれていないものは何か、逆に利益率は高いがまだ売上の伸びが足りない製品は何かといった実態を見える化することが重要です。

図4・10は、製品別売上・粗利益を見える化したものになります。

ビジネスの目的は、顧客に価値を提供し、その結果として対価（売上・利益）を得ることです。顧客価値は、最終的には売上・利益を向上させますので、製品別売上・粗利益を見える化することは、どの製品がお客様に支持をされ、お客様に価値を提供しているかを明確に把握できることになります（**図4・11**）。

図 4・10　製品グループ別売上・粗利益の見える化

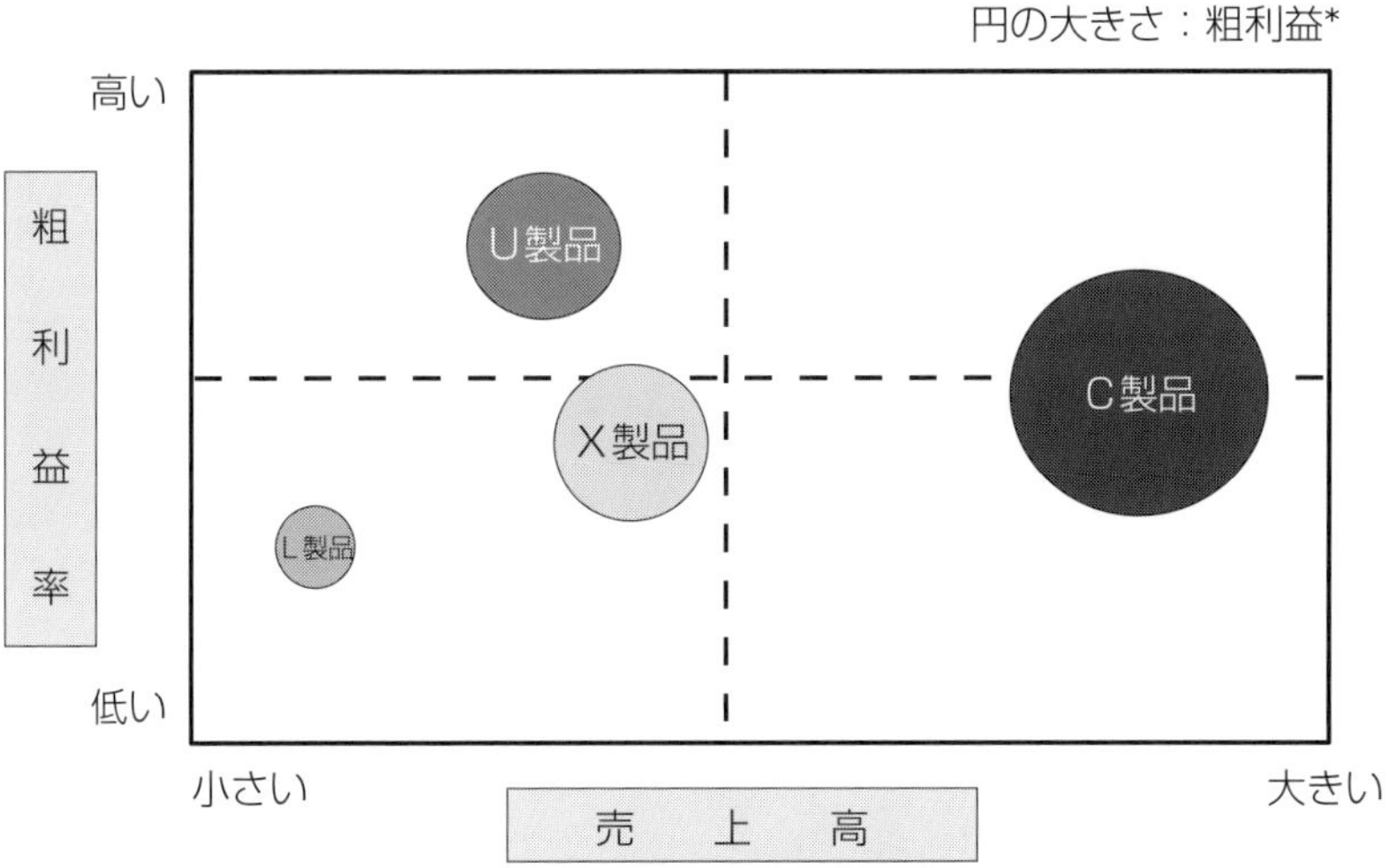

* 粗利益は、企業によっては限界利益（付加価値）の場合がある。

図 4・11　各製品グループの特徴

	内容	備考
C製品	・定番製品（売れ筋・人気製品） ・売上高と粗利益が大きく計算できる ・人気製品は価格を下げれば、販売量が伸び、原価削減も可能となり、結果的に売上・粗利益が増加する	上位約20%で売上の約80%を稼ぐ製品群
U製品	・新製品やユニークなＰＢ製品（人気製品） ・粗利益率が一番高い	
X製品	・品揃えの観点から、一定の種類・数が必要な製品（粗利益率はC製品よりも低い） ・あまり売れない・回転率が低い製品 ・仕入・製造が多いと過剰在庫になり、ロスが発生する	在庫水準の管理がポイント
L製品	・ごく少数の需要に対応する製品 ・価格を下げても売れない製品 ・保管費等の在庫維持費が、負担になる ・物流費や販売費を差し引くと赤字になる製品もある ・廃止対象の製品	ロングテールの製品が含まれる

C製品とU製品については問題なく良好といえます。

C製品は、その会社の定番製品群で粗利益の金額が最も大きい製品です。売上が最も大きいので、顧客の支持が大きいと言えます。

U製品は、独自製品や新製品です。財務的な特長は、最も粗利益率が高く、その意味では、顧客への提供価値が高い製品と言えます。

X製品とL製品には課題があります。

X製品は、売上は一定水準の金額ですが、利益率がC製品よりも低い製品です。低価格にしてもコストダウンできるほどの販売量が伸びなければ、別の方策を考える必要があります。製品の設計（デザイン）段階から見直す必要があるかもしれません。

コストダウンではなく、価値を訴求できる価格戦略を採用し、品質を向上させプレミアム感を出したり、機能をより充実させる等大胆なリニューアルを行い、顧客に新たな価値を提供することが必要となります。これによって従来より高い価格を訴求できるようになり、粗利益（率）を向上させることができるようになります。

L製品は、営業利益ベースでは、赤字の製品もあるため、取扱いの縮小や改善策の実行、もしくは廃止の検討が必要です。さらにいえば、もし、限界利益（※）がマイナス（赤字）となっていれば、固定費を回収することができておらず営業赤字も多額になるため、早めに、廃止の検討が必要です。

なお、ロングテールの製品の場合は、Ａｍａｚｏｎのように、品揃えの観点から、廃止せずに維持することが行われます。

※限界利益＝売上－変動費（材料費や外注費等の製品原価＋運送費等の変動販売費）

以上は、製品のグルーピングにより大局的な売上・利益管理を行う方法ですが、ケースによっては、個別製品毎に顕著な特徴があれば、それを抽出し、必要な手立てを講じることが必要となります。

例えば、次のようなケースです。

●顧客の支持は増えて売れているのに、利益があがらない製品

⇓価格設定が低いことが考えられますので、価格を見直す必要があります。

●売上・利益が大変伸びているが、在庫が極端に少なくチャンスロスを起こしている。

⇓品切れ・供給遅れのリスクがあるため、製品の安定的な供給体制、ひいては製造体制を見直す必要があります。また、原因が価格の低さにある場合は、価格の設定を見直す必要もあります。

2点目については、経営理念との関わりにおいて留意が必要です。

つまり、価格が安すぎる商品はいずれ品薄となり、他に代替の商品（豊富な品揃え）がなければ、顧客が欲しい商品が買えなくなる恐れがあります。

販売数量がたくさん伸びて売上・利益が上がっても、品揃えで顧客に不便をかけるのは、顧客第一を掲げる経営理念が実現できないことになります。さらに、品切れにより結果として、売上・利益が持続できなければ、当初の売上・利益目標も達成することが困難になります。

ここで、Ａｍａｚｏｎの事例で示した経営指標の重要性が指摘されます。売上・利益の財務目標はもちろん重要ですが、それよりも重要なのが、経営指標です。

Amazonの場合は、地球上で最も豊富な品揃えを実現する経営指標を取り上げました。

経営指標が先、売上・利益目標が後

長期視点で利益を実現する

利益水準に対する考え方（長期視点の重要性）

これまで売上・利益の実現ツリーについて、説明してきました。ここでは、利益の水準自体、利益に対する考え方についてのお話をしたいと思います。利益目標をどのような水準に設定するかは、もちろん、その会社の経営者の考え方次第です。その業界の平均以上の利益率は目指したい、規模（額）では勝負せず利益率で業界のトップクラスをめざしたい、あるいは、十分な再投資ができるくらいの利益率を残しておくのが望ましいなど、様々は考え方があると思います。

第2章最終項「成功するにはユニークな利益ポリシーが決め手」では、利益ポリシーのエッセンスをお話しましたが、本項では、数値事例や業績のトピックを交えながら、詳細に説明します。

ＩＫＥＡの事例

本書で中心的な事例して取り上げてきた、ＩＫＥＡの事例について、改めて詳細に説明します。

●持続可能な成長

●未来に投資する

「より快適な毎日を、より多くの方々に」。これがＩＫＥＡのビジョンです。ＩＫＥＡのビジョンはＩＫＥＡの成長の基盤となるものです。ＩＫＥＡグループの経済原則は、自己資産によって成長すること。つまり利益を積み上げてから使うということです。この考え方のおかげで、未来に向けてじっくり考え長期的視点で投資を行うことができます。

利益の多くは既存のＩＫＥＡストアと新店舗に再投資されています。また利益は商品開発やサステナブルなソリューションにも投資され、店頭に並ぶ商品の価格を下げています。

以下は、ＩＫＥＡの元経営者、アンダッシュ・ダルヴィッグのコメントです（『ＩＫＥＡモデル』アンダッシュ・ダルヴィッグ（著）より、抜粋、一部加筆）。

●利益は目的でなく、再投資のための手段である

利益は目的でなく、再投資のための手段、従業員へのボーナスの原資と位置づけられています。

会社は投資を長期的な観点からとらえ、将来の拡大に備えるため、中期的に必要とされるよりも広い土地を買い、大きな店舗を建てています（広い駐車場や店舗内にレストランや子供向けプレイルームを設置）。また、商品在庫そのものを資産とみなし、在庫水準を低く抑えることよりも、顧客にとって、製品が手に入りやすい幅広い品揃えと物流効率を優先しています。物流効率を優先するということ

は、店舗に大きな商品倉庫を設置し、一度にたくさんの在庫を店舗に輸送するとともに、幅広い品揃えや販売数量の増加に対応できる十分な在庫水準を保有することを意味します。

この結果、一般的な小売業と比べて、ＩＫＥＡの資産回転率は低く、1を大幅に下回っています。10年計画最後の2009年度の貸借対照表を確認すると、資産回転率は0・59、2019年度においても0・71となっています。

※資産回転率＝売上／総資産

ちなみに、Ａｍａｚｏｎの資産回転率は、2019年度1・24と1を上回っています。

●利益はつねに、低価格・低コストの結果でなければならない。

長期的なビジョン「より快適な毎日を、より多くの方々に」を実現するには、力強い収益性が長期にわたって維持されなければならないとしています。

すなわち長期的な利益を得るためには、短期的には低い利益を受け入れる必要がある。景気が停滞したときも、会社のビジネスコンセプト（ビジョン・ビジネス理念・未来への投資等）に従って行動し、店舗の投資計画や従業員の研修計画が続行され、かつ、商品開発やサステナブルなソリューション（環境・社会問題への対応）への投資が継続され、低価格という価格設定目標を守り続けるということです。

こうすることで長い目で見た収益性が高まると同時に会社の活動の安定性と一貫性が増し、ステークホルダー（従業員、顧客、サプライヤー、オーナー）に利益がもたらされています。

上記の結果、10年計画で以下のような数値が達成されました。

〈1999年から2009年の10年計画〉

売上は1999年の70億ユーロから、2009年の218億ユーロと約3倍伸びた。

販売価格と仕入価格はそれぞれ20%引き下げられた。

売上高営業利益率は、10年間を通じて、10%を優に超えていました。

Amazonの事例

Amazonの利益に対するユニークな考え方を紹介します。

ジェフ・ベゾスCEOは、かつて、専門誌のインタビュー（2012／11／26）で次のようにコメントしています。（DIAMOND　ハーバード・ビジネス・レビュー　経営の未来　March2013）

長期志向であることが利害関係者の利益につながる

「長期志向であれば、顧客と株主の利益を両立させることができます。短期志向では常にそうなるとは限りません。7年後に実を結ぶ種を蒔くのが好きです。常に、2、3年で主要な財務業績を達成する必要性に迫られていたなら、キンドル、Amazonウェブサービス（AWS）、Amazonプライムのように、私たちが導入した最も意義あるサービスの一部はけっして実現しなかったでしょう」

「私たちは、好んで革新的なものをつくろうとしていますが、私たち独自のひねりを加えられる場合に限ります。お客様に喜んでもらえるような差別化ができれば、最高です」
未来の利益のために今の利益の中から十分な再投資を行う長期志向は、財務のポリシー（利益に対する考え方）にも表れており、利益率よりもキャッシュフローを重視しています。
「私たちが最適化しようとしているのは、利益率ではありません。フリーキャッシュフロー（FCF）（※）は投資に回せますが、利益率は投資の役に立ちません。価格を非常に低く維持して、顧客の信頼を得ることにより、長期的にフリーキャッシュフローが最大化されると、私たちは信じているからです」

※営業キャッシュフロー（営業活動によるキャッシュフロー）から投資を差し引いたもので、会社が自由に使えるお金を意味します。

Amazonにとって、独自のひねりを加えた革新的なサービスを実現することによりお客様を喜ばせることが、何より重要であり、その実現のためには、利益率を上げるよりも、今の利益から十分な再投資を継続して行うことを最も重視しています。

改めて、Amazonの実際の利益率の推移（表1の要約版です）をみてみましょう（**図4・12**。米国証券取引委員会SECの公表情報より、筆者が計算）。

この表を見ると、営業利益率は、創業期赤字が続きましたが、研究開発投資（T&C比率（※））は高い水準を維持しました。営業利益が黒字化した以降も、営業利益率は、基本的には低水準を維持していますが、研究開発投資（T&C比率）は増え続けました。このような高水準の投資を続けられているのは、高水準のキャッシュフローを獲得できているからです。

※T&C比率：「Technology and content」（テクノロジー&コンテンツの開発費）の

図 4・12

単位：百万ドル				%	%	百万ドル	
年度	売上	営業利益	営業利益率	T&C比率	営業CF	FCF	備考
1995	0.5	△0.3	△59.5	33.4	△0.2	△0.2	
1996	15	△6	△40.9	15.1	△1.7	△2.9	
1997	147	△32	△21.8	9.1	3.5	△3.7	株式公開
1998	609	△109	△17.9	7.6	31	3	
1999	1,639	△605	△36.9	9.7	△91	△378	1click 特許
2000	2,761	△863	△31.3	9.8	△130	△265	マーケットプレイス
2001	3,122	△412	△13.2	7.7	△119	△169	ＩＴバブル崩壊
2002	3,932	64	1.6	5.5	174	135	営業黒字化
2003	5,264	270	5.1	4.9	393	347	
2004	6,921	440	6.4	4.1	566	477	
2005	8,490	432	5.1	5.3	733	529	Prime 開始
2006	10,711	389	3.6	6.2	702	486	AWS 開始
2007	14,835	655	4.4	5.5	1,405	1,181	Kindle 発売
2008	19,166	842	4.4	5.4	1,697	1,364	FBA 開始
2009	24,509	1,129	4.6	5.1	3,293	2,920	営業利益 10 億超え
2010	34,204	1,406	4.1	5.1	3,495	2,516	
2011	48,077	862	1.8	6.1	3,903	2,092	Amazon ロッカー
2012	61,093	676	1.1	7.5	4,180	305	
2013	74,452	745	1	8.8	5,475	2,031	
2014	88,988	178	0.2	10.4	6,842	1,949	エコー& AI スピーカ
2015	107,006	2,233	2.1	11.7	12,039	7,450	
2016	135,987	4,186	3.1	11.8	17,203	10,466	
2017	177,866	4,106	2.3	12.7	18,365	8,307	ホールフーズ・マーケット買収
2018	232,887	12,421	5.3	12.4	30,723	19,400	世界最大 R&D 費
2019	280,522	14,541	5.2	12.8	38,514	25,825	過去最大 R&D 費

売上高比率のことをいいます。研究開発費比率（R&D比率）とほぼ同義と考えてよいです。

注目すべきは、1994年7月創業後1995年から7年間は赤字でしたが、その間、T&C比率を削減することなく、高水準を維持したことです。1click特許を取得した後、2000年にマーケットプレイスを開始した成果もあり、2002年、営業利益が黒字になりました（第1の成長ステージ）。

特に黒字化する前の3年間は営業CFがマイナスであったことから、厳しい資金繰りの中、高水準の開発投資を続けることは並大抵のことではなかったと推察されます。この産みの苦しみを乗り越えたからこそ今があると言っても過言ではありません。それ以降は、2005年Amazonプライム会員サービス開始、2006年AWSサービス開始、Amazon Kindle（電子書籍リーダー・電子書籍等）発売といった革新的な独自サービスを続々と開発し、ビジネスは第2の成長ステージに入りました（2003年〜2010年）。ベゾスCEOのインタビューにもありましたが、まさに7年後に実を結んだサービス群です。

次に、2011年から2017年まで、売上が飛躍的に拡大していますが、利益率は低い水準を続けています。これは、未来のためにさらなる開発投資を強化しているからと言われています。具体的には、キンドルの新しいバージョンと電子書籍のラインアップの増加、AWSの拡充、映像配信の領域拡大、Echo&Alexaへの開発投資を惜しみなく続けるなど、未来の分野への投資を積極的に行っていることがあげられます。これらから、2011年以降、再び積極投資の段階に入り、第3の成長ステージを邁進し、さらに第4のステージに向かっていると言えます。過疎地のデジタル格差の解消に取り組むため、100億ドル（約1兆400億円）を投じて3、000基を超す衛星を配備する衛星通信の認可を2020年7月米当局か

図４・13

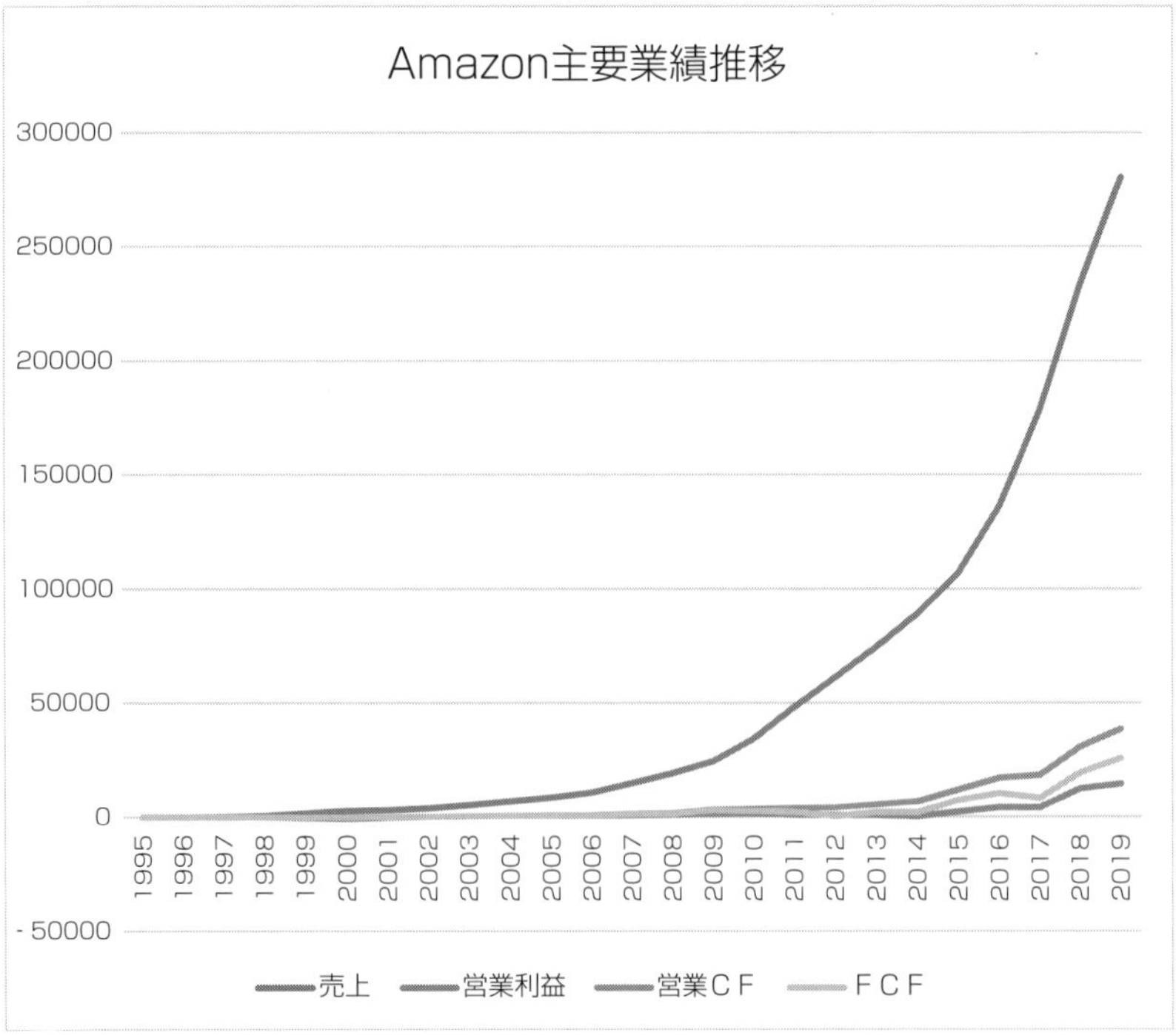

ら取得しました。

上記図により、営業利益よりもキャッシュフローの水準が大きく上回っていること、つまり、利益（率）よりもキャッシュフローを重視した結果がでていることがわかります。

長期利益を実現する未来費用

前項をふまえ、長期視点での利益を実現するキーとなる費用、未来費用についてお話します。

未来費用

未来費用とは、ビジョンを実現し未来の利益を創り出すための費用です。

未来費用は、主に研究開発費と人財開発費で構成され、この他、その企業のビジネスモデルの特徴的な費用もこれに含まれます。

ｉ　研究開発費

揺るぎない独自性を確立し持続するための費用であり、革新的なイノベーションを実現するための費用です。

ＩＫＥＡの事例でいえば、研究開発プロセスにおけるコストとなり、フラットパック化技術や、再生可能な新たな梱包材開発のための費用が該当します。

Ａｍａｚｏｎの事例で言えば、テクノロジー&コンテンツ費用が該当します。

ii　人財開発費

教育研修費等、人財育成費や人財採用費が該当します。

独自性確立のためのプロジェクト活動費も人財育成につながるので、人財開発費になります。

iii　ビジネスモデルの特徴的な費用

Ａｍａｚｏｎの場合、地球最大の品揃えを実現するというビジョンのため、赤字が続いてもインターナショナル部門のフルフィルメントセンターの拡大を続けています。

このような物流費は、未来費用と言えます。

未来費用は、売上高に対する一定の割合もしくは一定の金額を維持し、目先の短期業績達成のために削られることがないよう、未来の利益を創るための費用です。

すなわち、未来費用は、将来のための天引き投資と言えます。

Ａｍａｚｏｎは、赤字の間も、Ｔ＆Ｃ比率を削減することなく、高水準を維持したことで数々の革新的な商品やサービスが生まれ、今日の成長を実現しています。

Ａｐｐｌｅについても、研究開発費の重要性を開示しています。

Appleの年次報告より

「当社は、研究開発への集中的投資が、市場における将来の成長と競争上の地位、および当社の中核事業戦略の中心となる新規および更新された製品とサービスの開発にとって重要であると引き続き信じています」

このように、Ａｐｐｌｅでは研究開発の重要性を示していますが、研究開発費比率自体は、Ａｍａｚｏｎの水準（２０１９年約13％）と比べ、２０１９年６・２％と低い水準に見えます。これは、Ａｐｐｌｅがファブレス企業として工場を持たないことが主因と考えられます。通常、工場を持つ場合、試料代や試験装置の減価償却費等試作にかかる開発費が計上されますが、Ａｐｐｌｅの場合、開発は主にサプライヤーが行っているため、結果として研究開発費が多額にならないことが想定されます。

財務ポリシーとキャッシュフロー管理

強い企業の財務ポリシー（キャッシュフロー重視）

Ａｍａｚｏｎ、ＩＫＥＡ、Ａｐｐｌｅは、いずれも、顧客の利益を実現し、長期的な利益成長を成し遂げるために、一定水準の投資の継続と機会を逃さない戦略投資の実行を最も重視しています。投資を重視するのは、投資を惜しまず果敢に実行することこそが、顧客の利益（価値）になる製品やサービスを提供することができる、その結果、リターン（長期的な利益）を得ることができるからです。

そして、投資を継続していくために、ポイントとなるのが、その財源を確保・維持するためのキャッシュフローの獲得です。

ＩＫＥＡ、Ａｍａｚｏｎの事例

以下のような財務ポリシーをもっています。

ＩＫＥＡ：売上の最低12％を現金で保有することを原則

Ａｍａｚｏｎ：フリーキャッシュフローの最適化

IKEAの財務ポリシーの趣旨は以下のとおりです。

IKEAが、売上の最低12％を現金で保有することを原則とするのは、景気が減退しているときも、投資機会に遭遇すれば、金融機関に頼ることなく、主体的にチャンスを活かすことができると考えているからです。

Amazonは、1997年株式上場時の株主向けレターにおいて次のように述べています。

・市場でのリーダーシップの優位性を手に入れる可能性が十分あるなら、臆病にならず、大胆な投資を行う。

・米国会計基準による決算の見た目を整えるか、将来キャッシュフローの現在価値を最大化させるかの二者択を迫られた場合には、キャッシュフローをとる。

・財務上のゴールは、長期視点でフリーキャッシュフローを最適化すること。

Amazonは、会計上の見た目の利益よりも、将来キャッシュフローの最大化を選びます。なぜなら、7年後に画期的な製品・サービスとして実を結ぶ種を蒔くために必要なのは、利益ではなく、キャッシュフローであるからです。

また、株主に対しては、フリーキャッシュフロー（FCF）の最適化（長期的で持続可能な成長）を財務上のゴールにしています。長期視点でフリーキャッシュフローを最適化するという意味は、十分な投資を行った上でのフリーキャッシュフローを生み出し（最適化）、その投資の積み重ねが将来のキャッシュフローを最大化させることです。つまり、現在のフリーキャッシュフロー水準を最適化し、将来の長期的フリーキャッシュフローを最大化させるという意味です。

将来フリーキャッシュフローの現在価値は、企業価値となり、長期的な株価を形成しますので、フリーキャッシュフローの最適化は、株主の利益になります。

Ａｍａｚｏｎはこのようなポリシーにより、長期的視点で株主の利益を実現しています。

図４・13にみるとおり、フリーキャッシュフローは、毎年増加しており、長期的で持続可能な成長を遂げていると思います。このことは、２０１８年から時価総額が1兆ドルを超えていることからも伺えます。

投資資金を確保するポイント（営業キャッシュフロー管理）

成長のための投資を行うには、投資資金を確保すること、つまり、営業活動におけるキャッシュフローを管理することが重要です。

営業キャッシュフロー（営業活動によるキャッシュフロー）は、営業利益に減価償却費と運転資本（※）を加えた金額になります。

※運転資本とは、営業活動に投下されている資金をいいます。具体的には、売上債権と棚卸資産から仕入債務を控除した金額になります。

営業キャッシュフロー＝営業利益＋減価償却費（非資金費用）＋運転資本の増減額

運転資本＝売上債権＋棚卸資産－仕入債務

ここで、運転資本をB／S（貸借対照表）に表示した簡易版のB／Sを**図4・14**に示します。

図 4・14　キャッシュフロー管理のための簡易版 B/S

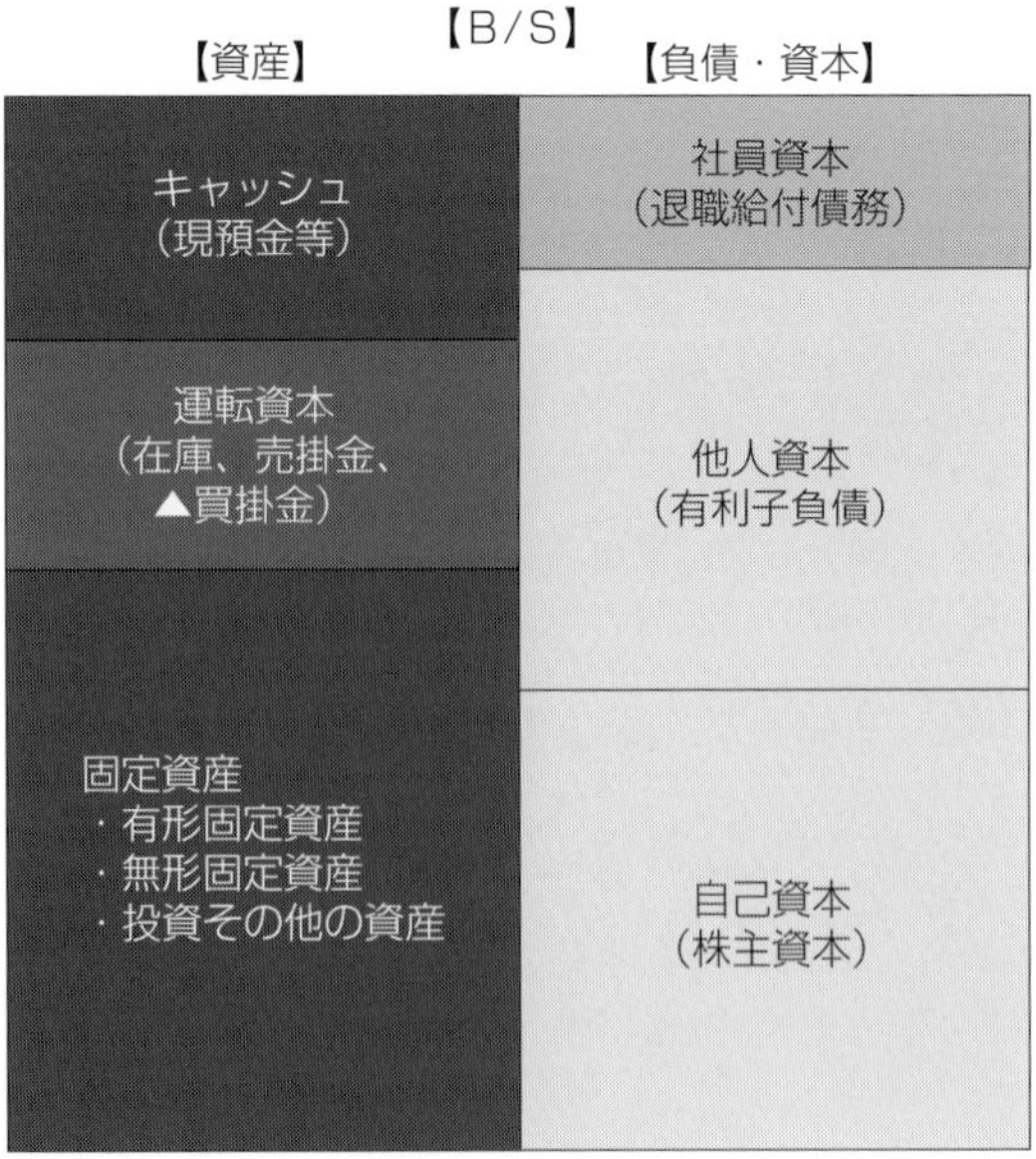

簡便的に、その他資産・その他負債は割愛しています。

また、負債・資本サイドは、すべて資本表示「●●資本」しており、退職給付債務は、「社員資本」（※）という用語を使用しています。

（※）社員資本についての説明
　会計上このような言葉はありませんが、本書 7 章では「企業は人なり」をベースに、人財の重要性をテーマにしているため、この用語を作成・使用しています。

　社員資本とは、社員が退職したときに備える退職給付債務のことをいいます。

　基本的に社員の平均勤続年数（定着率）が長いほどこの金額が大きくなります。

　人材の流動化が指摘されてはいるものの、基本的に日本的経営の特長である従業員の長期雇用がベースにあり、従業員の将来の安心感につながっています。したがって、負債、債務という言葉でなく、将来にわたって活用したい会社財産としての労働資本、つまり社員資本という考え方が重要であり、社員の将来のために、社員資本は一定の金額水準を維持すべきと思います。簡易版のB/Sでは、キャッシュ残高が、社員資本を上回っています。

このB／Sの推移をみることで、キャッシュフロー管理の状況や投資の水準等を大枠で把握することができます。毎期、総資産と売上の比率がほとんど変わらないとすれば、運転資本のウェイトが高くなると相対的にキャッシュは減ること、逆に回収が進み、運転資本のウェイトが低くなれば、相対的にキャッシュは増えます。ただし、投資を抑えている場合は、キャッシュが増えていきますので、必要十分な投資を維持することを前提に、キャッシュのウェイトを判断することがポイントです。

投資のための営業キャッシュフローを確保するには、営業利益をしっかり確保することに加えて、運転資本を改善することがポイントです。この運転資本を改善するために使用される指標について説明します。

運転資本の回転日数（CCC：キャッシュ・コンバージョン・サイクル）

CCCとは、材料の調達（商品の仕入）から、販売代金回収にかかる日数のことを言い、運転資本の回転日数またはキャッシュ化速度とも言われます。

この日数が小さいほど、企業の現金回収サイクルが早いことを意味します。

CCCの改善は、キャッシュを早期に生み出し、当期におけるキャッシュフローの獲得額が増えるため、次なる投資をタイムリーかつ効果的に進めることができます。

キャッシュフローを重視する企業では、CCCを改善することにより営業キャッシュフローを増加させ、将来のための戦略投資の財源にしています。

以下が算定式です。

運転資本の回転日数（ＣＣＣ）＝売上債権の回転日数＋棚卸資産（在庫）の回転日数
－仕入債務の回転日数

・売上債権の回転日数＝売上債権残高÷（売上／３６５日）
・棚卸資産の回転日数＝棚卸資産残高÷（売上原価／３６５日）
・仕入債務の回転日数＝仕入債務残高÷（仕入／３６５日）

AppleのCCCはマイナス

ＣＣＣの事例で、話題となるのがアップルのＣＣＣです。

米国上場企業で電機業のＣＣＣの平均は99日、米国上場企業で流通小売業のＣＣＣの平均は45日と言われています（２０１８年3月帝国データバンクの調査報告書より計算）。

アップルはマイナスの数値を維持しているほど、ＣＣＣの数値が小さい企業です。

２０１９年9月期でマイナス12日です。

マイナスということは、製造する前（材料代の支払い前）には代金の回収を終えていることになります。

理由は、次の3点があげられます。

①　圧倒的な商品力を武器に、通信会社などと販売代金を前受金で受け取る契約を結び、結果として、売掛金（前受金との純額）の回転日数を短縮していること（回転日数：32日）
②　商品を絞り込み在庫管理の最適化（販売情報を常時把握し、在庫を多く持たない）していること（回転日数：

9日）

③サプライヤーの支払サイトを長くしていること（回転日数：53日）

※仕入債務の回転日数の計算においては、買掛金と仕入先非売掛金をネットして計算しています。仕入先非売掛金とは、アウトソーシングパートナーや最終組立ベンダーへのコンポーネント有償支給に伴う未収入金です。また、一部のサプライヤーとのコンポーネントの長期供給契約に伴う前払金は、買掛金とネットされているとみなします。

アップルのＣＣＣ△12日＝①32日＋②9日－③53日

代金の回収が早ければ早いほど研究開発にその資金が投入できることになり、それは製品の開発スピードを高めることにつながっています。

ＡｍａｚｏｎのＣＣＣもマイナス

では、ＡｍａｚｏｎのＣＣＣは、どうなっているか。

Ａｍａｚｏｎもマイナスです。

直近の２０１９年12月期では、マイナス41日となっています。

これは、仕入商品の支払いよりも販売代金の入金が41日早いことを意味します。

どうやってマイナスにしているか、主に次の点があげられます。

・Amazonプライムの年会費やAWSサービスが前払いで入金されること（会計上は前受収益）
・マーケットプレイスにおけるサードパーティ販売者の販売代金が、いったんAmazonの口座に入金されること。一定期間の後に、手数料分を差し引いて、サードパーティ販売者に支払われるため、その間、Amazonにとっては預り金としてお金が入り、資金が運用できることになります。

① 上記2点による売掛金等（※）の回転日数は、16日。

※前受収益を控除後の金額

② 在庫の回転日数は、45日となっており、最も豊富な品揃えを反映した結果です。端的な例としては、ロングテール商品の存在があげられます。ロングテール商品とは、1か月に数個しか売れないあるいは1年に数個しか売れないような製品であり、豊富な品揃えを完全に実現するために取り扱っている商品と言えます。

③ 仕入の支払サイトを長くしてること（回転日数：102日）

AmazonのCCC△41日＝①16日＋②45日－③102日

このように、CCCの短縮は、企業の成長力・競争力に直結しています。

IKEAの例

IKEAについては、生産会社（swed wood）を分離し製品在庫の全体を把握できないこと、また、買掛金の情報がとれないことから、ＣＣＣの算定を省略します。

しかし、ＩＫＥＡでは、そもそもＣＣＣを低水準に抑えることは、優先順位から外れており、ＣＣＣを管理指標にしていないと思われます。

その理由は以下のとおりです。
・１６０ページで記載したように、ＩＫＥＡは、在庫水準を低く抑えることよりも、顧客にとって、製品が手に入りやすい幅広い品揃えや物流効率を優先するため、十分な在庫（製品・商品）を保有していると思われ、在庫の回転日数は、当然に長くなります。
・２０１１年時点での方針では、サプライヤーへの支払いは通常30日以内に済まされ、業界では異例の水準を保っていると記されています（このことは、仕入価格の引き下げにもつながっています）。
ちなみに、生産会社分離前の２０１５年の財務諸表における指標は、以下のとおりですので、上記の支払方針を前提とすると、ＩＫＥＡのＣＣＣは、２０１５年で１００日を超える水準と推測されます。
・在庫の回転日数　：１１０日
・売掛金の回転日数：　28日
このように、ビジネスの戦略やキャッシュフローに対する考え方によって、ＣＣＣをどう捉えるか異なります。

以下では、キャッシュフロー重視の観点から、ＣＣＣを短縮するために、通常必要とされる施策を確認しておきたいと思います。

具体的には以下の施策が重要です。

①　売上債権（売掛金）は期日通りに回収する。期日を短縮し早期に回収する。

そのためには、顧客価値を実現し高めることが最も重要です。顧客が満足し、製品のスムーズが検収されれば、代金の回収が遅れることはなく、期日を改善することもできるかもしれません。

②　棚卸資産は、在庫として売れ残る製品は作らない、仕入れないこと。

そのためには、売れる製品を売るという基本を徹底すること、量の拡大に走らず、過剰在庫を発生させないことが重要です。そのためには、売れ筋商品を仕入れること、さらには独自製品を開発することがポイントとなります。

第4章のまとめ

●結果を残す会計力を高めるためには、独自性経営と売上・利益の体系図を構築することが重要である。

●体系図には、経営指標、独自性指標ＵＰＩ、顧客価値指標ＣＶＩを記載し、それらが売上・利益を向上させる全体像を理解することが重要である。

●売上・利益を実現する構造（ツリー）を作成することが有効である。ツリーは、売上・利益と、顧客価値指標ＣＶＩ・独自性指標ＵＰＩの相関関係がわかるよう体系化することが重要である。

●自社の「売上の方程式」を知ることが重要である。そして、基本的施策と独自性がどのように関わっているかを明確にすることがポイントである。

●売上・利益を適切に管理するためには、製品グループ等のセグメント別に、売上、粗利益の見える化をすることが有効である。

●長期利益を実現するためには、「未来費用」（研究開発費等）を明確に意識することが必要であり、天引き投資として管理することがポイントである。

●利益は、持続可能な成長、再投資のための手段である。自社における利益目標・利益水準に対する考え方を明確化しておくことが重要である。

●投資資金を確保する観点で、キャッシュフローの管理が重要である。特に、運転資本の回転日数（CCC：キャッシュ・コンバージョン・サイクル）の目標を設定し、その短縮に向けて努力することがポイントである。

●強い企業は、キャッシュフローを重視している。大胆な投資を果敢かつタイムリーに実行するためには、必要十分なキャッシュを確保しておくことがポイントである。そして長期視点での投資が、持続的成長を実現する。

第 5 章

日本の中堅企業の独自性も凄い

これまで、独自性の一連の流れと重要なテーマについて解説してきましたが、Ａｍａｚｏｎ、ＩＫＥＡ、アップルといった大企業の事例を中心に紹介しました。

そこで、本章では、技術を誇る日本企業の中堅メーカーから1社、ＩＫＥＡと同じく小売業から1社、独自性を確立して頑張っている企業の事例を紹介します。

精密プレス部品加工メーカーの事例

N製作所

N製作所は、独自の技術力を持つ精密プレス加工部品メーカーです。

その技術力により、国内外の著名企業からの特命業務を請け負っています。

◆ビジョン：「お客様が「欲しい」と思う製品を、独創的な技術で世界中に供給する、部品におけるスーパーサプライヤーを目指す。また、独創的な技術と品質で、世界初、世界一の製品を作る。」

◆信条：「誰もできないことをやる」

N社は、世界で初めて、超小型電子記憶装置用基盤のプレス製造法の研究開発・実用化に成功した企業です。これにより、「ものづくり日本大賞　優秀賞」を受賞しています。

A社から受注した超精密プレス技術を駆使した超小型電子記憶装置用基盤は、最大1万曲の記憶容量を実現した携帯型デジタル音楽プレーヤーに搭載され、世界中の音楽愛好家に瞬く間に広がり、新たな顧客を多数創造しました。そして、携帯型デジタル音楽プレーヤーへの搭載を皮切りに、デジタルビデオカメラ・カーナビゲーション等に搭載され、更に携帯電話への搭載が決まるなど用途が拡大しており、社会的な貢献という面からも高い評価を受けています。

超精密プレス技術を実現したのは、独自に開発したプレス金型工法（日米で特許を取得）です。このプレス金型工法は、今まで機械加工でしかできなかった、あるいは機械加工でも製作が困難であった金属部品を高品質に保ちながら、生産できることに特徴があります。数年掛りの開発により確立した独自の金型工法を利用することにより、生産プロセスがプレス加工として可能となり、更に従来の生産プロセスで必要であった一部の部品や複合加工が不要となりました。強度や精度、コストにおいても優れていると評価されています。

このような独自の技術力により、「ものづくり日本大賞」受賞の他、最近では、「地域未来牽引企業」に認定され、また「超モノづくり部品大賞　日本力（にっぽんぶらんど）賞」を受賞するなど、様々な賞を受賞しています。

N製作所の場合、顧客にとっての価値をどのように実現したのかを確認します。

図5・1　N製作所が実現する顧客価値　〈精密プレス加工〉

	要求仕様（スペック）	Q 品質	C コスト	D 納期
基本的な価値	通常レベルの要求仕様の完全実現	ISO品質の継続的改善	顧客要望価格への対応力	納期遵守
価値の向上（独自価値）	今まで世の中にない要求仕様を、従来のプレス加工を超えた革新的な工法（魔法の技術）で実現	・顧客における当該製品の製造期間中、自社納品部品を原因とする生産ラインの停留は、ゼロ ・任意なデザイン	顧客における圧入、スポット溶接等一部工程が不要のため、原価低減が可能	・顧客における迅速な安定量産を実現 ・複雑な形状の部品を短納期で製造

具体的には、以下の点があげられます。

・圧倒的な高品質の部品を供給することにより、不良品率は限りなくゼロに近くなります。そうすることで顧客側の受入検査の工数を大幅に削減できます。さらに不良品率がゼロになれば、受入検査自体の作業をなくすことができます。この結果、顧客に高い価値を提供しています。

・顧客の「こんな部品が欲しい」という難解な要求に対して、独自のプレス加工技術（従来のプレス加工を超えた革新的な工法：特許取得）により、顧客は、高精度・高難度な製品づくりができ、顧客に高い価値を提供しています。

このように、独自技術により他社と圧倒的な差別化を実現する製品を提供することや、顧客の「●●が欲しい」をまるで魔法のような独自の技術で実現しており、顧客にとって高い価値を提供しています。

以上、顧客価値見える化シートを示すと**図5・1**のようになります。

N製作所は、世の中に無い、顧客が今、欲しい技術を独自

図5・2 〈N製作所：精密プレス加工〉 独自性確立＆顧客価値向上シート

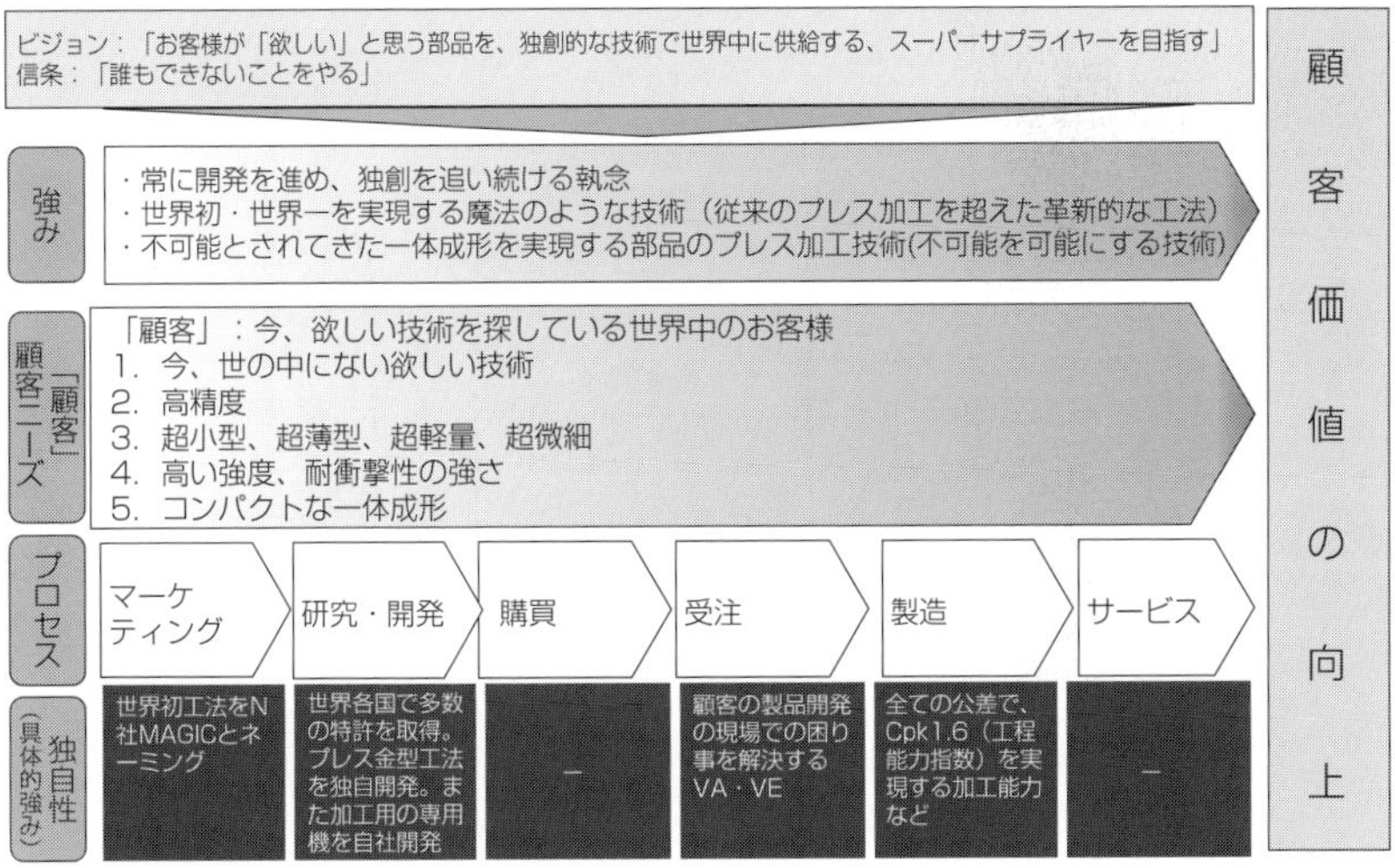
ビジョン：「お客様が「欲しい」と思う部品を、独創的な技術で世界中に供給する、スーパーサプライヤーを目指す」
信条：「誰もできないことをやる」
顧客価値の向上
強み
・常に開発を進め、独創を追い続ける執念
・世界初・世界一を実現する魔法のような技術（従来のプレス加工を超えた革新的な工法）
・不可能とされてきた一体成形を実現する部品のプレス加工技術(不可能を可能にする技術)
「顧客」顧客ニーズ
「顧客」：今、欲しい技術を探している世界中のお客様
1. 今、世の中にない欲しい技術
2. 高精度
3. 超小型、超薄型、超軽量、超微細
4. 高い強度、耐衝撃性の強さ
5. コンパクトな一体成形
プロセス
マーケティング
研究・開発
購買
受注
製造
サービス
独自性（具体的強み）
世界初工法をN社MAGICとネーミング
世界各国で多数の特許を取得。プレス金型工法を独自開発。また加工用の専用機を自社開発
－
顧客の製品開発の現場での困り事を解決するVA・VE
全ての公差で、Cpk1.6（工程能力指数）を実現する加工能力など
－

の革新的な工法で実現しており、なおかつ優れたVA・VE提案により、顧客のコストダウンに貢献しています。

また、顧客価値の向上をすべく、どのように独自性を確立しているか、N製作所の独自性確立&顧客価値向上シートを**図5・2**に示します。

なお、N製作所は非公開企業であるため、業績等の財務情報は不明ですが、参考まで**図5・3**に売上の方程式を示しておきます。

顧客価値の見える化シートでも記載しましたが、基本的施策は、ISO品質の継続的改善等が主な柱になります。一方、独自性は、独自性確立シートに記載した魔法の技術や世界各国で取得した特許、そして、優れたVA・VE提案力が主な内容になります。

図 5・3　売上の方程式：N社の方程式

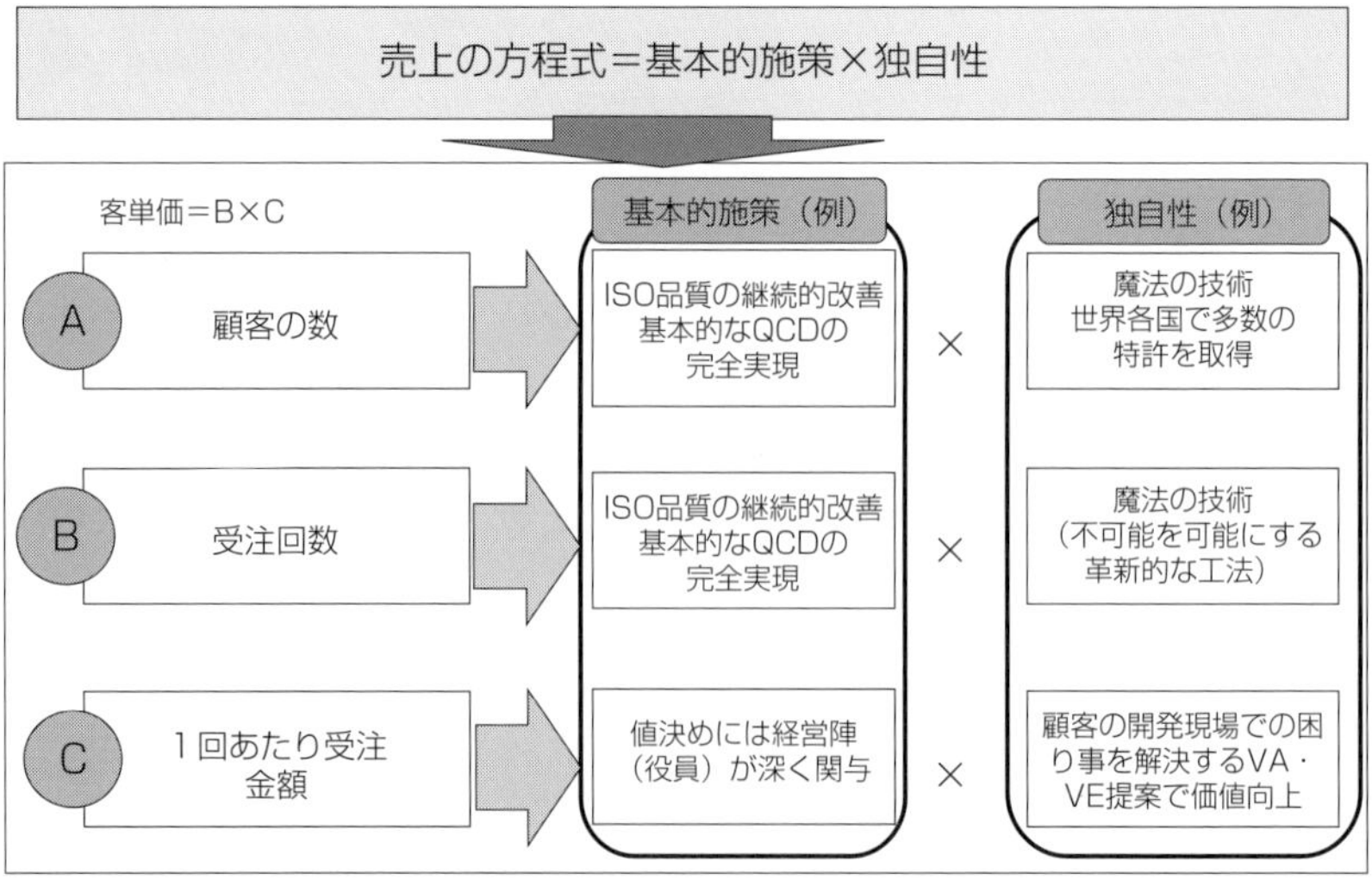

受注請負ビジネスの場合、売上の算式は、以下のようになります。

売上＝顧客の数×受注回数×１回あたりの受注金額

家電販売店の事例

でんかのヤマグチ

でんかのヤマグチは、東京町田市にある町の家電販売店です。
多くのメディアにとりあげられているためご存じの方も多いかもしれません。
並居る大手量販店の進出に負けずに独自の戦略で業績を伸ばしています。
◆経営理念:『でんかのヤマグチは、当店を利用していただく大切な大切なお客様とお客様の為に働く社員のためにある。』
◆モットー（大切にしていること）
・お客様に呼ばれたらすぐにトンデ行くこと
・お客様のかゆいところに手が届くサービス（今後は、かゆくなる前に提案型サービスを目指す）
・お客様に安心をお約束すること（即日修理訪問等）
・お客様に満足をお届けすること（喜んでいただくこと、よい商品で満足していただくこと）
同社の強みは、呼ばれたらすぐ飛んでいくフットワークの軽さ・速さ、かゆいところに行き届くサービスとそれを実践する社員の存在です。そしてこの強みを活かし、強みに集中するために、呼ばれたらすぐ飛んでいける場所にある顧客を自社の顧客と決め、会社のモットーの中に、強みそのものが反映されています。

つまり、かゆところに手が届くサービスを提供するためには、近隣のお客様でかつ、価格だけで購入しないお客様を自社の顧客と定義しました。大型量販店の町田周辺への出店攻勢でピンチになった際、創業期から蓄積していた顧客3万世帯を1万3千世帯に絞り込んだのです。現在は、「町田市、旧相模原市にお住まいの方のお店」として商売されています。

では、でんかのヤマグチは、どのようにして、顧客価値を向上させているかについて説明します。その鍵になるのが、裏サービスと呼ばれる独自サービスです。

独自サービスの具体的な内容

お客様から冷蔵庫の調子が悪い、蛍光灯をつけかえてくれというお声がかかったら、飛んでいくのは当たり前とのことで、「即日対応」（即日修理、即日サービス、即日配達）をお客様との約束事にしています。その本業とは別の究極のサービス（裏サービス）を提供しています。ヤマグチの営業マンは、毎日担当のお客様を定期訪問し、日々の御用聞きを行っています。そして日常生活で生まれる顧客の細かな要望に応え、解決しているのです。例えば、

・家具の移動（家のレイアウト変更）
・壁に帽子用の棚の取付け

・お客さん外出時の留守番
・日用品等のお買い物
・旅行中の水遣り
・蜂の巣駆除
・飼い犬の散歩　など

このように「何でも屋さん」のようなサービスを無料で行っていることで、結果的に「遠くの親戚より、近くのヤマグチ。買い物だけの付き合いじゃないからこそ買い物する」とまでお客さんに言わせることができています。またこのため高値での販売を実現することができています。このようなことはとても大手の量販店では真似のできないことであり、単に地域密着サービスという言葉では表現しつくせない〝超〟地域密着活動といえます。

そして、モットーがあること自体が、独自性の源泉になっています。

改めて考えると、このような裏サービスは、いずれも目新しいものではありません。他社がやろうと思えば実施可能なサービスです。では、どこに差があるのか、それは、裏サービスをやり続けることができるかどうかです。低価格が売りの大手量販店には、割に合わず手間のかかることはしないでしょうしできないでしょう。お客様が喜ぶことなら何でもするという使命感をもった社員の存在、顧客を選別し付加価値を重視した価格戦略を実行するヤマグチにしかできないサービスと言えます。イノベーションによらずとも、独自性を確立すれば、他社と戦えること、戦わずして勝つことができることを証明した事例です。

以上から、でんかのヤマグチの独自性をまとめると、**図5・4**のような独自性確立シートになります。

図５・４　〈でんかのヤマグチ〉独自性確立＆顧客価値向上シート

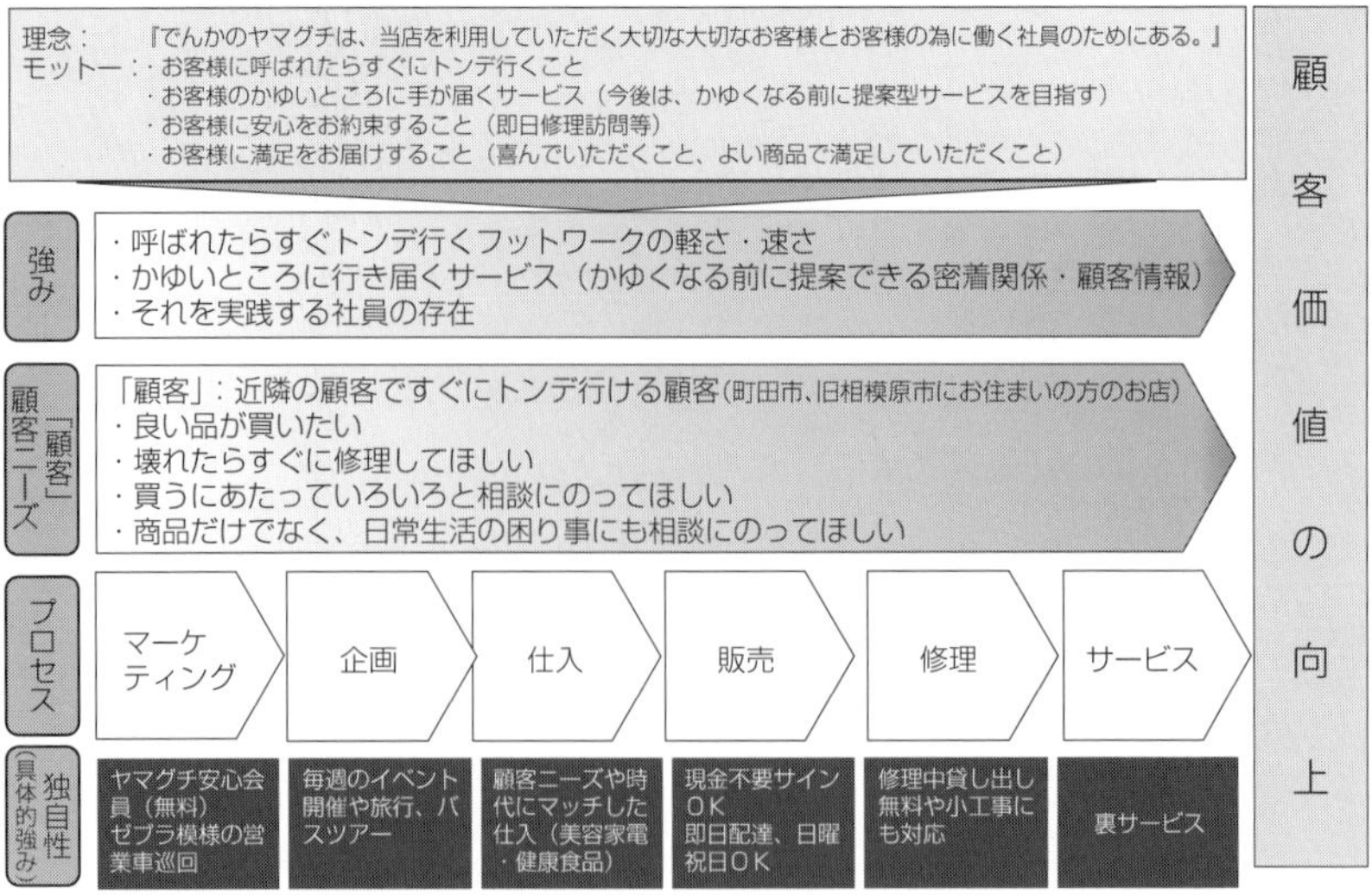
理念：　『でんかのヤマグチは、当店を利用していただく大切な大切なお客様とお客様の為に働く社員のためにある。』
モットー：・お客様に呼ばれたらすぐにトンデ行くこと
・お客様のかゆいところに手が届くサービス（今後は、かゆくなる前に提案型サービスを目指す）
・お客様に安心をお約束すること（即日修理訪問等）
・お客様に満足をお届けすること（喜んでいただくこと、よい商品で満足していただくこと）
顧客価値の向上
強み
・呼ばれたらすぐトンデ行くフットワークの軽さ・速さ
・かゆいところに行き届くサービス（かゆくなる前に提案できる密着関係・顧客情報）
・それを実践する社員の存在
「顧客」顧客ニーズ
「顧客」：近隣の顧客ですぐにトンデ行ける顧客（町田市、旧相模原市にお住まいの方のお店）
・良い品が買いたい
・壊れたらすぐに修理してほしい
・買うにあたっていろいろと相談にのってほしい
・商品だけでなく、日常生活の困り事にも相談にのってほしい
プロセス
マーケティング
企画
仕入
販売
修理
サービス
独自性（具体的強み）
ヤマグチ安心会員（無料）ゼブラ模様の営業車巡回
毎週のイベント開催や旅行、バスツアー
顧客ニーズや時代にマッチした仕入（美容家電・健康食品）
現金不要サインＯＫ　即日配達、日曜祝日ＯＫ
修理中貸し出し無料や小工事にも対応
裏サービス

では、このような独自戦略を売上の方程式にどのように反映したか、その結果、業績はどのようになったのかを確認していきます。

でんかのヤマグチの売上方程式

基本的施策については、いずれも会社のモットーに基づいた項目となっていることがおわかりいただけると思います（安心サービス、良い商品で満足）。

一方、独自性についても、モットーそのものの中にある「すぐにトンデ行くことや、かゆくなるまえに提案すること」、さらに、大切なお客様にために労を厭わず尽くす裏サービスが象徴的な独自性を表しています。また、修理についても、会員向けの即日修理訪問等を基本的施策として実行し、修理中の貸し出しや、ささいな小工事（壁スイッチや電球交換等）にも対応するというヤマグチならではの独自の活動を実施しています。

図5・5　売上の方程式：でんかのヤマグチの方程式

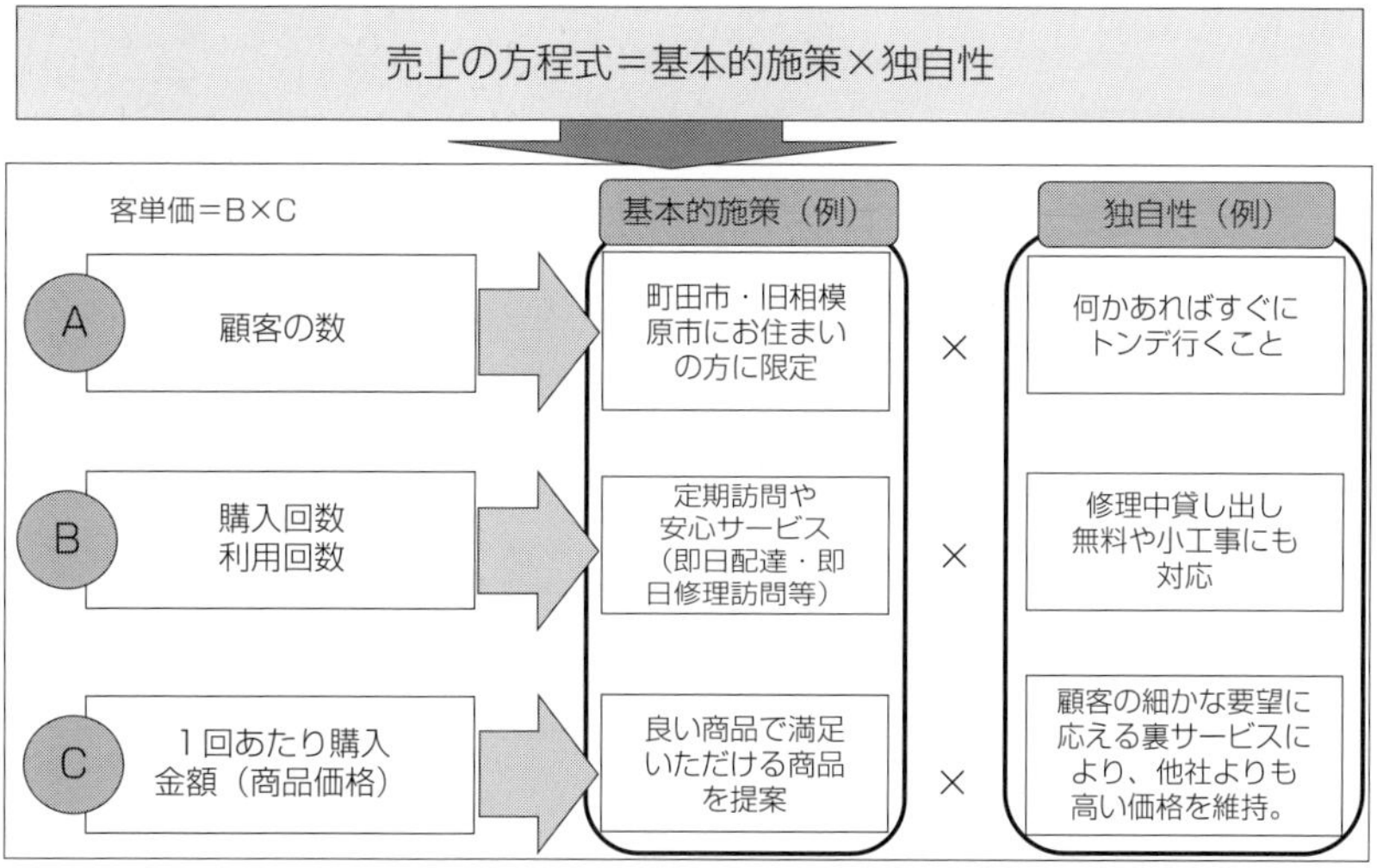

でんかのヤマグチの業績推移

顧客を3万世帯から1万3千世帯に絞り込んだ結果、売上は減少しましたが、独自性を確立し、強みを磨き上げた結果、一定の売上を維持し、粗利益率は大幅に上昇しました。独自戦略をとる前の粗利益率は業界平均並みでしたが、客数・販売量減少による利益の低下を打開するために、「利は売価にあり」を実践し、競合他社よりも高い価格を維持しました。高い価格の根拠は、裏サービスに代表される顧客密着型のサービスの実施です。

この結果、粗利益率は10％以上上昇し、現在は、約40％の高水準を達成していると言われています。

強みに集中し強みを磨き上げ、独自性を確立することがいかに重要であるか、そして実際に結果（業績）に結びつくものであることがおわかりいただけるかと思います。

改めて考えると、でんかのヤマグチの事例は、AmazonやIKEAの低価格戦略とは、真逆です。

それは量ではなく質で勝負する中堅企業の戦略です。ただし、「顧客にフォーカスする（執着する）・顧客体験を向

図5・6　でんかのヤマグチの業績推移ー強みに集中・独自サービスの成功事例

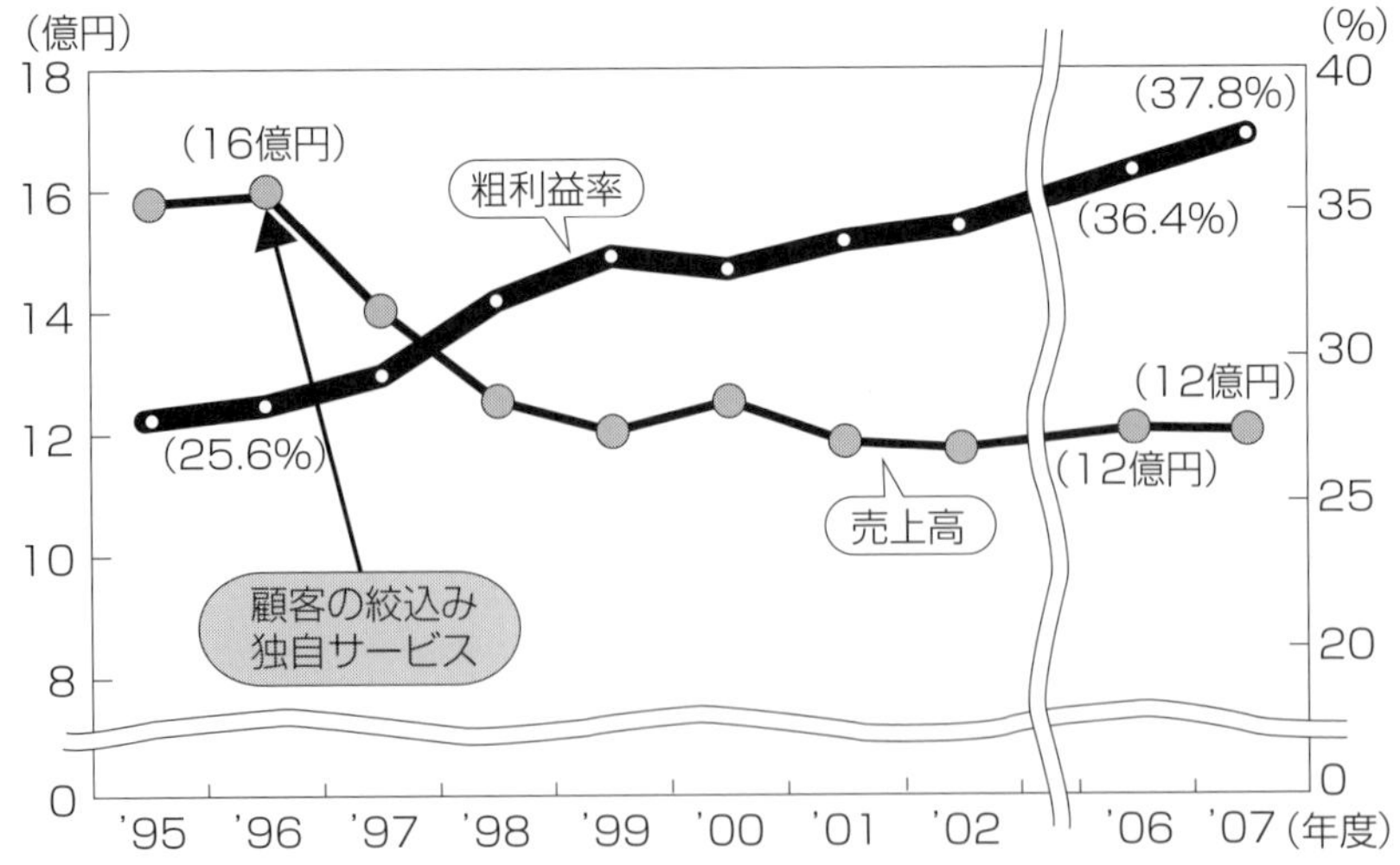

出典：『ヤマダ電気に負けない弱者の戦い方』

上させる」という点については、同様と言えます。

また、中堅企業の場合、独自性については、独自性確立シートで示したすべてのプロセスで、独自活動を設定する必要はありません。

先のN製作所の事例では、顧客の「こんな部品が欲しい」という難解な要求を実現する独自のプレス加工技術（従来のプレス加工を超えた革新的な工法・特許取得）が独自活動（技術）の象徴です。

そして、でんかのヤマグチの場合は、裏サービスが、独自サービスの象徴です。

N製作所とでんかのヤマグチに共通なことは、

・理念（使命感）、ビジョンの実現のために
・強みを活かし強みを磨き上げることにより
・他社のやらないこと・やれないこと

を独自性として確立していることです。

改めて、第3章ステップ3「独自性＝強み×差異化 in 使命感」の**図3・8**を確認していただければと思います。

第5章のまとめ

●独自性の確立は、資金力がある大企業だけができるということではない。
　ＩＫＥＡやＡｍａｚｏｎは、創業期・小規模の頃から独自性を構想し、早い段階で確立していた。特に、デジタル化の時代は早めに独自性を確立することが重要である。
●中堅企業だからこそできる独自性がある。従業員全員で知恵を出し合い創意工夫すれば、可能である。
●独自性は、革新的な製品やサービスである必要はない。自社の強みを活かし磨き上げれば、独自性を実現できる。でんかのヤマグチの裏サービスが良い例である。
●独自性を実現するには、顧客価値見える化シートや独自性確立シートを活用するのが有効な方策である。

第6章

独自性を維持する投資戦略

企業活動は、財務的視点で捉えれば、投資とリターンの繰り返し活動です。キャッシュフローの管理により、財源を確保し、再投資を継続していく、このことが独自性の維持と持続的な利益を支えます。

独自性を継続するためには、3つの投資が必要

強みを活かし、独自性を確立して、顧客価値を向上させること、これを一過性のもので終わらせることなく、独自性を持続し、価値を提供しつづけるには、3つの持続的な投資が必要です。

・研究開発投資
・設備投資等（※）
・人財開発投資（人財採用と人財育成）

※設備投資等には、IT投資（基幹システムやデジタルトランスフォーメーションDX等）を含めています。

未来費用との関係でいえば、次のようになります。

・未来費用：研究開発費と人財開発費（※）

※会計上は費用ですが、本書では費用という位置づけでなく、投資という位置づけで考えます。つまり、景気の変動や目先の業績達成に左右されることなく、コンスタントに一定水準以上の資金を投じるべき性格の項目です。

なぜ、この3つの投資が重要か改めて説明します。

強みを磨き上げ独自性を確立するには、諦めずに試行錯誤を続けること、つまり、継続的な研究開発が必要です。先に紹介したAmazonの高水準を続ける研究開発投資の事例が代表例です。また実際に、独自製品や独自サービスを開発するには、設備投資等が必要です。IKEAの事例でいえば、自社の製造ラインを保有することです。でんかのヤマグチの例でいえば、営業マンが毎日既存顧客の御用聞きに行き裏サービスを提供するための、ゼブラ模様の営業車への投資になります。

そして、何より、そのような独自サービスを提供する人、研究開発を諦めずにやり続ける人がもっとも重要であり、人の存在なくして、大きなことを成し遂げることはできません。そのためには会社の理念や価値観に共感する人を採用すること、採用後は、しっかりと人財育成投資を行い、基本戦略を徹底し独自性を実現できる人財に育て上げることが重要です。

次項より、詳細にみていくこととします（人財開発投資については、第7章参照）。

研究開発投資のポイント

未来費用は天引き投資

繰り返しの説明になりますが、Ａｍａｚｏｎはまさしく研究開発費を未来費用として位置づけ、未来の事業を創りだしてきました。赤字が続く中、高水準の研究開発費を維持したことが、キーポイントと言えます。短期的な業績確保のために、安易に削減されることのないよう、一定水準の研究開発投資を持続することが重要です。そのためには、未来の事業基盤を創るための費用という位置づけを明確に、予め一定の経営資源を確保すること、すなわち「天引き投資」がポイントです。

研究開発活動に割り当てる3つの経営資源

上記で一定水準の研究開発投資を持続することが重要であると述べましたが、ここでは3つの経営資源の投入を説明します。**図6・1**をご覧ください。

経営資源の要素としては、時間、人、お金の切り口があります。

図6・1　研究開発活動への割り当てる3つの経営資源

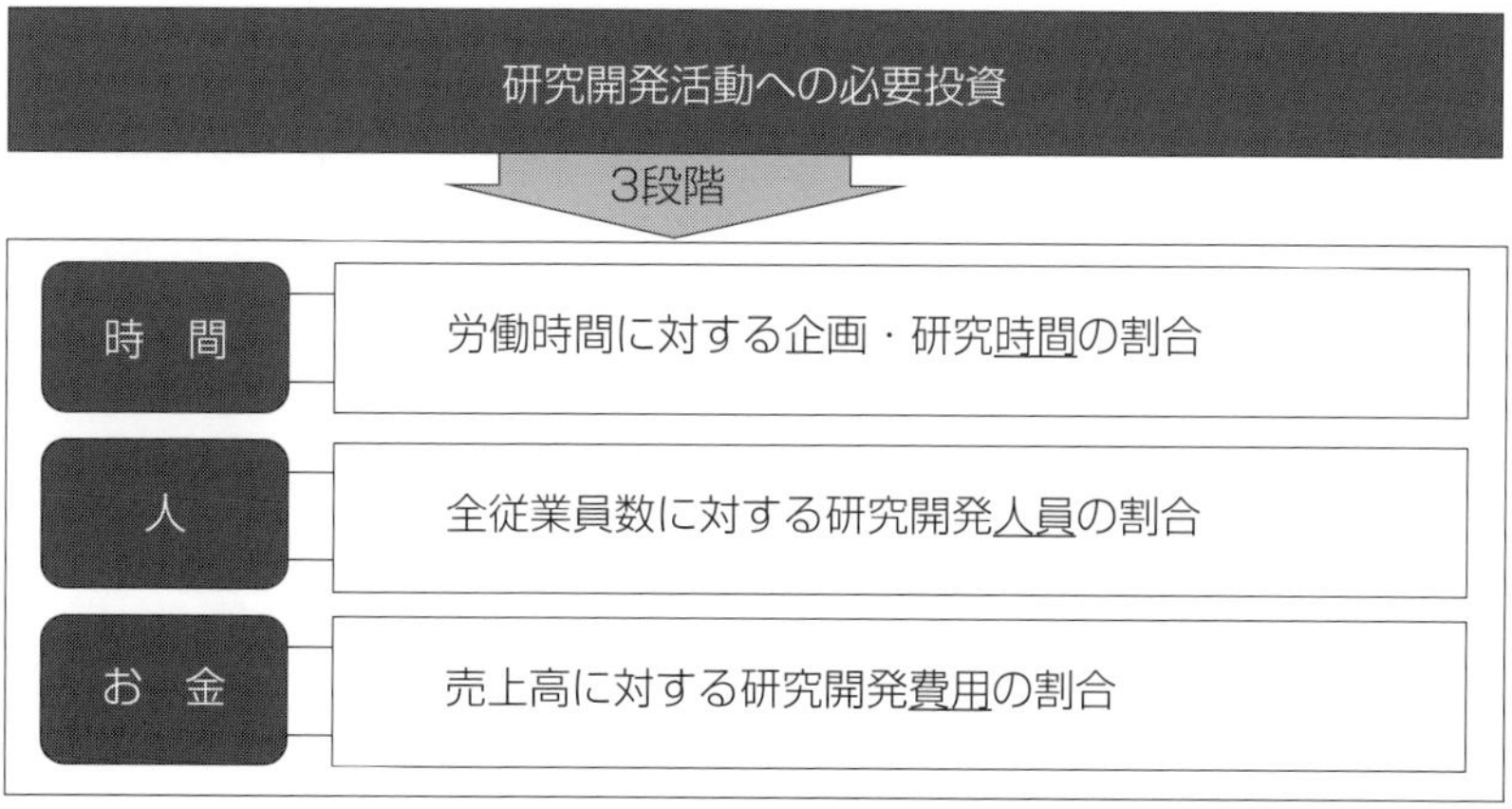

まず、時間の切り口でみると、3Mの15%カルチャーに代表されるような研究活動・アイデア創出活動を行う時間の労働時間に対する比率があります。これは、人を採用したり、研究開発にお金を投資することに比べるとハードルは低いと思います。日常業務のムダ（余計な仕事や資料作り等）を削減し、業務改善を行うことにより、時間を創り出し、空いた時間を企画や研究の時間に充てます。

次に、人の切り口でみると研究開発部門の人員比率になります。理念経営で知られる伊那食品工業（研究開発型食品メーカー）は、全従業員の10%を研究開発部門の人員に充てています。時間は、すべての従業員にその機会を与えるものですが、人への投資はより専門性に特化するため、研究・開発活動に専念できる人財の割当てがポイントとなります。

3つ目のお金の切り口は、研究開発費の売上に対する比率になります。これについては、Amazonの事例等でみてきたとおりです。業種や会社の方針・状況によって、比率は異なりますが、大事なことは、一定の目標水準を決めたら、それを毎年持続することです。安易に削減することがあってはなりません。そして、毎年、一定の水準を確保するためには、中長期の経営計画において、一定の研究開発費を財源手当、つまり、天引き投資することが有効です。

3つの時間軸による研究開発費の管理

天引き投資が必要な研究開発費ですが、さらに時間軸で管理することが重要です。時間軸は、短期、中期、長期の3つからなり、バランスが重要です。短期の開発だけに走れば他社を凌ぐ革新的な商品は生まれず、市場へ投入しても早晩価格競争に巻き込まれます。一方、長期の基礎研究が大半の研究開発部門は金食い虫と言われかねません。実用化を急ぐ製品ばかりに開発投資しても、未来技術ばかりに偏ってもいけません。短期・中期・長期のバランスと役割が重要です。

例えば次のように考えることができます。

短期開発（30％）：既存市場での顧客ニーズに即応できる新製品の開発や既存製品の改良

中期開発（30％）：新規市場を開拓できる新製品の開発や既存技術の応用

長期開発（40％）：未来の事業の柱になり得る全く新しい新製品・新技術の開発

括弧内の％は、毎期の研究開発費（資源）の配分です。例えば、長期は固定し、短期と中期で配分を調整していくことも考えられます。

短期開発は、市場・顧客の現在ニーズへの対応でありスピードが求められます。ある意味、既存市場の評価維持や既存顧客の満足度維持向上という側面もあるため、短期に開発できるテーマに絞るべきです。

図6・2　3つの時間軸における研究開発費用の管理ポイント

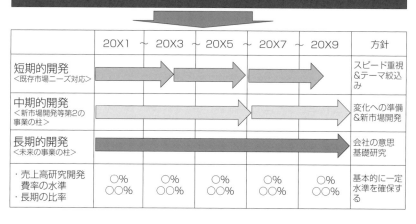

短期・中期・長期のバランスと役割・方針の明確化が重要

	20X1	～ 20X3	～ 20X5	～ 20X7	～ 20X9	方針
短期的開発 <既存市場ニーズ対応>						スピード重視&テーマ絞込み
中期的開発 <新市場開発等第2の事業の柱>						変化への準備&新市場開発
長期的開発 <未来の事業の柱>						会社の意思 基礎研究
・売上高研究開発費率の水準 ・長期の比率	○% ○○%	○% ○○%	○% ○○%	○% ○○%	○% ○○%	基本的に一定水準を確保する

中期開発は、新たな市場の開拓であり、第2の事業の柱に仕上げるという明確な位置づけが必要です。また、環境変化を予測し先行して開発に着手・準備しておくことが重要です。要求される品質や技術レベルが高いことも想定されることから、他社との連携や提携、オープンイノベーションによる対応も考えられます。

長期開発は、未来のために成功するまで研究開発を続けるという明確な会社の意思が必要です。そのことにより社内（他部門）の理解・協力が得られ、担当者は研究に安心して研究に専念することができます。

以上を図で示すと**図6・2**のようになります。

イノベーションは究極の差別化

以上のように一定の水準の研究開発投資を行い、かつ、時間軸での管理を行うことにより、新製品の開発・新技術の確立、新規事業の開発といったイノベーションを実現することが可能となります。独自商品や独自サービスは、でんかのヤマグチの裏サービスのように、全く新しいものでなくても成立し、他社との差別化を実現できます。ゆえに、全く新しい価値を創出するイノベーションは、まさに究極の差別化を実現するものであり、独自性を極めたものと言えます。そしてイノベーションに取り組んでいくためには、目標設定が重要となります。

イノベーションを推進する数値目標

次のような例があげられます。

1　特許出願件数
2　特許取得件数
3　新製品・新サービスの開発（件数や時期の目標）
4　独自商品・独自サービスの開発（件数や時期の目標）
5　新規事業の立上げ
6　新製品・新規事業の売上割合
7　独自商品等の売上割合
8　製造上の変動費・固定費の減少（既存技術の改良や新秘術の確立による）

1～5は質的な目標であり、6～8は財務的な目標の例となります。

また、1～7の項目は、いずれも顧客価値を高め粗利益（率）を向上させることができます。

設備投資等のポイント

意思決定の原則（ドラッカー）

独自の新製品を量産したり、独自性を実現する設備（施設）を保有するためには、一定の投資が必要です。特に設備投資等は金額も大きくなりますし、いったん、投資してしまえば、後戻りはできないため、その意思決定が極めて重要となります。ここでは、意思決定を行う際の原則を紹介します。ポイントは、技術的視点や会計視点（投資回収判断）のみならず、客観的視点、多面的な視点を議論に組み込み、経営者・役員全員が納得し合意できる結論に到達するプロセスです。

また、意思決定を行う際の検討項目としては、次のような項目があげられますが、最終的には意思決定のやり方・プロセスが重要となります。

- その投資を行えば、独自性が維持され、他社との差別化を継続して実現できるか
- その投資を行えば、顧客価値がより一層向上するか
- その投資を行えば、市場のシェアを増やせるか
- その投資を行えば、新しい市場を開拓できるか

●その投資を行えば、売上・利益の増加が確実に見込めるか
図6・3に、取締役会や経営会議での議論のあり方として、ドラッカーの意思決定の原則を紹介します。ポイントは多様な意見の尊重と真摯な議論です。

投資とリターンを意識する

前項の検討項目の中で「その投資を行えば、売上・利益の増加が確実に見込めるか」を判断するには、投資金額をいくらにし、どのくらいの期間で回収できるかといった詳細な検討が必要となります。このような投資評価にあたっては、回収期間法や、正味現在価値法といったテクニカルな手法がありますが、本書では別の専門書（※）に委ねることとし、詳細な検討を省きます。

※『役員1年目の教科書』（ロギカ書房）等

なお、ある一定レベルの投資を行うには、自己資金だけでなく、借入も必要になるケースがあると思います。投資の結果、期待される利益の増加（キャッシュ・フローの増加）により、○年で回収できる見込みがあるならば、その期間で借入金の返済期間を設定することもあると思います（実務的な回収期間法）。

いったん、投資してしまえば、後戻りはできないため、投資により期待した効果（リターン）を最大化するための活動に集中することが重要です。最終的にはキャッシュフローが当初の計画どおり獲得できているかをチェックすることが必要ですが、そのキャッシュにつながるリターン（効果）については、定期的に確認していくことが重要です。例えば、

図6・3　意思決定の原則（ドラッカー）

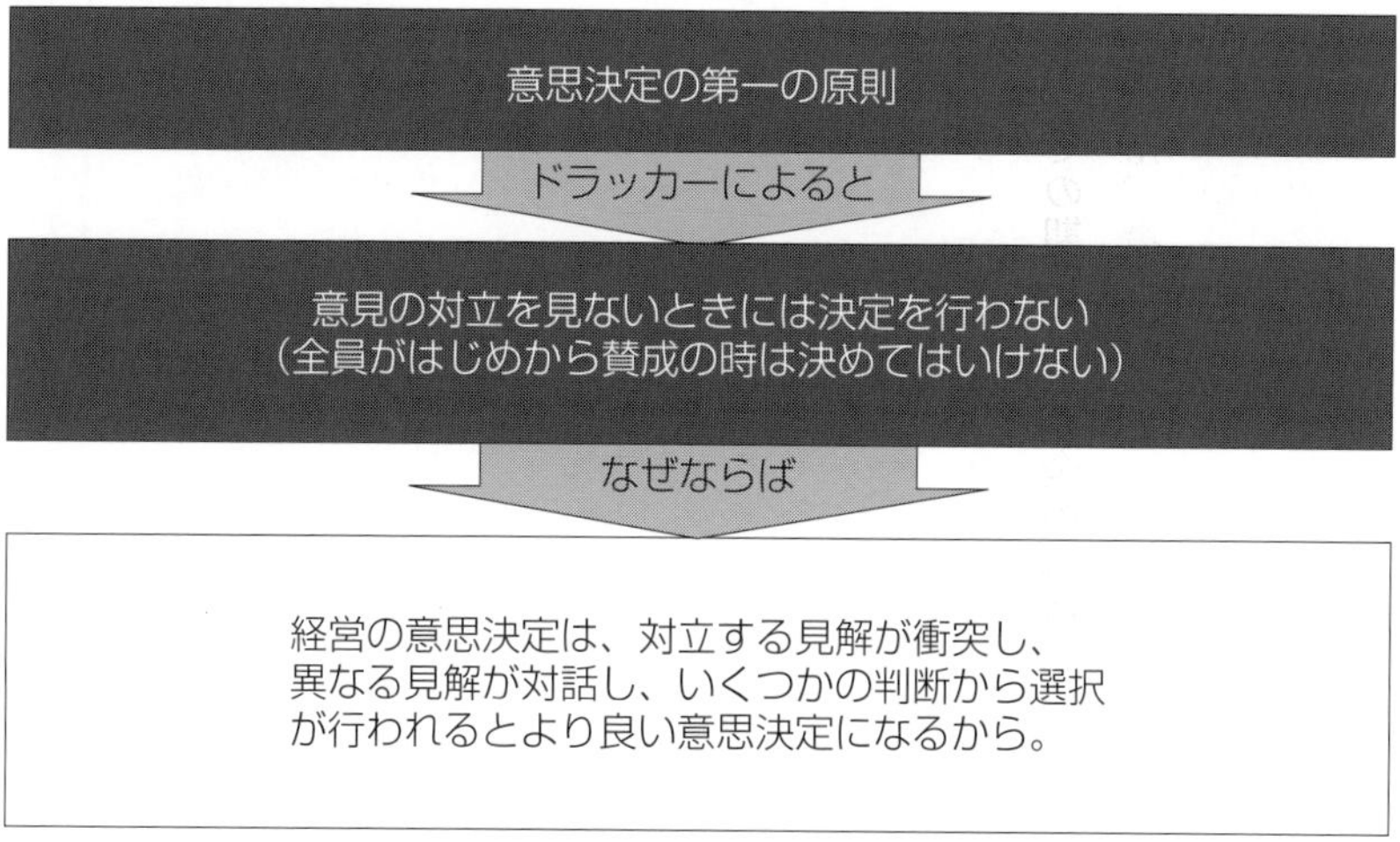
意思決定の第一の原則
ドラッカーによると
意見の対立を見ないときには決定を行わない
（全員がはじめから賛成の時は決めてはいけない）
なぜならば
経営の意思決定は、対立する見解が衝突し、
異なる見解が対話し、いくつかの判断から選択
が行われるとより良い意思決定になるから。

参考『マネジメント／P．F．ドラッカー』（ダイヤモンド社）

・顧客満足は向上しているか
・顧客価値は向上しているか
・強みを伸ばし、独自性が維持されているか

期待した効果を実現するには、創意・工夫によりオペレーションを改善したり、場合によっては、部分的にテコ入れ（追加投資）をすることもあるかもしれません。

いったん、投資したら終わりではなく、リターンを追求するため、継続的改善が重要です。

強い企業は苦境時にこそ投資レバレッジを効かせている

ポイントは、苦境期こそ大胆で独自性のある戦略投資を、長期的視野で決断・実行していることです。

日本マクドナルドの事例

２０１４年7月に起きた鶏肉偽装問題、２０１５年1月に起きた異物混入問題等からマクドナルドの食品の安全性に対する消費者の不信感が高まりました。その影響から、マクドナルドの客離れが進み、売上高は大きく落ち込み、２０１４年12月期、２０１５年12月期と2期連続で赤字に陥りました。しかし、その苦しい局面で短期的には利益減となる店舗改装に力を振り向けたことが、現在に至る復活の道を開きました。

その後、業績は、みるみる回復し、２０１９年12月期は、全店売上（フランチャイズ含む）が創業以来、最高となり、既存店売上の前年対比も、50か月連続増加（２０１５年12月から２０２０年1月まで）、17四半期連続増加となっています。

２０１３年から２０１９年までの業績推移は、**図6・4**のとおりです。

２０１４年12月期と２０１５年12月期は、営業キャッシュフローがマイナスですので、設備投資を差し引いたフリーキャッシュフローもマイナスになりましたが、改装効果などにより、営業キャッシュフロー、フリーキャッシュフローともに、順調に回復を果たしました。２０１４年12月期の投資資金は、手元資金により行われましたが、２０１５年12月期の投資資金は、借入金（２７０億円）で行われたことは、注目すべき点であり、この投資計画を完遂するという決意の表れだったと思います（通常の年度では、営業キャッシュフロー

図６・４

（単位：億円）

	2013/12	2014/12	2015/12	2016/12	2017/12	2018/12	2019/12
売上	2,604	2,223	1,894	2,266	2,536	2,722	2,817
営業利益	115	△67	△234	69	189	250	280
当期純利益	51	△218	△349	53	240	219	168
営業ＣＦ	71	△136	△145	197	319	348	449
設備投資＊	△168	△151	△161	△158	△155	△138	△177
ＦＣＦ	△97	△287	△306	39	164	210	272

＊設備投資：有形固定資産の取得＋敷金・保証金の差入＋ソフトウェアの取得

で稼ぎ出した資金により、設備投資が行われています）。

２０１５年4月に発表されたビジネスリカバリープランは、次の４つになっていますが、リカバリープランの大前提としては、食の安全・安心のための取組みが最優先課題であったことは言うまでもありません。

1．よりお客様にフォーカスしたアクション
2．店舗投資の加速
3．地域に特化したビジネスモデル
4．コストと資源効率の改善

ここでは、2．店舗投資に注目します。２０１４年モダンな店舗の割合25％から、２０１８年までにモダンな店舗の割合を90％にすべく、２０１５年から２０１８年までの4年間で約2、０００店舗の改装を計画しました。

マクドナルドでは、新規開店もしくは改装から数年しか経過していない店を「モダン」と呼び、改装を進めることを店のモダン化と呼んでいます。

この間の店舗改装のトピックは、内装デザインを大きく変化させたことです。

例えば、次のような改装です。

●マックっぽくない、コーヒーチェーンストアのような内装

●日本人デザイナーを初めて起用した日本独自のデザインの採用。顧客が親しみを感じやすい、ハンバーガーやポテトなどをモチーフにした内壁のデザインが特徴

ここでのポイントは、これまでのマクドナルドの店舗のイメージを変えたことです。特に消費者に食の安全性を訴えるとともに、店舗そのものが以前とは変わったことを強く印象付けるために必要だったと思われます。

マクドナルドにとって、これまでと大きく異なる内装、特に、日本独自の内装には、店舗内装デザインにおける独自性の重視が伺えます。

未来への投資により、未来の利益を創出する

これまでの内容を会計マネジメントという視点で、取りまとめます。

投資とリターンの会計マネジメントの実践

未来への投資とは、毎期損益計算書に計上されている未来費用（研究開発費用・人財開発費等）と、貸借対照表に資産計上された投資（設備投資やM&A等の戦略投資）のことを言います。この両者があいまって、未来の利益を創出することにつながります。

つまり、研究開発活動により、新製品を開発する（イノベーションの実現）と、必要に応じて特許権を取得し、量産のための設備投資を行っていきます。イノベーションと設備投資が収益を生み、将来にわたる利益が創出されていくことになります。

未来への投資により、未来の利益を創出するための会計マネジメントのイメージをB／S（貸借対照表）とP／L（損益計算書）により示します（**図6・5**）。

未来費用と投資の継続が、将来の売上・利益を創りだすという構図です。

図６・５　未来への投資が未来の利益を生む（中長期視点の会計マネジメント）

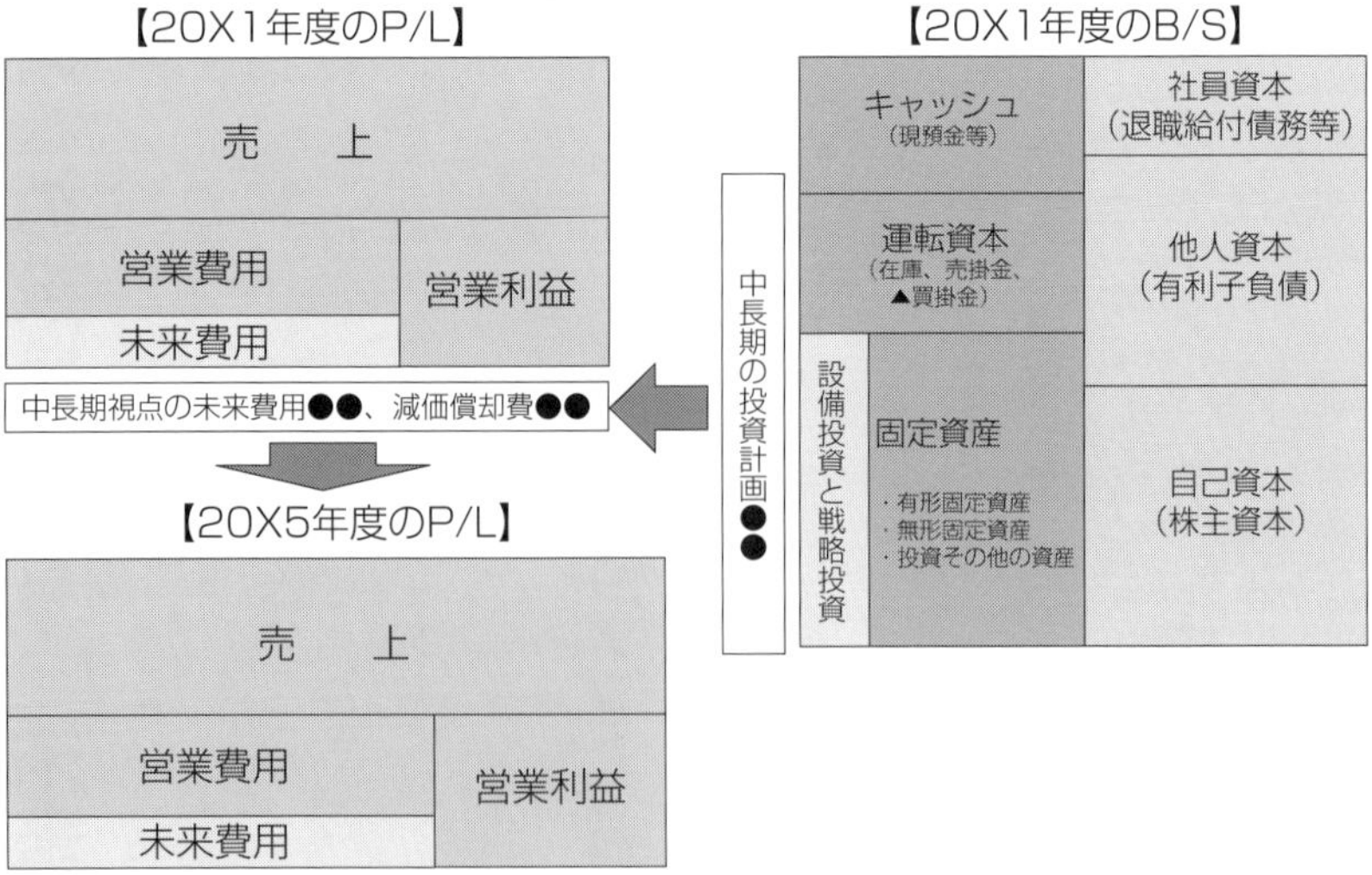

戦略投資のマネジメント

戦略投資は、買収による株式取得、設備投資のうち将来を左右するような多額の投資、そして、特許権等の知的財産取得にかかる費用をいいます。戦略投資は、前述のとおり、投資の意思決定が最大のポイントになりますが、いったん、投資を実行すると、投資の確実な回収に向けて、投資実行以降、毎期、回収を管理していくこと（モニタリング）が重要となります。つまり、戦略投資の投資採算管理を別個に行っていくことが必要です。

知的財産投資の留意点

現在注目されている知的財産投資に関して留意すべき点を述べます。

知的財産投資は、まさに、独自性を確立するための戦略投資です。独自技術を獲得するために行われる買収やオープンイノベーションにより外部から取得した特許権は、時価をベースに取得されるので、一定の対価により資産計上されます。一方、自己創設の特許権については、登録料等の手数料が資産計上額となります。つまり、自己創設の特許権は、特許権として登録されるまでの間は、損益計算書の研究開発費（未来費用）として、長年計上され続けてきています。

このように、自己創設の特許権取得の場合は、他の戦略投資と比べて資産計上額自体は目立たなくなるため、投資回収の視点が、不足する可能性があります。したがって、その累積額の大きさに注目し、将来にわたる収益によって、回収すべき研究開発投資総額を別途に管理していくことが重要です。

第6章のまとめ

●独自性を維持するには、3つの投資戦略（研究開発投資、設備投資等、人財開発投資）が重要である。

●研究開発投資は、3つの経営資源（時間・人・お金）の効果的な割当を行う、時間軸により適切に管理することが重要である。

●設備投資等は、意思決定の原則を適用し、投資とリターン（投資レバレッジ）を明確に意識して、実行すること（時には大胆な投資）が重要である。

●未来への投資により未来の利益を創出するため、中長期視点の会計マネジメントを実践することが重要である。

第 7 章

独自性経営の根幹「経営理念」と「人財」

第1章から第6章まで、本書のテーマである独自性について説明してきました。

第7章では、独自性経営の根幹となる2つのテーマ、経営理念と人財について説明します。経営理念・ビジョンについては、独自性確立シートの1番目に設定しており、この拠り所なしでは独自性を確立することはできません。そして、独自性を確立し、独自性を維持するのは、人です。ＩＫＥＡでは店舗や自社生産ラインが重要な資産であり、Ａｍａｚｏｎでは物流センターやデータセンター（ＡＷＳ）が重要な資産でした。しかし、最終的には人です。人が最大の財産です。このことは、ＩＫＥＡ、Ａｍａｚｏｎ、Ａｐｐｌｅにおいても変わることはありません。

以下、順番に述べていきます。

経営の根幹

普遍的な三大要素（経営理念・顧客・強み）

経営理念

最初にお話しておきたいのは、会社の大小問わず、すべての会社にとって、一番大事にしなければならないのは、経営理念です。

Ａｍａｚｏｎ、ＩＫＥＡ、Ａｐｐｌｅ、そして日本企業の事例においても、経営理念、ビジョンの重要性について、繰り返し説明してきました。

改めて、経営理念とは、その会社が世のため人のため果たすべき使命をいいます。

「我が社はいったい何のために存在しているのか」存在意義を端的に表すものです。

理念があってもそれを朝礼で唱和したところで、お金にならないという声も聞くことがありますが、それは会社経営に対する根本的認識が違うことから出てきてしまう声です。

つまり、経営理念のない会社やお題目だけでないに等しい会社は、

存在理由のない会社になります。

企業は、社会の公器といわれる存在であり、世のため人のため、社会のために役立つために存在しています。そしてそのお役立ちの結果である価値を生み出す原動力は人の力です。その原動力は、すべての従業員が、自分は何のために働いているのかという内発的動機が生み出すものです。時に業務が忙しく、我を忘れて働くことがあるでしょう。そんな時は体が疲れてヘトヘトになりますが、家路に着く途中でふと思うこと、我に返るという経験はありませんでしょうか。「自分は何のために働いているのだろうか」と。経営理念とは、間違いなく、そんな一生懸命働いている従業員の明日への仕事の原動力になるものです。

したがって、経営者は、全身全霊をかけて、経営理念を従業員の心に刻み込まなければなりません。そして理念が従業員の心に刻み込まれた瞬間に（理念という言霊が従業員の心に入った時に）、使命感が生まれます。

経営理念は、経営者の言葉ですが、使命感は従業員が実感する言葉です。

すべての従業員に使命感が宿り、使命感に燃えた集団ができれば、会社はとてつもなく強くなります。どんな困難にも耐え、環境の激変という大嵐にも立ち向かい、進むべき航路を正しく進むことができます（**図7・1**）。

経営の巨匠といわれるドラッカーは、この経営理念（ミッション）について次のように述べています。

図7・1　使命感に燃える集団は、強い

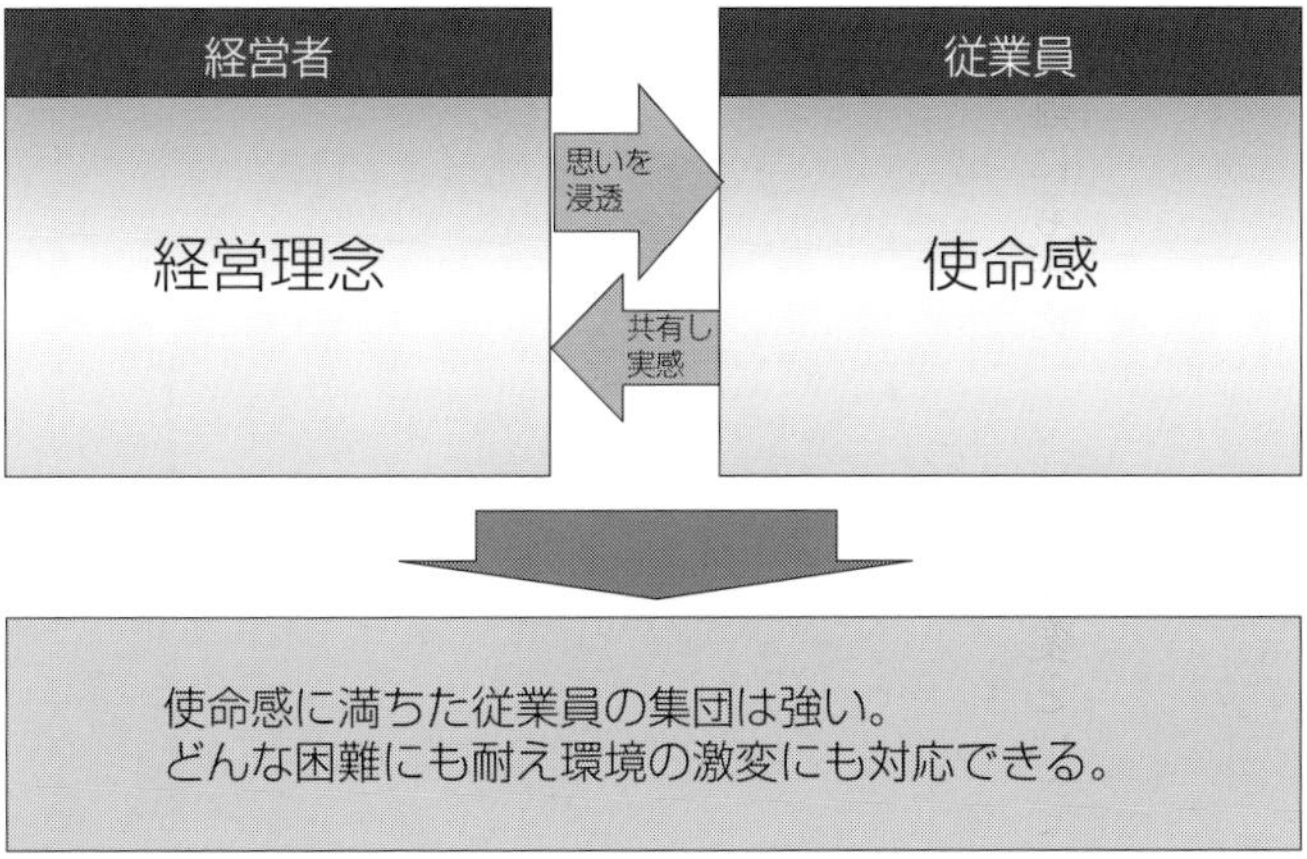

「ミッションとは、経営上の困難を克服するための信念である。
全人的な献身と信念がない限り、必要な努力も持続するはずがない。」

1　全身全霊を傾けられる本気で本音のミッションが必要

2　ミッションがあればリスクは怖くない⇓変化はチャンス

3　ミッションがあるから、人がついてくる⇓組織が動く

さらに続けます。

「ミッションは、行動本位たるべきものである。さもなければ、単なる意図に終わる。ミッションとは、組織に働く者全員が、自らの貢献を知り得るようにするものでなければならない。」

例えば、病院の救急治療室のミッションは、「患者を安心させること」であり、そのためには、1分以内に診察しなければなりません。それがミッションであり、ミッションに基づく行動でもあり、患者を安心させる唯一の道だったという事例です。

企業理念に少しでも迷いが生じたら、**図7・2**のように自問

図7・2　企業理念（ミッション）を問う

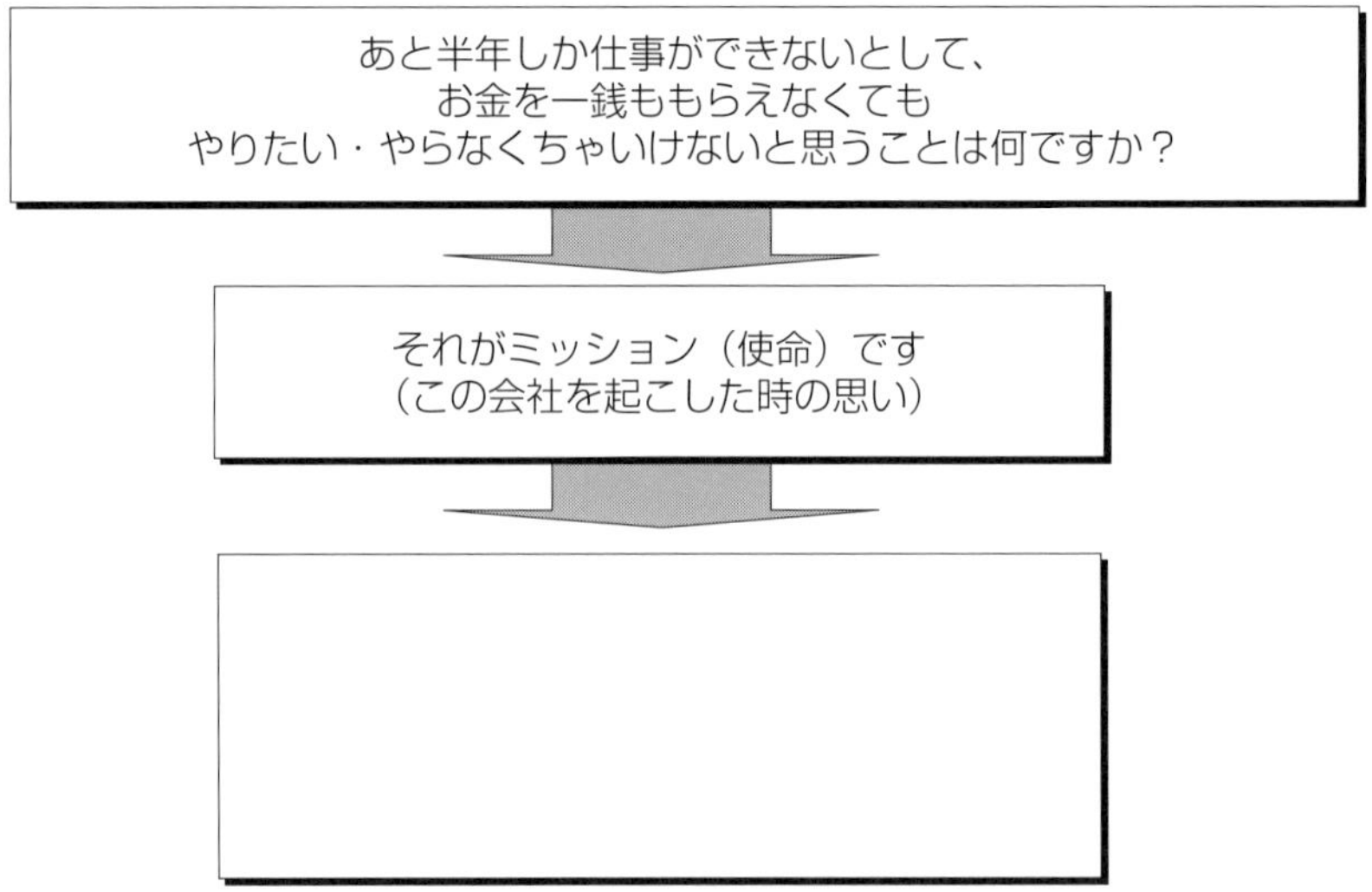
あと半年しか仕事ができないとして、
お金を一銭ももらえなくても
やりたい・やらなくちゃいけないと思うことは何ですか？
それがミッション（使命）です
（この会社を起こした時の思い）

自答してみましょう。

経営理念は、経営にとって最重要の根幹です。

次に日本における理念経営の著名企業の事例を確認してみましょう。

〈伊那食品工業株式会社〉

年輪経営

結果として、前人未踏の48年連続増収増益を達成

かんてんぱぱシリーズ製品をはじめとした多くの独自製品を展開する開発型研究企業

◆社是

『いい会社をつくりましょう』

〜たくましく　そして　やさしく〜

◆経営理念

企業は社員の幸せを通して社会に貢献すること

〜企業は企業のためにあるのではなく、

企業で働く社員の幸せのためにある〜

顧客や取引先、地域住民等のすべての関係者からいい

会社だねと言われる。

そういう会社をみんなで創ろうと経営され、現にいい会社を創られています。

いい会社だねと言われることが、社員の幸せや喜びにつながっているのではないかと思います。

創業者の塚越最高顧問は、「会社の喜びも悲しみも1つだよ」「あなたたち皆の生活は全部会社が保障しますよ」という姿勢で経営されており、社員の幸せを心底願っていることがよくわかります。結果として、社員は会社を自分の家だと思えるようになり、力を発揮してくれます。

社是と経営理念が、社員のロイヤリティ（忠誠心）・社員満足を実現しています。

〈未来工業株式会社〉

経営理念：「常に考える」

創業以来55年間黒字&高利益率を継続

- まず顧客と社員を喜ばせ、感動させることを常に考えるべき。
- それができれば儲けや売上はついてくる。
- 無電柱化を推進する画期的な新製品をはじめ独自製品が多く、製品数は2万点を超えると言われている。

社員の自主性に任せる経営でユニークなしかけを導入しています。

- ほうれんそう禁止（〝管理〟の始まりを遮断、社員のアイデア最優先）

- 原則残業禁止（常識を捨てる・仕事の段取りを効率的に考え無駄を省く）

・営業はパソコン禁止（顧客と直接会って話し雑談を大事にする）
・上司の部下への命令禁止、部下の上司へのお伺い質問も禁止
原則残業禁止に加え、年間休日数が約140日あり、ホワイト企業の代表格と言われています。

これらすべて「常に考える」の実践といえます。

社員全員が「常に考える」集団になれば、社員満足と顧客満足を実現し、イノベーション（製品開発）も実現し、生産性も向上します。結果業積も向上します。


〈伊那食品工業と未来工業の共通点〉

ここで、伊那食品工業と未来工業の共通点を確認します。
・社員あっての会社
・社員の自主性を引き出し社員に任せる経営
・製品開発（独自製品）を重視
これらに加えて、注目すべきユニークな共通点があります。それは、
売上目標・ノルマがない。

このことは、ＩＫＥＡも基本的に同じ思想と思われます。

ＩＫＥＡは、売上目標よりも、販売価格を20％下げることを経営指標にしていました。

売上目標・ノルマがなくても、理念経営を実践すれば、後から売上・利益がついてくるを証明しています。

顧客

企業経営にとって、顧客の存在なしに語ることはできません。顧客に対して必要な製品・サービスを提供し、対価を得なければ、存続することができないからです。

ドラッカーは次にように述べています。

「企業の目的は顧客の創造である」

そしてこの結論を導いた理由を述べています。

「企業は社会の機関であり、その目的は社会にある。

企業の行為が人の欲求を有効需要に変えたとき、初めて顧客が生まれ市場が生まれる。顧客が企業の土台として企業の存在を支える。顧客だけが雇用を創出する。社会が企業に資源を託しているのは、その顧客に財とサービスを提供させるためである」

企業は社会の公器であるため、世のため・人のために役立つ存在である。

そして役立つということは顧客の欲求を満たすということであり、その時初めて役に立ちたい顧客を創造することができる。

ゆえに「企業の目的は顧客の創造である」

と解釈することができます。

企業の目的は顧客の創造であるならば、その顧客とはどのような顧客かを考える必要があります。ドラッカーはさらに続けます。

「我々にとっての顧客は誰か」

「顧客にとっての価値は何か」

自社の顧客は誰かについては、自社の強みとの関連で考える必要があります。つまり、強みを活かせる顧客を選択しなければならないということです。そうでなければ、顧客に価値を提供することはできず、数ある企業の中でわざわざ自社を選んでもらうことはできないからです。

また、顧客にとっての価値は何かについては、第3章で説明してきたとおりです。

強み

強みは、独自性の元（源）です。

ドラッカーは経営の本質として次のように述べています。

『成果』を得るために『強み』を活かすことを考え・実践することが経営の本質である」

強みとは、将来にわたって継続的な利益（成果）をもたらしている根源的な能力であり、顧客価値（成果）を実現するために最適に調整された仕組みであるとも言えます。

例えば、顧客から汲み取ったニーズに的確かつ迅速に対応するため、品質・機能・性能面であれば材料や製造方法の変更・見直し、納期面であれば物流体制の改善・見直しなど、営業、技術開発、製造、配送等の関係部門が、素早く連携・協議し、顧客に最適な提案を実行する仕組みが重要です。

さらに掘り下げていえば、常日頃から部門間のコミュニケーションが活発であり、顧客志向が根付いていれば、部分最適になることはない（自部門の利益を先行させることはない）ため、常に全社最適になれることが真の強みと認識することができます。

つまり、顧客志向・全体最適が根付く組織文化の存在が強みの根源的要素として捉えることができます。よって経営陣がこのような組織文化を率先して一層醸成することできれば、強みの基盤を押し上げることができます。

また、強みは、競合他社との差別化から定義されることもあり、その場合は、競合他社と差別化できるものやこと（根源的な能力や最適な仕組みを発揮した結果得られる成果・具体的な強み）になります。よって、強みには、差別化できる製品、技術、知識、国内外の物流網（ネットワーク）といった有形のものだけでなく、組織や文化、ノウハウ、特許等の知的財産、協力会社のネットワーク等の無形の資産も含まれます。そして、それら有形・無形の資産を実現する人の意識の高さや能力、また仕事のやり方や仕組み（プロセス、システム）等様々な項目も強みの重要な構成要素になります。

社歴がありこれまで存続してきたのは、会社固有の強みがあったからです。

ここで、今一度自社の強みは何なのか、自問自答してみましょう。

特に、環境が大きく変化する現代においては、これまで強みと捉えていたものが、強みでなくなる可能性もあるので注意が必要です。むしろ弱みになることも考えられます。身近な例で言えば、コンビニエンスストアの24時間営業の体制です。これまで顧客に利便性の象徴とされてきた24時間営業も人手不足と働き方改革の推進により、見直しの動きが広がっています。

したがって、客観的な視点、ゼロベースの視点で、自社の強みは何なのか、真の強みは？最大の強みは？について、冷静に吟味することが大切です。

客観的な視点で、強みを確認するには、顧客に聴くことが一番です。灯台もと暗しで、自社が気づいていない価値を顧客が認識していることがあるかもしれませんので、定期的な顧客ヒアリングの中で確認していくことが重要です。

改めて、なぜ強みを活かすことが経営の本質であるか、経営理念（使命感）との関わりで考えてみたいと思います。そのヒントは、故船井幸雄氏の名言、

「人はみな自分の使命を果たすために、必ず何かの長所を持ってこの世に生まれてきます。長所を生かして生きていくのが、自分の使命を果たすための正しい生き方です。」

にあります。シンプルにいえば人の集合体である企業も、強み（得意分野・長所）を活かすことは法人である企業が持って生まれた使命であり、強みを活かして事業運営していくことが本来の経営の姿であるといえます。そして最終的には世の中になくてはならない存在となり、顧客にとって価値ある存在になることが理想です。

強みを活かし世のため人のためになることこそが、使命を果たすことになる。

図7・3　経営の普遍的な三大要素：三位一体経営

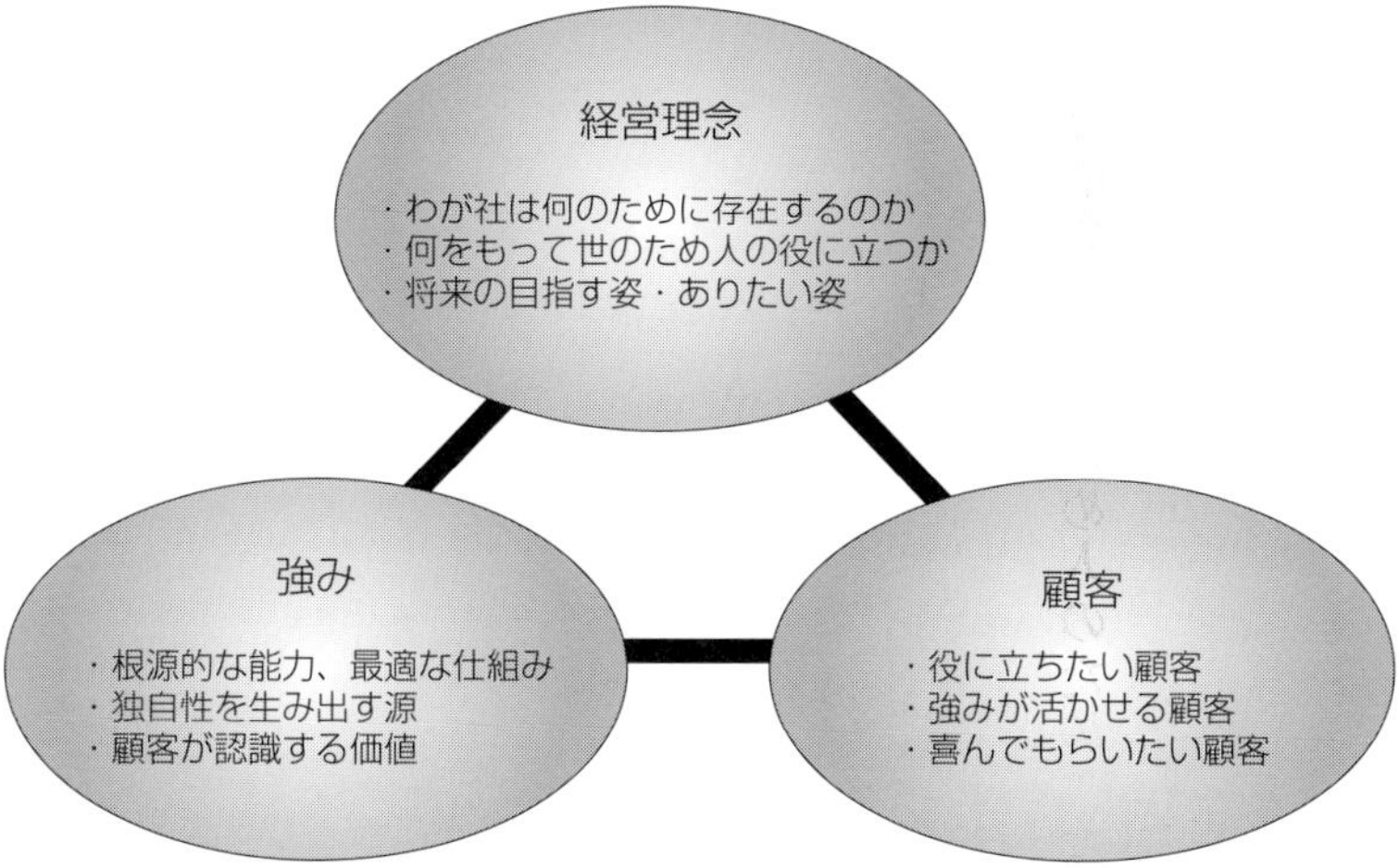
経営理念
・わが社は何のために存在するのか
・何をもって世のため人の役に立つか
・将来の目指す姿・ありたい姿
強み
・根源的な能力、最適な仕組み
・独自性を生み出す源
・顧客が認識する価値
顧客
・役に立ちたい顧客
・強みが活かせる顧客
・喜んでもらいたい顧客

以上、経営理念、顧客、強みという3つの普遍的要素をみてきました。改めて、3つの内容を**図7・3**に整理します。

コラム：松下幸之助氏の成功する企業の条件

経営の神様と称されている松下幸之助氏の「成功する企業の条件」を紹介します。

この「成功する企業の条件」は不変の原則といわれており、改めて、1番目が理念となっていることが注目点です。理念には、使命感（ミッション）と理想像（ビジョン）を含めて考えます。2番目の社風には、組織の価値観や文化を含めて考えます。IKEAの価値観には、独自性を尊重する考えが反映されていました。

また、3番目の戦略については、すてること（トレードオフ）、低価格戦略・高価格戦略いずれも独自性

図7・4　松下幸之助氏の成功する企業の条件

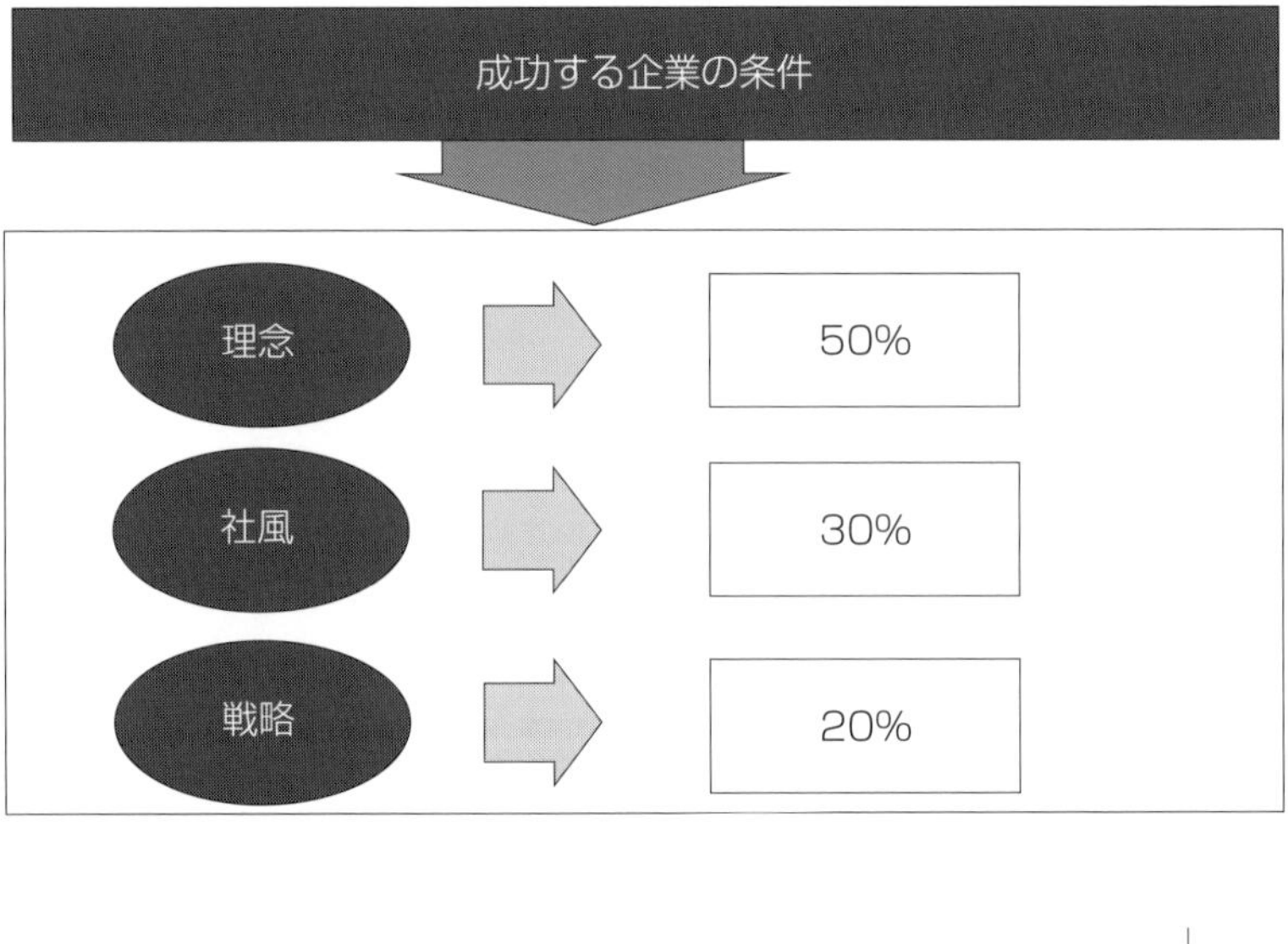

を駆使した戦略についてお話してきました。

この3つの流れで捉えると、戦略は、理念（ミッション・ビジョン）を実現するストーリーということができます。


ビジョンについて、補足させていただきます。

ミッション（使命感）は、経営者が精魂込めて作りあげ、全身全霊で従業員に浸透すべきものであるのに対して、ビジョンは、幹部社員をはじめとした従業員が「こんな会社を目指していきたい」というストレートな思いを出発点にすることが大切だということです。一般的にビジョンは中期経営計画策定の中で掲げることがありますが、経営陣主体で作ったビジョンは絵に描いた餅になりやすいです。経営陣主体でかつ「経営計画」という　言葉のもつイメージから、

「あれは所詮経営者が作った計画だよ」

「我が社の状況でグローバル企業を目指すと言ってもピンとこないな」

「横文字（英語やカタカナ）が多くて、身近に感じられない」

など、経営者と従業員の目線の違い、距離感の違いを感じたことはないでしょうか。

ビジョンとは誰もがわかりやすい共通のイメージを持つことができるものでなくてはなりません。そして、従業員の誰もが「よしそれを目指して頑張ろう」と思えるものでなくてはならないのです。上記の感想のように従業員を傍観者的立場にさせてはいけません。そのためには、まず、従業員にビジョンの案を自分たちの言葉で考えてもらうことが何より重要です。そしてそれを経営陣に提案する、経営陣

はそれを真摯に受けとめて、従業員と忌憚のない意見交換をする。このフランクな意見交換により、お互いに考えていた思いのギャップが解消し、本当の意味で1つの方向・目指す姿に向かうことができるのです。

なぜこの意見交換プロセスが重要かといえば、ビジョンの策定に参画した結果、従業員は、それを自分のこととして捉え、納得感が高まり、共感するからです。納得し共感していない限り、ビジョン実現のために、主体的に動くことはありません。主体的でなければ受け身の対応となり、結果的にビジョンを実現する力（実行力）が弱まるからです。

ビジョン作りは、従業員が主役のプロジェクトで進めていただきたいと切に願います。

重要な施策を実行するためのアクションプランとPDCA

アクションプランは、継続と徹底、全員実行が肝（PDCA）

本項では、戦略に基づく重要な施策を確実に実行するために必要なアクションプランについて、お話します。

戦略には、競争優位を持続する独自戦略のほか、地域密着や生産性の向上といった経営方針を実現するための基本戦略もあります。そして、施策とはその戦略を実現するための具体的な実施事項を言います。そして、その施策のうち、重要なもの（新規の施策や定着させたい施策など）は、アクションプランを策定します。アクションプランとは文字通り、行動計画のことです。行動するための計画なので、基本的には5W1Hで構成された計画が求められます。

例えば、生産性向上のために、「会議の削減（会議自体や時間の削減）」という施策を決めた場合、では会議を削減するために、どのような検討を行い（重要度・優先度・緊急度など）、具体的にどのような計画を立てるのか（いつからやるか、TV会議の実施など）といったことをアクションプランとして策定します。また、同じく、生産性向上のために、その環境整備として「5Sの徹底」を重要施策に設定した場合は、それをアクションプランに反映することになります（5Sチェックリストの実施など）。

アクションプランの実行は、完全に実行され、継続されることがポイントです。例えば毎日行うと決めたアクションプランを、1日くらいはと省略するようなこと（妥協すること）はあってはなりません。具体例として、5Sの1つである清掃徹底のアクションプランとして、各部門の従業員は、1日のうちの所定のクリーンタイムには必ず清掃を行い、工場であれば転倒防止、店舗であれば清潔維持といった行動計画を定めます。このような基本的なアクションプランの実行（基本動作の徹底）ができてはじめて、経営理念や経営方針の実現につなげることができるのです。

5Sの例をあげましたので、少し補足させていただきます。

Amazon独自の物流センターにおいても、お客様によりよいサービスを提供するため、常に取り組んでいるとされている5S、5Sは業種に関係なくすべての経営行動の基本であり、100%徹底されるべき基本動作です。

5Sという基本動作ができていないにもかかわらず、新しい手法を取り入れようとしても、土台無理な話です。毎日基本的なのことを確りとやり続けること、平凡なことだからと手を抜かずにやり続ける力こそ、地力であり底力です。

ところで、アクションプランには2種類の計画があります。1つは、各担当部門が行うべきラインのアクションプランと、2つ目は、部門横断のプロジェクトとして行われるアクションプランです。いずれもポイントは、全員参加による実行です。全員というのは、パートナー（パート・準社員）さんを含めた全従業員という意味です。

特に独自活動・独自製品の開発に関しては、部門横断の全社的なプロジェクトを組成して推進することが有効です。メンバーは選定するにしても、アイデアや知恵はより多くの従業員から吸い上げ、その会社ならではのオリジナリティを全社一丸の創意工夫により創りだすことが大変重要です。

なお、アクションプランの実行面でよく見られるのは、管理職がアクションプランの意味や内容を従業員に十分に説明せずに、展開してしまうことです。なぜこのプランが必要なのかこれがいかに重要なのかということを全従業員が理解し、納得できてはじめて、意図した行動計画が実行できます。意図した行動が実行できれば、必ずや効果がでるはずです。全従業員の理解と納得、そして実行、これがポイントです。そのためには、リーダーたる管理職は、そのプランの趣旨や必要性・重要性について、時間を惜しまず、従業員が理解し納得するまで、十分に説明することがもっとも大切です。

実行後はチェックが重要（ＰＤＣＡ）

アクションプランを実行したら、その後はチェックが重要です。チェックには2つの要素があります。1つは、定められたアクションプランを実行できたかどうか、2つ目は、実行した結果、効果があがったかどうかを検証することです。決めたことを実行できていないということであれば、従業員の理解不足、言い換えれば、管理職の説明不足が原因かもしれません。

また、実行しても思うような効果が上がらないとすれば、具体的な手順やマニュアルに不備があったり、事前準備が不足していたのかもしれませんし、あるいは、行動の質（仕事の精度）が足りないのかもしれません。例えば、クリーンタイム時に清掃をしているが、時間（生産性）を優先するあまり一部おろそかになってしまったのでは、本末転倒になってしまいます。安全衛生が１００％確保されず、お客様からご指摘を受けるばかりでなく、手戻りの作業が発生し、結果的に生産性も下がってしまいます。したがって、これらの点をよく掘り下げて分析検討し、改善策を練ることが重要です。

チェックをしたら、改善策の実行（PDCA）

上記の例で、清掃が不徹底である場合、改善策としては、点検の回数を増やすことや、あるいは、点検の基準をよりお客様目線で厳しくするといったことが考えられます。しかし、よくありがちなこととして、一度立てたアクションプランは、時間をかけて議論したのだから、とにかく継続し、簡単に変更しないという考えで続ける場合があります。確かにそれはもっともな考え方であり、継続することは大事です。しかし、あまりそれにとらわれすぎていたら、安全衛生という目的が達成できなくなります。

アクションプランは、あくまで目的を達成するための手段です。また環境変化にも対応する必要がありま す。競合他社の方が安全衛生面の取組みを一層強化してきており、安全・安心に対するお客様の意識も格段に上がってきているとすれば、それに合わせて、点検の基準を上げる等の改善策を講じる必要があるのです。

改善策が決まれば、プランを見直し変更して、即実行です。ポイントは迅速に実行することです。迅速に実行すれば、早く効果（利益）を実現することができるからです。スピードは、キャッシュを生みます。

企業は人なり、最終的には人できまる

企業は人なり

これまで述べてきたことはすべて人に帰着します。

理念を共有し使命感をもって仕事をするのは人、基本施策を具体的に実行するのも人、強みを活かすのも磨き上げるのも人、独自性を実現し、顧客に価値を提供するのも人、何事もすべて、人の行いにより、成就します。

「企業」という漢字から、人がなくなれば、事業は止まります。

ゆえに企業は人なりです。

伊那食品工業の経営理念を改めて紹介します。

「企業は企業のためにあるのではなく、企業で働く社員の幸せのためにある」

でんかのヤマグチの経営理念も改めて確認します。

「でんかのヤマグチは、当店を利用していただく大切な大切なお客様とお客様の為に働く社員のためにある。」

いずれも、会社の存在理由を、社員のためであるとしています。

このように世間に向けて明確に宣言すると、経営の軸がブレることはありません。

でんかのヤマグチは、ホームページに次のように記載しています。

「ヤマグチの販売価格は社員の幸せを考えた価格です。どうぞご理解を!!」

「幸せな社員は充分すぎるお客様サービスに務めます!!」

顧客を満足させようとする社員が幸せでないかぎり（満足していないかぎり）、顧客を満足させることはできないし、顧客に価値を提供することもできない、というメッセージが明確に現れています。

圧倒的な独自性を実現しているＩＫＥＡには、次のような文化と価値観がありました。

文化と価値観

「ＩＫＥＡは人の力を信じています。」

人が成長すれば、ＩＫＥＡも成長する。

「継続的な成長にとってコワーカーは欠かせない存在です。ＩＫＥＡではコワーカー1人ひとりを、成長の可能性を秘めた人材ととらえています。」

このように「企業は人なり」を明確に表すために、経営理念や価値観といった経営の根本的なところに、人が原点であり最重要であるというメッセージを刻むことは、とても大切なことです。

人財開発投資を惜しまない

人が原点であり最重要であることを、形として実践していくためには、人財への投資を惜しまず実行することが必要です。そのためには、人を計画的・定期的に採用すること、そして、教育研修を充実させ、それを継続することが重要です。特に、教育研修は、すぐに目に見える効果が確認できないため、予算を削減したり継続しない等軽視される傾向がみられます。世の中の成功している企業、長期的に発展している企業はすべて、人財投資を重視し懸命に育成しています。にもかかわらず、軽視してしまうのは、目先の短期的な成果を意識してしまうからだと思います。

短期的利益の確保を優先するあまり、人財開発投資を削減してしまうのは、未来の利益を犠牲にしていることにほかなりません。したがって、研究開発投資と同様、人財開発費用（採用と教育）を未来費用として明確に位置づけ、天引き投資することが極めて重要です。

以上をまとめると**図7・5**になります。

上記について、補足します。

図7・5　人財開発投資の3つの要素

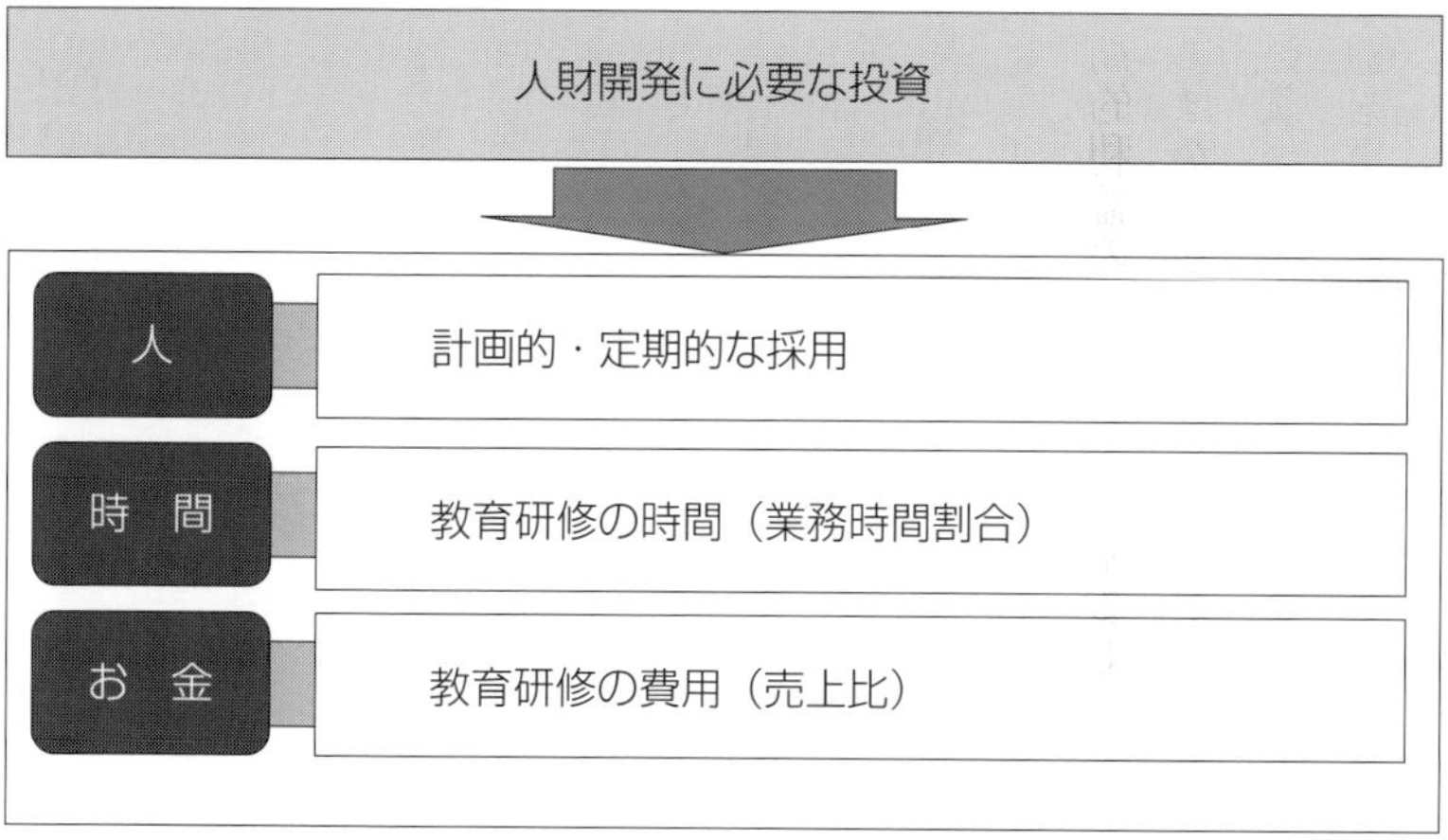

1番目の採用について

中堅企業にとって、最も重要な課題であり、業種・企業によっては死活問題とも言えます。内定を出しても結局、大企業に行ってしまったという声はよく耳にします。採用は文字通り地道な活動です。人材求人サイトに登録したり、企業説明会で説明したり、学校訪問し自社の良さ・魅力を知っていただく等の活動です。計画的に地道に継続していけば、少しずつ成果が出てきますので、途中であきらめずに続けていくことが重要です。

また、最近では、リファーラルリクルーティングと呼ばれる採用が注目されています。社員からの推薦・紹介による採用手法を言います。何より、信頼できる社員からの紹介ということで、安心して採用することができ、外部支払い等のコストもかかりません。身近な親近者でストレートに話し合って、お互い納得して入社することが魅力です。離職率は格段に下がると期待されています。

そして、さらに大きなメリットがあります。

それは、推薦・紹介する社員が、自社の魅力を語り、再認識することで、会社へのエンゲージメント（会社へ愛着・絆・思い入れ）が高まることです。リファーラル採用をきっかけに、社員と経営者が会社の将来の夢を語り合い、実現のための課題を共有し合い、全社一丸で会社をよくしていこうとする環境が整備されることが大きなメリットです。

今後、リファーラル採用の積極的な活用が望まれます。

2番目の業務時間に占める教育研修時間の割合について

専門機関（大学研究室）の調査結果によれば、景気の影響を受けない高業績企業の平均は5％以上という結果が示されています。

そして、教育研修を充実させ継続するには、階層別・テーマ別に年間の教育計画を立て、計画に基づいて確実に実行することが極めて重要です。

3番目の教育研修の費用について

2020年3月に他界したジャック・ウェルチ氏（1999年フォーチュン誌「20世紀最高の経営者」）が20年間トップを務めた、米ゼネラル・エレクトリック（GE）の事例を紹介します。

ジャック・ウェルチ氏の意を受け継いだイメルト元会長は、仕事の30％を幹部候補の育成に充てたと言われています。クロントンビルの研修所での体系的な研修プログラムによるリーダー人材の育成は他社の模範となっています。

GEでは自社の幹部を育成するために年間で10億ドル超の金額を費やしており、売上の約1％にあたります。未来費用（人財開発費と研究開発費）の重要性を取り上げたましたが、この投資金額をみれば、人財育成を会社の未来のための投資として位置づけて取り組んでいることが伺えます。大事なことは、ＧＥのケースが、特殊ケースだと考えてしまうのか、そうでなく自社にあてはめて真摯に検討し、未来のため投資として決断できるかどうかであると思います。どちらを選ぶかで、持続的成長の成否が分かれるといっても過言ではありません。

働きやすい環境作りで人財が集まる企業を目指す

働き方改革を機に、生産性向上と両立させようと、各社働き方を創意工夫をして取り組んでいます。最近では、在宅勤務等テレワークの活用が増えてきていますが、足下の大事な制度をしっかり運用することも大切です。有給休暇の消化ができる仕組みの運用（上位者からの実行・率先）、勤務計画の創意工夫などです。このような環境作りは、従業員の安心感や満足を向上させることができます。さらに、取組みの状況によっては、生産性や創造性も向上させると言われています。特に、創造性は、イノベーションや独自性の確立につながるため、創造性を発揮しやすい環境を作ることは重要です。

例えば、小売業であれば、パートナーさん（パート）の声を積極的に取り入れるため、会議や研修に参加し、お客様目線での意見やアイデアを会社に伝える機会を設けています。それによりパートナーさんは、会社の経営に参加しているという実感を持つことができ、心の報酬という面で、働きやすい環境を作っています。また、準社員や社員への登用制度、福利厚生の充実などにも積極的に取り組んでいることも働きやすさにつながっています。

福利厚生については、できることから充実していくのが効果的です。必ずしも設備面の充実をする必要はなく、健康第一のための健康診断やマスク等衛生グッズの配布、誕生日プレゼントなど、従業員の幸せを第一に考えることが重要です。健康経営が注目されるようになっている中、従業員の健康管理の一貫として、新型コロナウィルスの定期検査等、環境変化に対応した施策を取り入れることも重要です。

働く従業員を大切にすること、その証として働きやすい環境作りに真摯に取り組んでいただきたいと思います。

三方よしは、世界に通用する経営スタイル

本章の最後に、事例で取り上げたＡｍａｚｏｎ、Ａｐｐｌｅ、ＩＫＥＡが重視しているステークホルダーを振り返り、日本古来近江商人の経営スタイル「三方よし」との共通点を確認したいと思います。

三方よしとは、売り手よし・買い手よし・世間よしを実現する社会的使命に基づいた経営スタイルです。特に、買い手である顧客を重視する考え方として、先義後利の考え方（義を先にして利を後にする者は栄える）が根底にあると言われています。

まさしく、顧客にフォーカス（顧客に執着）する・顧客体験の向上を最優先にするという3社に共通のポリシーに合っています。

・ＩＫＥＡは、コストダウンした額は、すべて顧客に還元し（先義）、結果として売上・利益を得ています（後利）。

・Ａｍａｚｏｎも同様に、赤字販売してまでも顧客満足を高め（先義）、結果として売上・利益を得ています（後利）。

・Ａｐｐｌｅは、サービス収入の顧客であるデベロッパーに対して、デベロッパーがアプリケーション内の広告や商品販売等から収益を得られるよう、アプリケーションのサポート、ホスティング、配布等の

支援を無償で提供します（先義）。結果、良質なアプリがたくさん集まり、App Store全体の魅力が高まることにより結果として利益を得るモデルを構築しています（後利）。

3社の三方よしは以下のように考えられます。

●Ａｍａｚｏｎ
　顧客、サードパーティ販売者、サプライヤー、世間（株主・地球環境等）

●ＩＫＥＡ
　顧客、サプライヤー、世間（地域社会（子供）・地球環境等）

●Ａｐｐｌｅ
　顧客、デベロッパー、サプライヤー、世間（株主、地球環境等）

4点補足しますと
・3社はいずれも地球環境に配慮した活動や製品設計を行っています。
・Ａｍａｚｏｎのサードパーティ販売者は、マーケットプレイスで販売事業者として商品供給している立場では売り手（供給者）になりますが、ＦＢＡサービスを提供し対価を得る立場では、買い手（顧客）になります。
・ＩＫＥＡジャパンは、「より快適な毎日を、より多くの方々に」というイケアのビジョンを実現するため、様々な社会支援活動を行ってきており、2015年9月には、ＩＫＥＡ Ｆａｍｉｌｙメンバーと

図7・6　Amazonの「フライングホイール」
：ステークホルダーの信頼を高める経営サイクル（三方よし）

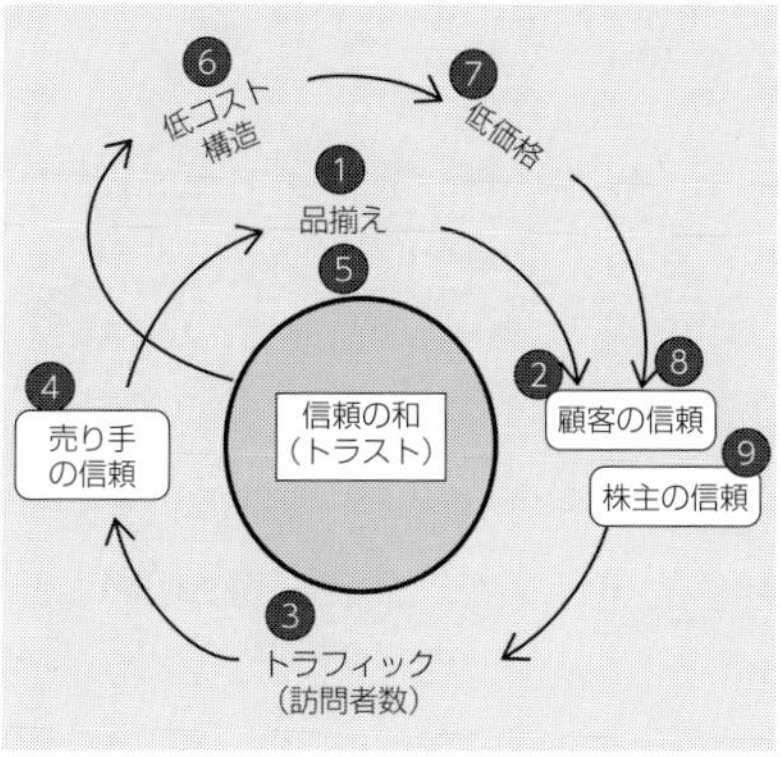

＜1つめのサイクル＞
①品揃えと利便性を向上し、かつ低価格を実現する。
②顧客体験（顧客満足）を高め、顧客の信頼を得る。
③訪問者数（客数）が増える。
④アクセス増加により集まった売り手（サードパーティ）への販売支援により、売上が増加し、売り手の信頼を得る。
⑤結果、さらに品揃えが増え、かつ売り手から手数料収入（サービス売上）が増え、事業(売上・利益)が成長する。
＜2つめのサイクル＞
⑥事業が成長すると低コスト構造が実現。物流センターやウェブサイトの運営に必要なサーバー等の固定費を有効活用・回収。
⑦結果、継続的な低価格を実現する。
⑧さらに顧客の信頼を得る。
⑨結果、売上・営業利益・FCFが増えて、株主の信頼を得る。

ともに、イケアストア周辺のコミュニティーで暮らす子どもの支援を目的とした子供募金をスタートさせました。

・Appleのデベロッパーは、App Storeでアプリを開発・提供している立場では、売り手ですが、ユーザーがAppleのApp内課金システムを使ってデジタル機能やコンテンツを追加で購入するような場合は、Appleはデベロッパーから手数料を受け取るため、買い手（顧客）になります。

最後に、Amazonについて、フライホールを用いて補足します。

Amazonは上場企業であり、長期的には株主の利益も重視していますので、フライホールに株主の存在を記載し、ステークホルダーの利益（信頼）を切り口に、整理し直したものを**図7・6**に示します。

以上、三方よし経営は、世界に通用する普遍的な経営スタイルであるということが確認できます。

第7章のまとめ

●経営理念をおろそかにした時点で存在理由のない会社になる。
●経営の基本的な三大要素（理念、顧客、強み）を肝に銘じる。
●ビジョンは、全員参加で作ってこそ意味がある。
●アクションプランは全員で実行して、初めて意味をなす。
●アクションプランは、継続してこそ成果が上がる。
●企業は人なり。最終的には人で決まる。人が最大の財産である。
●人財開発投資を惜しまず実行し、働きやすい環境整備が重要である。
●日本発の三方よし経営は、世界に通用する普遍的な経営スタイルである。

第 8 章

独自性の確立を目指して頑張る地域の中堅企業

強みを活かして頑張れば独自性を確立できる

本書の最後に、大企業でもなくＩＫＥＡのような著名企業でなくても、従業員を信じて任せ、強みを活かして頑張れば、独自性を確立できることを、事例によりお話したいと思います。

地域の食品スーパーＫ社の事例です。

Ｋ社は、地域に根付いた食品スーパーマーケットであり、２０１９年10月に創業２００年を経過した老舗の企業です。

Ｋ社では、次のような理念（ミッション）を保持しています。

「お客様第一」

「地域の生活者の食生活の向上と地域の発展に貢献する」

そして次のような行動指針（モットー）を掲げています。

「私たちを育むお客様に対し常に感謝の気持ちを忘れません。商品・サービス・設備などすべての面でお客様中心に考え行動し、誠意をもって応対します。そしてお客様に喜ばれることを自らの喜びとします。」

図8・1　戦略の3つの柱〈地域スーパーK社〉

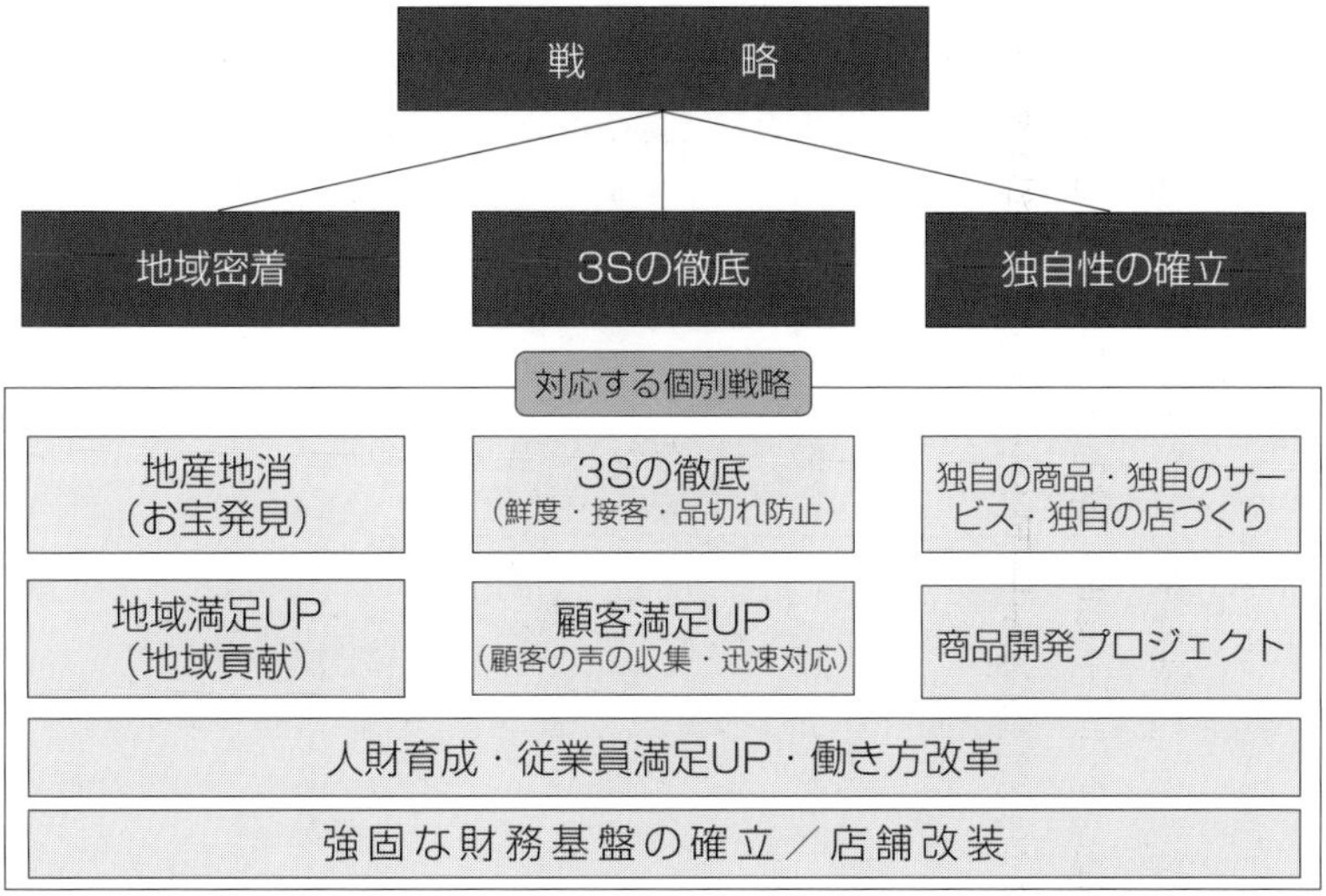

さらに、将来の目指す姿として、次のようなビジョンを掲げています。

「お客様に愛されあてにされる地域一番のオリジナルスーパーになる」

K社ではこの理念とビジョンを実現するために、第3次中期経営計画において、3つの柱（戦略）をつくりました。

●3Sの徹底
●地域密着
●独自性の確立

K社の経営理念（ミッション・ビジョン）の内容から、3つの柱はいずれも、経営理念を実現するために必要な柱であることはおわかりいただけると思います。特に、「独自性の確立」は、ビジョンであるオリジナルスーパーになるために必要不可欠な柱であり、「3Sの徹底」は「お客様第一」という理念を実現するために必要な1丁目1番地の柱です。

3Sとは、つぎの3つのS（頭文字がアルファベットの

S）です。

・鮮度の維持
・接客の質の向上
・品切れ防止

これら、3つのいずれもお客様第一を実現するために必要なことであり、この3つを徹底することは、お客様との約束であるということもできます。誰のために徹底するのか、それは、お客様第一を果たすため、お客様との約束を守るためであるのです。

K社、2013年から、社員が主体的に作成した第一次中期経営計画をスタートし、経営計画策定前の売上56億円から、6年後には売上70億円を超え、利益も安定的に黒字基調となりました（店舗数は変わらず、改装のみ実施）。それまでは経営者主導の経営計画でした。しかし、計画を実行するのは社員なので社員が主体で作成する方がよいのではないか、また、将来の夢を語り合って欲しいという思いから、社員主導の中期経営計画を策定したことをきっかけに、業績が伸びていきました。

K社は、経営指標として、「買上点数の向上」を掲げています。買上点数の高さは、経営理念の「お客様第一」やモットーの「お客様に喜んでもらうことを自分の喜びとする」を実現するための指標です。来店されたお客様に対して、経営理念とモットーの実現にために、以下のようなことを毎日実践しています。

・品切れをなくす

・鮮度を維持する
・健康のため毎日食べる野菜は、新鮮なものを安い価格で提供する
・試食を勧める
・新商品を提案する
・価値ある独自商品をリーズナブルな価格で提供する
・地域の美味しい商品を提供する

これらの項目は、お客様第一であると同時に、これによってお客様の支持が向上し、それがお買上点数に反映されるという関係になります。

したがって、経営理念を実現する経営指標は、「買上点数の向上」であることを理解することができます。

この買上点数の向上によって、結果として、売上・利益も増加しています。

経営指標が先、売上・利益目標が後

改めて、重要な点を確認すると以下のとおりです。

・経営理念や経営指標は、経営者の責任で浸透し、策定する
・ビジョンや中期経営計画は、従業員が主役となって策定する

経営計画策定前までは総じてＥＤＬＰ（Ｅｖｅｒｙｄａｙ Ｌｏｗ Ｐｒｉｃｅ毎日低価格）を適用するなど大手スーパーがとるような戦略を実行してきましたが、なかなか成果はあがらず、不振が続いたこともありました。

どの企業も、ひたむきに努力をして頑張っていることと思います。ただ、努力の矛先が間違ってしまうと、報われない結果となります。大企業や他社と同じ土俵で同じような策で対抗しても、体力が消耗するだけです。

K社は、経営計画策定を機に、地域スーパーにしかなし得ない本来の強みを活かした差別化戦略、独自戦略の重要性を全従業員で共有し、戦略を再構築しました。

例えば、「地域密着」の戦略では、

「近所の生産者でこんな美味しいものを作っているが、普通にお店では買えない」という顧客ニーズに対応するため、「地域のお宝発見プロジェクト」と題して、全従業員が、部門横断で取り組みました。この活動を通じて、「地域にはまだ知られていない良いものがこんなにあるんだ」との認識を新たにし、地元の生産者や企業と協働して、地域の素晴らしい商品が、各店舗でお客様の手に届くようになりました。地域のお宝が埋もれることがなく、お客様に喜ばれる商品として会社の売上にも貢献していく、まさに「地域密着」の地域貢献活動です。これは前述した近江商人の「三方よし」の精神そのものです。生産者もお客様も地域全体も、全員がハッピーになれるのです。また、部門横断の活動により、部門間の協力が活発化し、従業員のやる気が向上したことも大きな効果です（図8・2参照）。

独自性の確立

最後に、「独自性の確立」について説明します。

K社の独自性としては、主に次のような項目があります。

図8・2　部門横断プロジェクトの効果〈地域スーパーK社〉

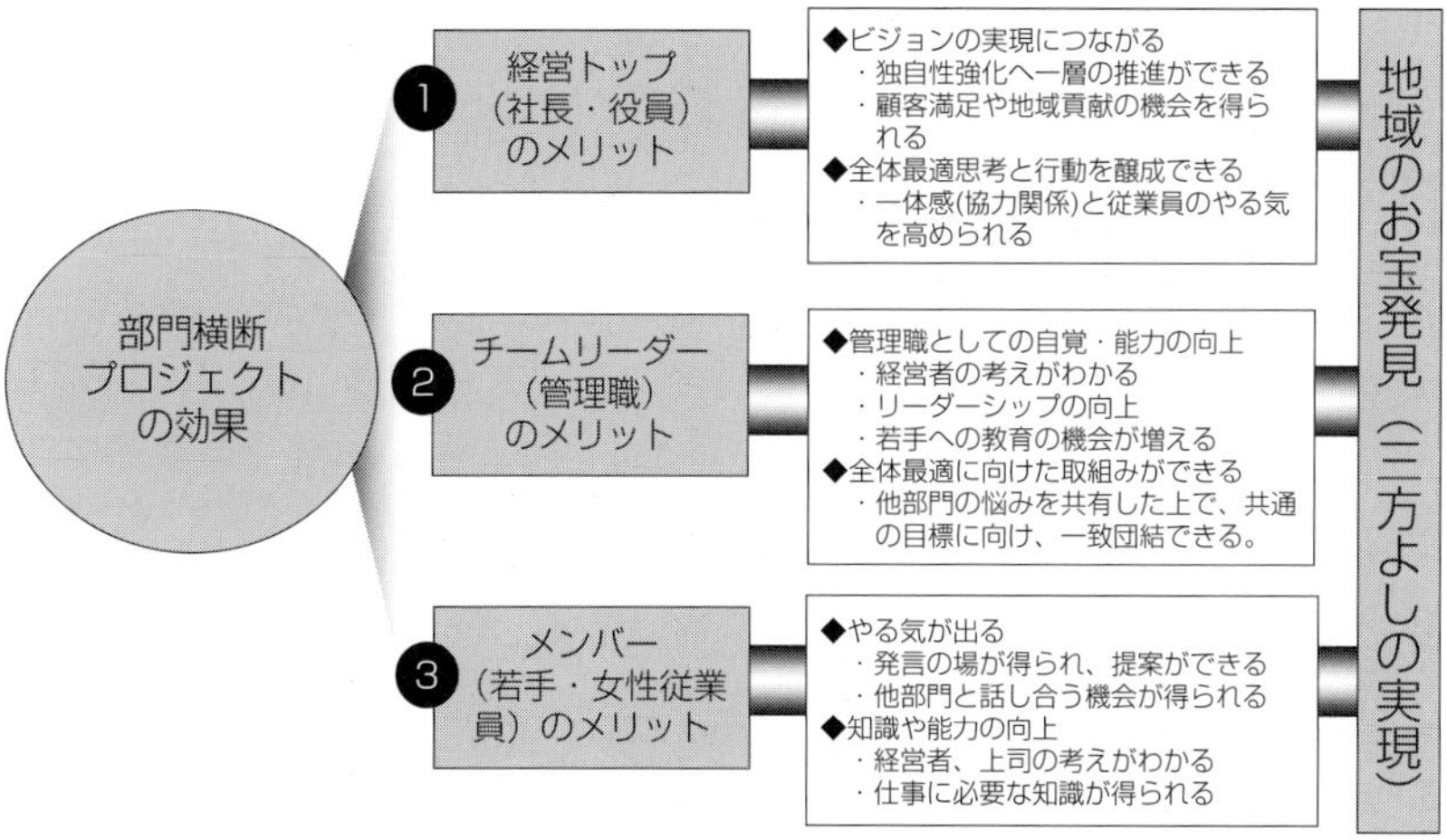
部門横断プロジェクトの効果
1 経営トップ（社長・役員）のメリット
◆ビジョンの実現につながる
・独自性強化へ一層の推進ができる
・顧客満足や地域貢献の機会を得られる
◆全体最適思考と行動を醸成できる
・一体感(協力関係)と従業員のやる気を高められる
2 チームリーダー（管理職）のメリット
◆管理職としての自覚・能力の向上
・経営者の考えがわかる
・リーダーシップの向上
・若手への教育の機会が増える
◆全体最適に向けた取組みができる
・他部門の悩みを共有した上で、共通の目標に向け、一致団結できる。
3 メンバー（若手・女性従業員）のメリット
◆やる気が出る
・発言の場が得られ、提案ができる
・他部門と話し合う機会が得られる
◆知識や能力の向上
・経営者、上司の考えがわかる
・仕事に必要な知識が得られる
地域のお宝発見（三方よしの実現）

●独自商品の開発

地元の畜産農家や企業と協働して、地元でしか味わえない、食肉や加工食品（商標権を取得）等をＰＢ商品として開発しました。

長期ビジョンでは、ＰＢ商品の売上構成比20％を目指しています。

●教育の独自性

Ｋ社では、店長やバイヤーといった管理職だけでなく、お店のチーフや担当者（社員）、さらに、準社員やパートナー（パート）まで、全社員およびパートナーを対象にして、リーダーシップ研修を実施しています。人こそが会社の財産であるという社長の揺るぎない信念のもと、指導・育成する対象者がいる人はすべてリーダーであるという認識をして、毎年リーダーシップ研修に励んでいます。

●経営計画策定・検証の独自性

部門横断メンバーによる従業員が主役の中期経営計画プロジェクトを継続して、経営計画を策定・検証・ブ

図8・3　**独自性確立＆顧客価値向上シート〈地域スーパーA社〉**

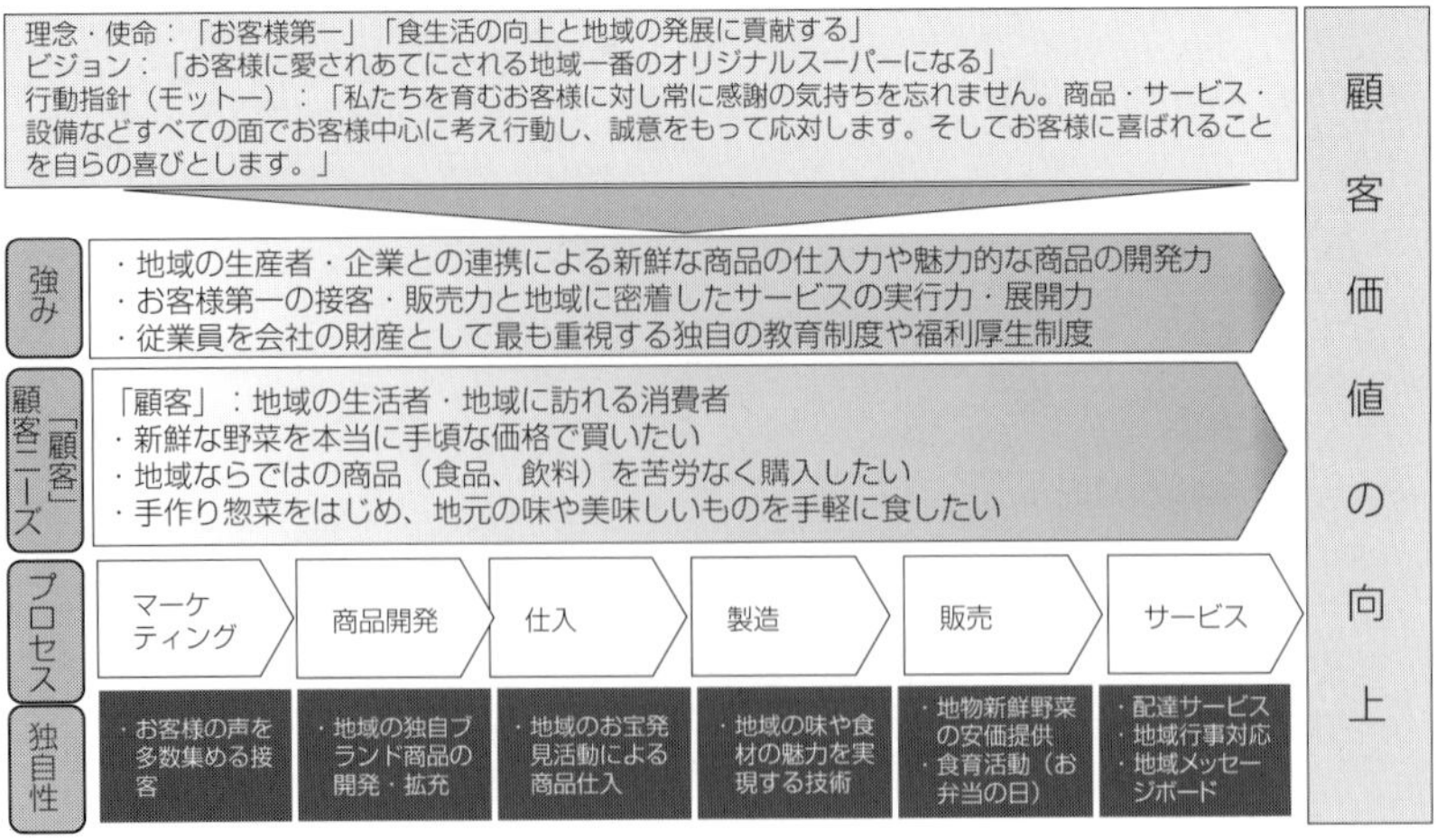
理念・使命：「お客様第一」「食生活の向上と地域の発展に貢献する」
ビジョン：「お客様に愛されあてにされる地域一番のオリジナルスーパーになる」
行動指針（モットー）：「私たちを育むお客様に対し常に感謝の気持ちを忘れません。商品・サービス・設備などすべての面でお客様中心に考え行動し、誠意をもって応対します。そしてお客様に喜ばれることを自らの喜びとします。」
強み
・地域の生産者・企業との連携による新鮮な商品の仕入力や魅力的な商品の開発力
・お客様第一の接客・販売力と地域に密着したサービスの実行力・展開力
・従業員を会社の財産として最も重視する独自の教育制度や福利厚生制度
「顧客」顧客ニーズ
「顧客」：地域の生活者・地域に訪れる消費者
・新鮮な野菜を本当に手頃な価格で買いたい
・地域ならではの商品（食品、飲料）を苦労なく購入したい
・手作り惣菜をはじめ、地元の味や美味しいものを手軽に食したい
プロセス
マーケティング
商品開発
仕入
製造
販売
サービス
独自性
・お客様の声を多数集める接客
・地域の独自ブランド商品の開発・拡充
・地域のお宝発見活動による商品仕入
・地域の味や食材の魅力を実現する技術
・地物新鮮野菜の安価提供
・食育活動（お弁当の日）
・配達サービス
・地域行事対応
・地域メッセージボード
顧客価値の向上

ラッシュアップし、現在、第三次中期経営計画に取り組んでいます。

以上をふまえ、K社では**図8・3**のような独自性確立シートを策定しています。

K社は、地域になくてはならないスーパーマーケットとして、お客様に愛されあてにされる地域一番のオリジナルスーパーを目指し、全従業員が一丸となって、躍進を続けています。

第8章のまとめ

●ＩＫＥＡやＡｍａｚｏｎ等のような大企業や著名企業でなくても、強みを活かして頑張れば独自性を確立できる。

●大手企業に比べて、資金や設備面で劣る中堅企業は、人財で勝負することがポイントである。そのためには人財を育成し満足度を向上するための制度に投資することが重要である。

●ビジョンや中期計画を立てるときは、社員を信じて任せること、社員主導で行うことが重要である。

●独自性の項目数が多ければ顧客価値は向上するが、数にはこだわらなくても、自社の強みを磨き上げて、象徴的な独自性（製品・サービスや、制度、活動）を確立することで顧客価値を向上させることができる。

参考文献

『IKEAモデル』 アンダッシュ・ダルヴィッグ 集英社
『IKEA 超巨大小売業、成功の秘訣』リュディガー・ユングブルート 日本経済新聞出版社
『amazon「帝国」との共存』 ナタリー・バーグ、ミヤ・ナイツ フォレスト出版
『amazon』 成毛 眞 ダイヤモンド社
『amazonの絶対思考』 星 健一 扶桑社
『ベゾス・レター』 スティーブ&カレン・アンダーソン すばる舎
『Think Disruption』 河南 順一 KADOKAWA
『GAFA「強さの秘密」が1時間でわかる本』中野 明 Gakken
『経営者に贈る5つの質問』P・F・ドラッカー ダイヤモンド社
『経営者の条件』P・F・ドラッカー ダイヤモンド社
『マネジメント』P・F・ドラッカー ダイヤモンド社
『実践する経営者』P・F・ドラッカー ダイヤモンド社
『役員1年目の教科書』星野雄滋、矢澤浩、松林和彦、三村健司、高橋勲 ロギカ書房
『経営会計―経営者に必要な本物の会計力。』 星野雄滋 ロギカ書房
『ホウレンソウ禁止で1日7時間15分しか働かないから仕事が面白くなる』山田昭雄 東洋経済新報社
日経ビジネス2012年4月30日号（「顧客中心」が革新を生む ジェフ・ベゾス氏）
日経ビジネス記者の眼2017年10月12日（店舗改装進める日本マクドナルドの新デザインの狙いとは）
Amazonの年次報告書（Annual Report）、株主向けレター（Letter to Shareholders）

Ａｐｐｌｅの年次報告書（Annual Report）
ＩＫＥＡグループの年次報告書（Annual-Summary、Yearly_Summary）
日本マクドナルドホールディングスの有価証券報告書、決算短信、決算説明資料

あとがき

読者の皆様、最後までお読みいただきありがとうございました。

本書のテーマは独自性でしたが、私自身も1人の会計士として独自性をいかに創りあげるかにこだわってきました。

そんな時、本書の事例に取り上げた3社（Amazon、IKEA、Apple）を研究する機会に恵まれ、たくさんの学びを得ました。

またクライアントの業務経験で得られたアイデアも大変貴重なものであり、今日の糧になっています。

この場をお借りして、日々お世話になっていますクライアントの皆様に改めて御礼申し上げます。


本書は、これまでの経験を活かし、私なりの考えで整理しまとめたものです。

至らぬ点も多々あるかと思いますが、忌憚のないご意見・ご指摘をお寄せいただければ幸いです。

これからも「感謝に敵なし・反省に終わりなし」を肝に銘じながら真のCPA（Client's Powerful Adviser）を目指し、お客様に価値を提供し続けられるように精進していきたいと思います。

本書が、読者の皆様にとって経営の一助となりますことを心より願っております。

最後に、本書のテーマにご理解をいただき、出版の機会を創っていただいた株式会社ロギカ書房の橋詰社長には、この場をお借りして、厚く御礼申し上げます。

2020年8月吉日

星野　雄滋

●著者プロフィール

星野 雄滋（ほしの ゆうじ）

1987 年 3 月慶應義塾大学経済学部卒業後、同年 10 月サンワ等松青木監査法人（現　有限責任監査法人トーマツ）に入所。2001 年 6 月監査法人トーマツ　パートナー就任。2019 年 6 月独立開業。

現在、星野雄滋公認会計士事務所所長、中堅・ベンチャー企業の社外役員、経営顧問、幹部研修講師として活動している。

専門分野：

「持続的独自成長、独自性×会計、人財育成」

モットー：

「感謝に敵なし・反省に終わりなし」

「絶えず本質を追求し、難しいことをわかりやすく、シンプルイズベストを実現する」

主要著書：

『役員 1 年目の教科書』（ロギカ書房）*1

『経営会計－経営者に必要な本物の会計力。』（ロギカ書房）*2

『永続企業を創る！戦略バランスとレバレッジ会計マネジメント』（同文舘出版）

主要記事：

「私見卓見～長期志向経営を実現するには～」（日本経済新聞　2019 年 3 月 29 日）

「私見卓見～働き方改革の成否握る経営目標～」（日本経済新聞　2018 年 3 月 5 日）

「私見卓見～企業の価値観が不正を防ぐ～」（日本経済新聞　2016 年 12 月 14 日）

* 資格の学校 TAC にて、本書を題材にした以下の講座の講師を担当

1 「役員になる人のための経営マネジメント（経営戦略編）講座」

2 「会計力マネジメント（持続的成長編）講座」

Amazon, IKEA, Appleから学ぶ
企業成長の方程式
〜独自経営モデル〜

発行日　2020年10月31日
著　者　星野 雄滋
発行者　橋詰 守
発行所　株式会社 ロギカ書房
〒101-0052
東京都千代田区神田小川町2丁目8番地
進盛ビル303号
Tel 03（5244）5143
Fax 03（5244）5144
http://www.logicashobo.co.jp/
印刷・製本　亜細亜印刷株式会社

Printed in Japan
定価はカバーに表示してあります。
乱丁・落丁のものはお取り替え致します。

978-4-909090-47-8　C0034